Robert Klaßen

Photoshop Elements 6 für digitale Fotos

Schritt für Schritt zum perfekten Foto

Liebe Leserin, lieber Leser,

sicher kennen Sie die Situation: Sie schließen Ihre Digitalkamera an den Rechner an und finden anschließend 100 Dateien mit Namen DMG1276 auf Ihrer Festplatte. Schön ist das nicht!

Der Griff zu Photoshop Elements kann hier helfen: Mit Elements können Sie Ihre Fotos importieren, organisieren und verwalten. Das ist aber noch nicht alles, denn die besonderen Stärken des Programms liegen in der Fotoreparatur, Retusche und Montage.

Schwierig ist es aber, zu entscheiden, welche Werkzeuge Sie anwenden sollen, um Ihr Foto aufzuhellen, rote Augen zu retuschieren, ein Schwarzweißbild zu erstellen und Ihr Foto abschließend optimal auszudrucken.

Hilfe hierfür naht mit diesem Buch von Robert Klaßen: Er zeigt Ihnen in über 70 Schritt für Schritt-Workshops, wie Sie aus Ihren Digitalaufnahmen richtig gute Fotos machen. Denn gute Fotos sind keine Hexerei, sondern werden fast immer mit einfachen Schritten und wenigen Mausklicks realisiert. Das Geheimnis ist, diese Schritte zu kennen. Schlechte Ausleuchtung, matte Farben, Schönheitsfehler und ungünstige Bildausschnitte gehören der Vergangenheit an, wenn Sie wissen, wie Sie den jeweiligen Fehler zu korrigieren haben. Mit den Workshops im Buch gelangen Sie immer ans Ziel! Und das Beste: Wie nebenher lernen Sie, Photoshop Elements zu beherrschen, Ihre Fotos zu analysieren und selbst zu entscheiden, welche Funktion Sie zur Optimierung einsetzen müssen.

Bleibt mir nur noch, Ihnen viel Spass beim Ordnen und Retuschieren zu wünschen!

Ruth Lahres
Lektorat Galileo Design
ruth.lahres@galileo-press.de

www.galileodesign.de
Galileo Press • Rheinwerkallee 4 • 53227 Bonn

Auf einen Blick

1	Einleitung	15
2	Fotos mit dem Organizer verwalten	23
3	Fotos schnell korrigieren	65
4	Die Grundfunktionen des Editors	95
5	Auswahlen und Ebenen	117
6	Bildbereiche eingrenzen und freistellen	137
7	Bilder ausrichten und Verzerrungen korrigieren	173
8	Farben eindrucksvoll nachbearbeiten	201
9	Belichtung und Schärfe korrigieren	241
10	Retusche für Profis	279
11	Camera Raw-Dateien bearbeiten	305
12	Bilder ausgeben	317
13	Die DVD zum Buch	349

Inhalt

1	**Einleitung**	15
1.1	Ist dieses Buch das richtige für mich?	16
2	**Fotos mit dem Organizer verwalten**	23
2.1	Organizer starten	24
	Organizer – Erststart	25
2.2	Fotos laden und anzeigen	25
	Importansicht	28
2.3	Organizer sichern und überwachen	29
	Organizerbestand sichern	29
	Ordner überwachen	29
2.4	Der Adobe Foto-Downloader	30
	Was tun, wenn das Gerät nicht erkannt wird?	31
2.5	Verbindung zum Scanner	33
	Scan-Technik	34
	Welche Auflösung soll ich wählen?	34
	Schwarz-Weiß-Vorlagen scannen	35
	Welchen Modus muss ich einstellen?	35
	Optimal scannen	35
2.6	Fotobrowser und Datumsansicht	36
	Dateinamen einblenden	36
	Wechseln zwischen Fotobrowser und Datumsansicht	36
	Datumsansicht: Tagesanmerkung verfassen	37
	Fotobrowser: Ansichtsoptionen	38
2.7	Fotos drehen	38
2.8	Versionssätze und Fotos stapeln	39
	Stapel erzeugen	40
	Versionssatz erzeugen	40
	Stapel aufheben und Fotos entfernen	40
	Repräsentatives Stapel-Foto aussuchen	40
2.9	Bildeigenschaften abrufen und ändern	41
	Bilddateien benennen	42
	Metadaten anzeigen	42
2.10	Die Vollbildansicht	43
	Vollbildansicht-Optionen	43
	Vollbildansicht steuern	44
2.11	Fotos vergleichen	44
	Vergleichsansicht einstellen	44
	Mehrere Fotos vergleichen	45

2.12	Fotos ordnen und kennzeichnen	46
	Alben erstellen	46
	Smart-Alben	50
	Alben bearbeiten	53
2.13	Etiketten für Ihre Bilder-Suchmaschine	54
	Bilder bewerten	57
2.14	Offline-Dateien einbinden	58
2.15	Fotos suchen	61
	Suchen mit dem Fotobrowser	61
2.16	Korrekturen im Organizer	62
	Vom Organizer zum Editor	62
	Eigene Korrekturfunktion	63

3 Fotos schnell korrigieren — 65

3.1	Schnellkorrektur öffnen	66
3.2	Werkzeuge und Ansichten der Schnellkorrektur	67
	Zoom-Werkzeug	68
	Hand-Werkzeug	68
	Schnellauswahl-Werkzeug	68
	Auswahlpinsel	68
	Freistellen-Werkzeug	69
	Rote-Augen-entfernen-Werkzeug	69
	Ansichten	69
	Darstellungsgrößen	71
	Werkzeug zurücksetzen	72
	Paletten	73
	Bedienung der Korrekturelemente	73
	Rückgängig-Funktionen	74
3.3	Allgemeine Schnellkorrekturen	74
	Drehen	74
	Intelligente Korrektur	75
	Rote Augen korrigieren	75
3.4	Beleuchtung schnell korrigieren	75
	Tonwertkorrektur und Kontrast	75
	Tiefen aufhellen	75
	Lichter abdunkeln	76
	Mittelton-Kontrast einstellen	76
3.5	Farbe schnell korrigieren	77
	Sättigung	77
	Farbton	77

	Temperatur	77
	Grün-/Magenta-Anteil	77
3.6	Unschärfe schnell korrigieren	78
3.7	Bilder freistellen	78
	Freistellungsrahmen drehen	80
	Auf Seitenverhältnis freistellen	83
3.8	Rote-Augen-Effekt entfernen	83
3.9	Tiefen, Lichter und Farbtemperatur korrigieren	86
3.10	Konturen suchen	90
	Zu guter Letzt: Standardansicht verwenden	94
4	**Die Grundfunktionen des Editors**	**95**
	Startbildschirm	96
4.1	Die Editor-Oberfläche	97
	Die Leisten	97
	Die Werkzeugleiste	98
4.2	Paletten	100
	Arbeiten mit Paletten und Registern	100
	Palettenmenü	102
	Paletten und Leisten ausblenden	103
	Die Navigator-Palette	103
	Projektbereich	103
4.3	Dateien öffnen, erstellen und speichern	104
	Dateien öffnen	104
	Zuletzt verwendete Dateien öffnen	105
	Eine neue Bilddatei erstellen	105
	Zentimeter auf Zoll umschalten	105
	Bildeigenschaften festlegen	106
	Dateien speichern	107
4.4	Das Rückgängig-Protokoll	107
4.5	Schnellstart-Workshop	108
	Zu guter Letzt: Arbeiten mit mehreren Dateien	115
5	**Auswahlen und Ebenen**	**117**
5.1	Auswahl erstellen	118
	Auswahlwerkzeuge Rechteck und Ellipse	118
	Farben für eine Auswahl	119
5.2	Auswahloptionen	120
	Auswahlkombinationen	120
	Weiche Auswahlkante erzeugen	121
	Auswahl glätten	122

	Auswahlarten	122
	Auswahl aufheben	123
	Verschieben-Werkzeug	123
5.3	Ebenen	123
	Hintergrund und Ebene	125
5.4	Weitere Ebenenoptionen	131
	Ebenen verschieben und ausrichten	131
	Ebenen verknüpfen	133
	Ebene löschen	133
	Transparente Pixel schützen	134
	Ebenen schützen	134
	Ebenen-Deckkraft	134
5.5	Füllmethoden	134
	Zu guter Letzt: Farben und Kontraste aufwerten	135

6	**Bildbereiche eingrenzen und freistellen**	**137**
6.1	Werkzeuge zum Freistellen	138
	Lasso-Werkzeuge	138
	Zauberstab	140
	Auswahlpinsel	141
	Schnellauswahl-Werkzeug	144
6.2	Auswahl- und Freistelltechniken	144
	Auswahlen mit dem Schnellauswahl-Werkzeug	150
	Kanten bewusst überzeichnen	158
6.3	Freistellungen auf Maß	158
	Individuelle Maßeinheiten	161
	Fotoverhältnis verwenden	162
6.4	Bildgröße und Arbeitsfläche ändern	164
	Bildgröße ändern	164
	Größe der Arbeitsfläche ändern	164
	Eine weiche Kante nachträglich erzeugen	171
	Zu guter Letzt: Snapping deaktivieren	171

7	**Bilder ausrichten und Verzerrungen korrigieren**	**173**
7.1	Bilder gerade ausrichten I	174
	Die Arbeitsflächenoptionen	176
7.2	Perspektive korrigieren	177
	Bilder durch Verzerrung korrigieren	178
	Perspektivische Verzerrung	182
	Rasterweite ändern	182
	Kameraverzerrungen ausgleichen	182

7.3	Bilder gerade ausrichten II	187
7.4	Photomerge	189
	Panoramabilder erstellen	189
	Fotokompositionen erstellen	191
	Gesichter kombinieren	196
	Zu guter Letzt: Ebenen bleiben in Photomerge erhalten	199
8	**Farben eindrucksvoll nachbearbeiten**	**201**
8.1	Farbfelder	202
	Farbfeld anlegen	203
	Farbfeld löschen	204
8.2	Das additive Farbsystem	204
	Farben am Bildschirm	204
	Farben ausdrucken	204
8.3	Mit Buntstift und Pinsel arbeiten	205
8.4	Fotos farblich anpassen mit Farbvariationen	206
	Fotos farblich verfremden	206
	Fotos farblich korrigieren	209
8.5	Farbton und Sättigung verändern	212
	Farbton/Sättigung insgesamt verändern	213
	Farbton/Sättigung in einzelnen Bereichen verändern	214
	Farbton/Sättigung mit Einstellungsebenen verändern	219
8.6	Bildbereich verändern über »Farbe ersetzen«	224
8.7	Farbfehler beheben	228
	Farbstiche entfernen	228
	Hauttöne korrigieren	230
8.8	Schwarzweißbilder erstellen	236
	Bilder schnell entfärben	236
	Bilder alternativ entfärben	237
	Zu guter Letzt: Graustufenmodus einstellen	239
9	**Belichtung und Schärfe korrigieren**	**241**
9.1	Dunkle Bilder aufhellen	242
	Helligkeit/Kontrast erhöhen	242
	Mit Tiefen/Lichter aufhellen	243
	Mit Füllmethoden aufhellen	244
	Tiefen/Lichter- oder Füllmethoden-Korrektur?	247

		Farbkurven einstellen	248
		Gegenlicht ausgleichen	250
9.2		Helle Bilder abdunkeln	250
		Mit Füllmethoden abdunkeln	250
		Teilmaskierungen erzeugen	257
9.3		Abwedeln und Nachbelichten	257
		Was ist zu tun, wenn der Pinsel nicht mehr reagiert?	260
		Abwedler und Nachbelichter	261
9.4		Tonwerte korrigieren	262
		Tonwerte mit Pipetten korrigieren	265
9.5		Bilder scharfzeichnen	267
		Unscharf maskieren	267
		Schärfe einstellen	269
9.6		Bilder weichzeichnen	271
		Tiefenschärfe erzeugen	271
		Bewegungsunschärfe	275
		Zu guter Letzt: Weich- und Scharfzeichnen mit Werkzeugen	277

10 Retusche für Profis ... 279

10.1	Der Kopierstempel	280
	Bildbereiche klonen	280
	Überlagerungen anzeigen	280
	Alle Ebenen aufnehmen	283
	Mit Ebenen klonen	285
10.2	Retusche	285
	Die Reparatur-Pinsel	285
10.3	Hautnah – Porträts korrigieren	289
	Kleinere Schönheitsfehler korrigieren	289
	Glänzende Hautstellen korrigieren	292
	Schattierungen entfernen	293
	Haut glätten	294
	Etwas Kosmetik	296
10.4	Sättigung im Porträt verändern	301
	Warum nicht mit dem Schwamm korrigiert worden ist	301
	Sättigung verringern	301
	Zu guter Letzt: Grundsätzliches zur Porträtretusche	303

11	**Camera Raw-Dateien bearbeiten**	305
11.1	Bevor Sie mit Camera Raw arbeiten	306
	Formatunterstützung kontrollieren	306
	Raw-Plug-in kontrollieren	306
	Plug-in aktualisieren	307
	Unterschiedliche Raw-Formate	307
	DNG-Konverter verwenden	308
11.2	Erste Schritte mit Camera Raw	308
11.3	Beleuchtung und Farbe in Camera Raw angleichen	312
	Weitere Raw-Grundeinstellungen im Überblick	316

12	**Bilder ausgeben**	317
12.1	Bilder drucken	318
	Auflösung checken	318
	Bildgröße oder Auflösung ändern	319
	Qualitätsverluste minimieren	319
12.2	Organizer-Dateien drucken	321
	Einzelbilder drucken	321
	Passfotos und Miniaturen drucken	322
12.3	Editor-Dateien drucken	324
	Ausgabegröße ändern	324
12.4	Kontaktabzug erstellen	325
12.5	Bilder fürs Netz vorbereiten	326
	Die richtige Auflösung einstellen	327
12.6	Für Web speichern	327
	Dateiformate für das World Wide Web	330
	Mehrere Durchgänge	331
12.7	Onlinegalerie erstellen	331
12.8	Diashow	335
	Datei für Premiere Elements vorbereiten	347
	Zu guter Letzt: Abspann hinzufügen	347

13	**Die DVD zum Buch**	349
13.1	Bilder	350
13.2	Testversion Photoshop Elements 6	350
13.3	Video-Training	350
	Training starten	351
	Inhalt des Trainings	351

	Index	353

Video-Lektionen

Info zu Video-Lektionen auf der DVD zum Buch

Kapitel 1: Fotos organisieren und bearbeiten
1.1 Offline-Dateien einbinden (6:53)
1.2 Ein neues Bild anlegen und speichern (9:34)
1.3 Arbeiten mit Photomerge (12:51)
1.4 Farben einsetzen (11:32)
1.5 Bewegungsunschärfe hinzufügen (11:11)
1.6 Hintergründe entfernen (11:42)

Workshops

Fotos mit dem Organizer verwalten
- ▶ Fotos von der Digitalkamera laden 31
- ▶ Ein neues Album für die Beispielbilder erstellen 46
- ▶ Die Beispielbilder nach Themen ordnen 48
- ▶ Smart-Album erzeugen 51
- ▶ Miniaturen für Alben verändern 53
- ▶ Den Miniaturen Tags zuweisen 55
- ▶ Offline-Dateien einbinden 58

Fotos schnell korrigieren
- ▶ Interessante Bildausschnitte festlegen 78
- ▶ Einen gedrehten Ausschnitt wählen 80
- ▶ Rote Augen entfernen 83
- ▶ Tiefen und Lichter schnell korrigieren 86
- ▶ Farbtemperaturen schnell verfremden – Vergoldung mittels Farbtemperatur 89
- ▶ Nur Bildteile einfärben 90

Die Grundfunktionen des Editors
- ▶ Einstiegsprojekt »Das künstliche Monitorbild« 108

Auswahlen und Ebenen
- ▶ Einen Auswahlbereich erstellen 118
- ▶ Einen Himmel austauschen 125

Bildbereiche eingrenzen und freistellen
- ▶ Eine Medaille mit dem Auswahlwerkzeug freistellen 144
- ▶ Eine Orange mit dem Zauberstab freistellen 148
- ▶ Ein Porträt freistellen 150
- ▶ Kanten verbessern 155
- ▶ Gleiche Abmessungen für mehrere Bilder 159
- ▶ Freistellen ohne Änderung der Abmessungen 162
- ▶ Eine Postkarte erstellen 165
- ▶ Arbeitsfläche der Postkarte erweitern 168

Bilder ausrichten und Verzerrungen korrigieren
- ▶ Ein Bild gerade ausrichten 174
- ▶ Perspektive durch Verzerren korrigieren 178
- ▶ Perspektive durch Verzerrungsfilter korrigieren 183
- ▶ Bilder gerade ausrichten (und freistellen) 187
- ▶ Panoramabild eines Sees erstellen 189

- ▶ Ein Gesicht austauschen 192
- ▶ Augen »transplantieren« 196

Farben eindrucksvoll nachbearbeiten
- ▶ Ein Bild mit den Farbvariationen verfremden 206
- ▶ Farben verbessern durch Farbvariationen 210
- ▶ Die Augenfarbe ändern 214
- ▶ Haare färben ohne H_2O_2 219
- ▶ Die Farbe der Kleidung ersetzen 224
- ▶ Farbstich per Mausklick entfernen 228
- ▶ Hauttöne korrigieren 230
- ▶ Haut kolorieren 232
- ▶ Bilder entfärben und konvertieren 236
- ▶ Bilder in Schwarzweiß konvertieren 237

Belichtung und Schärfe korrigieren
- ▶ Beleuchtung komplett korrigieren 243
- ▶ Schatten aufhellen 245
- ▶ Umgebung aufhellen 248
- ▶ Teint abdunkeln 251
- ▶ Teint abdunkeln, ohne die Haare zu verändern 252
- ▶ Fassade aufhellen 257
- ▶ Grauschleier entfernen 262
- ▶ Eine Blüte aufhellen 265
- ▶ Bilder schärfen 267
- ▶ Einen unscharfen Hintergrund erzeugen 271
- ▶ Weichzeichnung des Hintergrundes ändern 274
- ▶ Einen stehenden Zug zum Fahren bringen 275

Retusche für Profis
- ▶ Einen Surfer klonen 282
- ▶ Die Pferde verschwinden lassen 286
- ▶ Male und Fältchen entfernen 290
- ▶ Glanzstellen der Haut beseitigen 292
- ▶ Schattierungen entfernen mit dem Reparatur-Pinsel 293
- ▶ Problematische Hautstellen glätten 294
- ▶ Lippenstift auftragen 296
- ▶ Wimpern und Augenbrauen kräftigen 299
- ▶ Zähne wieder weiß machen 301

Camera Raw-Dateien bearbeiten
- Farbtemperatur korrigieren und als Digital-Negativ speichern 308
- Raw-Bilder für den Druck nachbearbeiten 313

Bilder ausgeben
- Visitenkarten drucken 323
- Kontaktabzug erstellen 325
- Bilder webtauglich machen 328
- Eine Webgalerie erstellen 331
- Eine eigene Diashow erstellen I (Vorbereitungen) 335
- Eine eigene Diashow erstellen II (Medien integrieren) 337
- Eine eigene Diashow erstellen III (Überblendungen bearbeiten) 339
- Eine eigene Diashow erstellen IV (Sound bearbeiten) 341
- Eine eigene Diashow erstellen V (Cliparts und Text hinzufügen) 343
- Eine eigene Diashow erstellen VI (Kamerafahrten erzeugen) 344
- Eine eigene Diashow erstellen VII (Diashow ausgeben) 345

1 Einleitung

Halloooooo! Wo befinden Sie sich gerade? In der Buchhandlung Ihres Vertrauens? Das ist gut. Sie können sich nicht entscheiden, welches Buch Sie nehmen sollen? Das ist schlecht. Ich biete Ihnen eine Entscheidungshilfe. Das ist gut, oder? Nein, wirklich. Dies ist keiner der Tests, bei denen das Ergebnis immer gleich ist. Möglicherweise empfehle ich Ihnen sogar, dieses Buch nicht zu kaufen. Ungelogen! – Probieren Sie es aus! Es dauert nur wenige Sekunden ...

1.1 Ist dieses Buch das richtige für mich?

Treffen die folgenden Aussagen auf mich zu?
- Ich möchte nur vorgegebene Effekte anwenden. Für die anspruchsvollen Prozesse, die Photoshop Elements mitbringt, interessiere ich mich nicht.
- Ich suche ein Buch mit Abbildungen zu jedem einzelnen Effekt, der einem Foto zugewiesen werden kann; auch wenn ich das auf der Arbeitsfläche von Photoshop Elements sowieso sehen kann.
- Die alltäglichen Probleme bei Digitalfotos interessieren mich nicht. Ich möchte lieber wissen, wie schöne Bilderrahmen erzeugt werden.

Ich habe mehr als einmal mit »Ja« geantwortet.
- Sie müssen jetzt ganz stark sein; aber leider muss ich Ihnen mitteilen, dass dieses Buch nicht das richtige für Sie ist. Nicht enttäuscht sein! – Empfehlen Sie es doch einfach einer anderen Kundin/einem anderen Kunden. Oder kaufen Sie es trotzdem, und verschenken Sie es. Das wäre schrecklich nett von Ihnen.

Ich habe mehr als einmal mit »Nein« geantwortet.
- Ach, da bin ich aber wirklich erleichtert. Nichts wie ab zur Kasse! Sie haben das Richtige gefunden.

Was erwartet mich »nicht« in diesem Buch?
- Klipp und klar. In diesem Buch wird nicht Seite um Seite erklärt, wie der eine oder andere Standardeffekt aussieht. Und wie er zugewiesen wird, steht nur einmal drin – und zwar in der Bildunterschrift. Das reicht. Mehr wäre auch gar nicht nötig.

Abbildung 1.1 ▲
Markieren Sie zunächst die Miniatur, deren Effekt Sie zuweisen wollen, und klicken Sie danach auf Anwenden.

1.1 Ist dieses Buch das richtige für mich?

Wie die einzelnen Effekte wirken, können Sie ganz in Ruhe testen und anhand der Miniaturen sehen. Dazu brauchen Sie doch keine tiefgreifende Erklärung, oder?

Was erwartet mich denn dann in diesem Buch?
Die Kreativität steht im Vordergrund. Sie werden die alltäglichen Probleme lösen, die digitale Fotografie mit sich bringt. Und falls Sie ein beneidenswert guter Fotograf sind, dem keine Fehler mehr unterlaufen, bekommen Sie die fehlerhaften Bilder von mir. Auf der DVD zum Buch finden Sie alle Dateien im Ordner BILDER.

Was ist zu tun, wenn die Farben trist sind? Wie richte ich eine schiefe Skyline gerade aus? Wie wird ein Porträt retuschiert? Worauf muss ich achten, wenn ich Bilder ausdrucken möchte? Auf derartige und ähnliche Fragen bekommen Sie Antworten. Aber: »Mitmachen« heißt die Devise. Dafür sorgen die zahlreichen Workshops.

Natürlich wartet auch die aktuelle Ausgabe von Photoshop Elements wieder mit einer ganzen Menge Neuerungen auf. Sind Sie vielleicht Umsteiger, von einer Vorgängerversion kommend, und interessieren sich vor allem für das Jungfräuliche in Photoshop Elements 6? Dann sollten Sie dem Zeichen Beachtung schenken. In Verbindung mit diesem Zeichen gibt es im weiteren Verlauf die allerneuesten Berichte von der Elements-Front. Finden Sie das nicht hilfreich?

▲ **Abbildung 1.2**
Hinter diesem Zeichen verbergen sich die Neuerungen.

Könnte mir dieses Buch auf die Nerven gehen?
Möglicherweise werden Sie sich an manchen Stellen von einer gewissen Penetranz verfolgt fühlen. Und glauben Sie mir: Das ist durchaus beabsichtigt! Aber keinesfalls, um Sie zu nerven. Sinn und Zweck des Ganzen ist nämlich, Ihnen die Arbeit mit Tastenkombis näherzubringen. Das sind diese kleinen Shortcuts, mit denen Befehle über die Tastatur ausgeführt werden. Ich weiß, dass viele (eigentlich alle) Einsteiger von Tastenkombis überhaupt nichts wissen wollen. Ich weiß aber auch, dass alle (und jetzt meine ich wirklich »alle«) später davon dermaßen begeistert sein werden, dass sie darauf nicht mehr verzichten wollen, weil diese einen unglaublich hohen Bedienkomfort ermöglichen.

Sehen Sie, das ist wie mit einem Navigationssystem fürs Auto. Man kann durchaus ohne das gute Stück leben. Hat man es aber erst einmal angeschafft, fragt man sich, warum man weite Teile seines bisherigen Lebens mit ziellosem Umherirren und Kartenwälzen verbracht hat. So ähnlich ist es auch mit den Kürzeln. Daher mein Appell an Sie: Ihre Maus arbeitet fast ständig für Sie. Lassen Sie sie doch ab und zu einmal ein wenig verschnaufen und benutzen Sie die Tastatur! Eine Hand auf der Maus – die andere lässig an der Tastatur – das sieht doch auch wesentlich cooler aus, finden Sie nicht auch? Beobachtende Blicke, irgendwo zwischen Neid und Bewunderung liegend, werden Ihr verdienter Lohn sein. Aber nun im Ernst: Die Tastenkombis sorgen meist nicht nur für erheblichen Zeitgewinn, sondern erhöhen auch den Bedienkomfort ganz beträchtlich. Deshalb: Machen Sie mit!

Kommt in dem Buch »Fachchinesisch« vor?
Ja, das kommt vor, aber in Grenzen. Sie werden in diesem Buch wiederholt auf Fachbegriffe stoßen, die, erläutert man sie jeweils an Ort und Stelle, den Lesefluss unnötig stören und mit der Zeit für erhebliche Langeweile sorgen würden. Daher sind die verwendeten Begriffe nachfolgend in aller Kürze (und sogar in alphabetischer Reihenfolge) beschrieben. Der erfahrene Anwender kann diese Liste natürlich ruck, zuck überblättern.

- **Button** – Schaltfläche, durch deren Anklicken eine Anweisung an den Rechner übergeben wird.
- **Checkbox** – Steuerelement, das optisch ein Ankreuzkästchen darstellt. Der Wert einer Checkbox kann 1 (= zutreffend) oder 0 (= nicht zutreffend) sein. Zutreffende Argumente werden mit einem Häkchen symbolisiert. Im Gegensatz zum Radiobutton können einzelne, mehrere, alle oder keine der Checkboxen einer Gruppe den Wert 1 annehmen.
- **Drag & Drop** – Ziehen und fallenlassen. Ein Objekt wird mit der linken Maustaste angeklickt, wobei die Taste gedrückt bleibt. Nun kann das Objekt auf der Arbeitsoberfläche des Computers verschoben (transportiert) werden. Dort, wo die Maustaste losgelassen wird, bleibt das Objekt liegen.
- **Eingabefeld** – Box zur Eingabe von Werten über die Tastatur.
- **Flyout-Menü** – Ein Menü, das mehrere Einträge beinhaltet. Nach dem Öffnen des Menüs (meist über ein kleines Dreieck) werden Listeneinträge zur Verfügung gestellt, die als Schaltflächen funktionieren.
- **Frame** – 1. Bedeutung: einzelnes Bild einer Animation (in diesem Buch eher nicht gemeint) 2. Bedeutung: zusammengehörender Bereich eines Bedienfensters, bei dem die eingestellten Werte häufig in Abhängigkeit zueinander stehen.

- **Histogramm** – Grafische Veranschaulichung unterschiedlicher Werte und Ergebnisse.
- **Icon** – Ikone. Grafisch dargestelltes Symbol, das eine Anweisung oder Anwendung zur Ausführung bringt.
- **Kontextmenü** – Liste von möglichen Anweisungen, die durch einen Rechtsklick zugänglich gemacht wird. Das Kontextmenü ist je nach Werkzeugwahl und Ort der Aktivierung unterschiedlich bestückt.
- **Popup-Menü** – siehe Flyout-Menü.
- **Pulldown-Menü** – siehe Flyout-Menü.
- **QuickInfo** – Informationstext, der angezeigt wird, wenn der Mauszeiger kurzzeitig auf einem Objekt verweilt.
- **Radiobutton** – Optionsschaltfläche, die entweder den Wert 1 (= zutreffend) oder 0 (= nicht zutreffend) annehmen kann. In einer zusammengehörenden Gruppe von Radiobuttons kann im Gegensatz zur Checkbox immer nur »ein« Element den Wert 1 annehmen, wodurch alle anderen auf 0 gesetzt werden.
- **Shortcut** – Tastaturkürzel (Tasten oder Tastenkombinationen), die eine Anweisung auslösen.
- **Steuerelement** – Jedes Element auf einer Arbeitsoberfläche, das imstande ist, Werte entgegenzunehmen bzw. eine Anweisung auszuführen.
- **Suffix** – Dateiendung, die durch einen Punkt vom Dateinamen getrennt ist. Sie weist auf das Format einer Datei hin, z. B. **.psd** für ein Photoshop-Dokument.
- **Tool** – Werkzeug, mit dem bestimmte Arbeiten ausgeführt werden können. Meist sind die Tools in einer Werkzeugleiste (Toolbox) angeordnet.
- **Zoom** – Vergrößerung und Verkleinerung eines Inhaltes auf der Oberfläche der Anwendung.
- **Zypressensaftgewinnungszentrifuge** – Das Wort kommt im gesamten Buch nicht vor! Aber ich wollte es unbedingt reinschreiben.

Hat dieses Buch Nebenwirkungen?

Das kann man wohl sagen! Lesen Sie dazu bitte unbedingt die Hinweise im nebenstehenden Kasten ■. (Jetzt wissen Sie auch, was dieses Symbol zu bedeuten hat. Es kommt nämlich im Buch sehr häufig vor.) Aber das Schlimmste ist (und das ist jetzt wirklich ernst gemeint): Sie werden, wenn Sie mit diesem Buch fertig sind, ein Bild vielleicht nicht wieder so sehen, wie Sie es vorher

> **Zu Risiken und Nebenwirkungen ...**
>
> Beim Lesen dieses Buches kann es durchaus zu unkontrollierbaren Bewusstseinserweiterungen kommen. Darüber hinaus ist zu befürchten, dass der Wissensstand im Bereich Bildbearbeitung unverhältnismäßig stark ansteigt. Vorsicht beim Sichten von Bildmaterialien! Hier treten vermehrt Retuschierwünsche auf! Häufig kommt es auch zum Ausbruch des gefürchteten »Organize-Syndroms«, wodurch der Drang entsteht, alle Bilder übersichtlich zu ordnen und sinnvoll zu etikettieren. Möglicherweise reagiert der Leser mit Überempfindlichkeitsreaktionen aufgrund von Farbverfälschungen in Bilddateien. Bei Auftreten dieser Nebenwirkungen stellen Sie bitte unverzüglich den Kontakt zu Photoshop Elements her.

wahrgenommen haben. Sie werden sich nämlich nicht nur die Techniken der Bildbearbeitung aneignen, sondern auch ein geschärftes Auge für Schwachstellen und Verbesserungswürdiges bekommen. Das könnte dazu führen, dass Sie bei der nächsten Familienzusammenkunft ein Foto betrachten und weniger dessen visuellen Inhalt sehen als vielmehr die Möglichkeiten, die sich durch eine Mischung aus Photoshop Elements und Ihrer eigenen Kreativität ergeben. Sagen Sie also nicht, ich hätte Sie nicht vorher gewarnt.

Weniger ist mehr?
Ein klares »Ja«! Der Einsteiger liebt Effekte. Sie sind nicht nur deshalb so beliebt, weil sie sich (wie bereits erwähnt) mit einem einzigen Mausklick zuweisen lassen. Farbveränderungen fallen meist zu drastisch aus, da die Meinung, »mehr Farbe sieht einfach besser aus« sehr verbreitet, aber leider auch falsch ist. Eine gute Korrektur ist eine Korrektur, die man im Ergebnis nicht sieht. Überhäufen Sie Ihr Bild nicht mit zu vielen verschiedenen Techniken. Gehen Sie immer nach dem Grundsatz vor: Weniger ist mehr!

Wann geht es denn nun endlich los?
Gut, dass Sie das fragen. Jetzt sofort! Legen Sie doch die DVD zum Buch ein, und kopieren Sie den Bilderordner auf Ihren Rechner. Dann ist der Transfer beendet, noch ehe Sie mit diesem Abschnitt fertig sind.

Was gibt es sonst noch?
Ach, ja. Der Autor dieses Buches ist absolut fehlerfrei. Ihm kann niemals ein Fehler unterlaufen! Wenn Sie das auch glauben, sind Sie mit dem ersten Kapitel schon durch. Falls nicht, müssen Sie den nächsten Absatz leider auch noch lesen.

Kann es sein, dass nicht alles stimmt, was in diesem Vorwort steht?
Ja, Sie vermuten richtig. Es soll aber nicht wieder vorkommen. Natürlich habe ich mich redlich bemüht, Fehler im Buch zu vermeiden. Sollte mir das aber an irgendeiner Stelle nicht gelungen sein, teilen Sie es mir bitte mit. Her mit Ihrer Kritik! Schreiben Sie direkt an *info@dtpx.de*, oder benutzen Sie das Kontaktformular auf *www.dtpx.de*. Bitte haben Sie aber Verständnis dafür, dass ich in diesem Zusammenhang keinen technischen Support leisten kann.

Und nun wünsche ich Ihnen viel Spaß und Erfolg mit »Photoshop Elements 6 für digitale Fotos« und hoffe, dass Ihnen dieses Buch einen leichten und unterhaltsamen Einstieg in die Welt der digitalen Bildbearbeitung gibt.

Robert Klaßen

2 Fotos mit dem Organizer verwalten

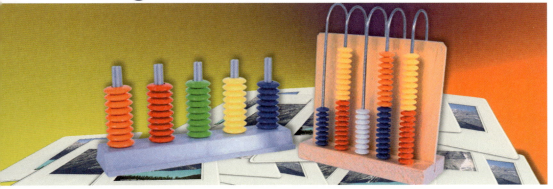

Fotos mit System archivieren

▶ Wie werden Fotos integriert, die sich bereits auf der Festplatte befinden?

▶ Wie kann ich Bilder von der Kamera im Organizer archivieren?

▶ Was muss ich beim Scannen eines Bildes beachten?

▶ Wie kann ich die Ansichtsoptionen des Organizers ändern?

▶ Wie werden Eigenschaften von Fotos abgerufen?

▶ Wie können Fotos in der Vergleichsansicht begutachtet werden?

▶ Wie kann ich meine Fotos in Alben ablegen?

▶ Wie funktionieren Smart-Alben?

▶ Wie kann ich meinen Fotos Tags zuweisen?

▶ Wie werden Offline-Dateien in den Fotobrowser eingebunden?

▶ Wie nutze ich die Suchfunktionen für Fotos?

2 Fotos mit dem Organizer verwalten

»Ordnung ist das halbe Leben!« Wie oft haben wir diesen Satz gehört. »Ich mag aber keine halben Sachen!«, wäre ja eine adäquate Antwort. Dennoch: Wer nicht mit der Zeit im Bilder-Chaos versinken will, lässt den Organizer ran – und der macht wirklich keine halben Sachen ...

2.1 Organizer starten

Früher war das ja alles viel einfacher. Man hatte jede Menge Fotos und einen riesigen Schuhkarton. Deckel auf – Fotos rein – Deckel zu. So einfach konnte Archivieren sein. Und heute? Heute ist das auch nicht wirklich anders. Organizer auf – Fotos rein – Organizer zu. Ach, wäre doch alles so leicht ...

Um dennoch zu beleuchten, wo die Unterschiede zwischen Schuhkarton und Adobe-Software liegen, starten Sie Photoshop Elements und wählen vom Startbildschirm aus ORGANISIEREN. Aus dem Editor (das ist die standardmäßige Oberfläche von Photoshop Elements) erreichen Sie den Anwendungsbereich über einen Klick auf ORGANIZER in der Symbolleiste.

Der Organizer öffnet sich nun als eigenständiges Fenster (Abbildung 2.1). Sie können zwischen Organizer und Editor hin- und herschalten.

Abbildung 2.1 ▼
In puncto Organisation richtig auf Draht – der Browser

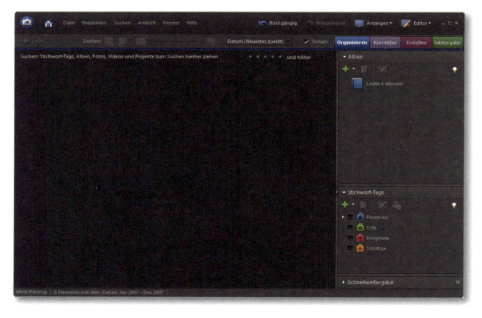

Betrachten Sie beide Einheiten jedoch bitte als eigenständige Anwendungen. Es handelt sich um zwei unabhängig voneinander auszuführende Programmbereiche, die lediglich die löbliche Eigenschaft mitbringen, ganz hervorragend zusammenzuarbeiten.

Organizer – Erststart
Wenn Sie den Organizer zum ersten Mal öffnen, präsentiert sich ein Dialog, der bei der Ersteinrichtung behilflich ist. Beachten Sie, dass Sie nur dann auf die Assistenz der Anwendung zurückgreifen können, wenn Sie dieses Fenster mit JA bestätigen.

◀ **Abbildung 2.2**
Das ist Hilfsbereitschaft – die erste Organizer-Meldung

Im Anschluss erhalten Sie die Möglichkeit, bereits auf Ihrem Rechner befindliche Dateien in den Organizer aufzunehmen. Aber selbst wenn Sie den Dialog mit NEIN wegklicken, können Sie Ihren Datenbestand auch später noch in den Organizer integrieren. Das ist auch jetzt anzuraten, denn im folgenden Abschnitt werden Sie den Erstbestand manuell hinzufügen.

2.2 Fotos laden und anzeigen

Der Organizer ist nun noch leer. Das wollen wir ändern und beschäftigen uns als Erstes mit dem Import unserer Fotos, die sich auf der DVD zum Buch befinden. Ziehen Sie bitte den gesamten Ordner BILDER der Buch-DVD an den von Ihnen gewünschten Speicherort auf Ihrem Rechner.

Zur Info: Sie könnten auch darauf verzichten, die Bilder vorab auf Ihre Festplatte zu übertragen und die Fotos direkt von der DVD aus in den Organizer einbinden. Das hätte jedoch einen entscheidenden Nachteil: Wann immer Sie mit einem der Fotos arbeiten wollten, müssten Sie vorab die DVD einlegen. Der Organizer macht nämlich im Prinzip nichts anderes, als Verweise auf die Originale anzulegen. Deshalb sollten sich Ihre Fotos idealerweise auf dem Rechner befinden. Wie Sie dennoch DVDs archivieren können, erfahren Sie in diesem Kapitel in Abschnitt 2.14, »Offline-Dateien einbinden«.

Doch zurück zu unseren Beispieldateien. Wenn Sie alle Dateien auf Ihren Rechner übertragen haben, können Sie diese in den Organizer aufnehmen. Markieren Sie dazu den Menüeintrag DATEI und entscheiden Sie sich in der Liste für FOTOS UND VIDEOS LADEN • AUS DATEIEN UND ORDNERN. Wem ein solcher Gang über das Menü viel zu umständlich ist, der kann natürlich auch die Tastenkombination [Strg]+[⇧]+[G] verwenden.

▲ **Abbildung 2.3**
Greifen Sie auf Dateien zu, die sich bereits auf dem Rechner befinden.

Bilder mit Vorschau anzeigen lassen

Wenn Sie nun die Ansichtsoptionen auf MINIATUREN stellen, erhalten Sie eine Voransicht Ihrer Fotos und können diese intuitiver auswählen.

Fotostapel automatisch vorschlagen

Wenn Sie diese Funktion aktivieren, sucht Photoshop Elements beim Import nach Gemeinsamkeiten in den Bildern. Werden diese festgestellt, schlägt die Anwendung eine Stapelung der Fotos vor. Was es genau damit auf sich hat, erfahren Sie im weiteren Verlauf dieses Kapitels. Vorerst sollten Sie die Funktion inaktiv lassen.

Suchen Sie nun den Ordner, der die gewünschten Dateien enthält. Für den Import können sowohl einzelne Bilder als auch ganze Ordner ausgewählt werden. Legen Sie unter SUCHEN IN zunächst das übergeordnete Verzeichnis fest, in dem sich der oder die gewünschten Bildordner befinden ■. Noch nicht auf ÖFFNEN klicken!

Sie könnten sogar gleich beim Import der Bilddateien diesen unschönen Rote-Augen-Effekt ausgleichen, den einige Blitzgeräte hervorrufen. Standardmäßig ist diese Funktion auch angewählt. Alles in allem ist das eine ganz nette Sache, die allerdings nur dann Sinn macht, wenn Sie tatsächlich Personen-Aufnahmen importieren, deren Augen diese unschöne Rotfärbung aufweisen. In unserem Fall ist das jedoch ausdrücklich nicht gewünscht, da wir in späteren Lektionen das manuelle Entfernen des Rote-Augen-Effektes anhand zweier Beispieldateien noch durchführen wollen. Wenn Sie das jetzt beim Import schon korrigieren, können Sie diese Workshops nicht mehr machen. Deaktivieren Sie daher bitte unbedingt diese Funktion, indem Sie das Häkchen entfernen ❶. Bitte verlassen Sie den Dialog jetzt noch nicht ■.

2.2 Fotos laden und anzeigen

◀ **Abbildung 2.4**
Deaktivieren Sie die automatische Korrektur.

▶ **Sie möchten ein einzelnes Bild importieren?**
Markieren Sie es, indem Sie es in der Auswahlliste anklicken. Anschließend reicht ein Doppelklick oder ein Klick auf FOTOS LADEN unten rechts im Fenster.

▶ **Sie möchten mehrere Bilder importieren, die alle beisammen liegen?**
Markieren Sie das erste Bild, halten Sie anschließend ⇧ gedrückt, und wählen Sie nun das letzte Bild aus. Alle dazwischen liegenden Dateien werden nun ebenfalls markiert. Danach klicken Sie auf FOTOS LADEN.

▶ **Sie möchten mehrere Bilder importieren, die nicht alle beisammen liegen?**
Halten Sie während des Anklickens der einzelnen Dateien Strg gedrückt. Durch erneutes Anklicken einer Datei wird diese wieder abgewählt. Zum Schluss reicht ein Klick auf FOTOS LADEN.

▶ **Sie möchten alle Bilder eines Ordners importieren?**
Selektieren Sie den Ordner und klicken Sie auf FOTOS LADEN.

Möglicherweise enthält der Ordner noch weitere Unterordner. Sollten auch dort noch Bilder vorhanden sein, werden diese standardmäßig mitgeladen. Möchten Sie das unterbinden? Dann wählen Sie die Checkbox FOTOS AUS UNTERORDNERN LADEN einfach ab, ehe Sie FOTOS LADEN markieren. Das sollten Sie jetzt auch machen, da in den Beispieldateien zwei Unterordner vorhanden sind, die zumindest jetzt noch nicht importiert werden sollen. Wenn alle drei Checkboxen abgewählt sind, dürfen Sie auf FOTOS LADEN klicken.

Während des Ladevorgangs sehen Sie einen Fortschrittsbalken, gefolgt von einem Dialogfeld, das Ihnen bereits jetzt die ersten Sortierfunktionen zur Verfügung stellt. Was es genau damit auf sich hat, schauen wir uns später genauer an. Klicken Sie zunächst unten links auf ALLE AUSWÄHLEN und bestätigen Sie mit OK.

Abbildung 2.5 ▶
Die ersten Sortieroptionen können bereits beim Import festgelegt werden.

Importansicht

Den folgenden Dialog können Sie mit OK verlassen. Er weist lediglich darauf hin, dass derzeit nur die neu hinzugekommenen Fotos angezeigt werden. Das ist nach jedem Import der Fall ■.

Wenn Sie alle Fotos Ihres Organizers sehen wollen, müssen Sie anschließend ALLES EINBLENDEN markieren. Sie finden den Schalter oberhalb der Miniaturen. Da das aber soeben der erste Importvorgang innerhalb Ihres Organizers gewesen ist, müssen Sie das beim ersten Mal noch nicht beachten.

Dialog dauerhaft entfernen

Wenn Sie erst einmal verinnerlicht haben, dass nach einem Bildimport grundsätzlich nur die soeben hinzugefügten Fotos angezeigt werden, sollten Sie im nebenstehenden Dialogfeld NICHT WIEDER ANZEIGEN aktivieren. Dann bleibt der Hinweis fortan aus.

Abbildung 2.6 ▶
Grundsätzlich präsentiert der Organizer zunächst nur die neu importierten Fotos.

2.3 Organizer sichern und überwachen

Organizerbestand sichern
Vorausgesetzt, Sie schließen die Anwendung und starten den Organizer später erneut, liefert Photoshop Elements eine Hinweistafel, die Sie dazu animieren soll, ein Backup vom Datenbestand Ihres Organizers zu machen. Dazu müssen Sie auf KATALOG SICHERN klicken.

Im Folgedialog haben Sie die Wahl zwischen einem kompletten oder inkrementellen Backup. Letzteres bietet sich nur dann an, wenn Sie zuvor bereits ein Backup erstellt hatten. In diesem Fall werden die Sicherungsdateien über die Funktion INKREMENTELLES BACKUP auf den neuesten Stand gebracht – bei großen Organizerbeständen ist das natürlich wesentlich schneller realisiert als die komplette Neuanfertigung eines Backups.

▲ Abbildung 2.7
Jetzt können Sie Ihren Katalog sichern.

▲ Abbildung 2.8
Ein inkrementelles Backup ist erst möglich, wenn Sie zuvor ein komplettes Backup durchgeführt haben.

Dateierweiterungen anzeigen lassen

Prüfen Sie doch bitte bei Gelegenheit einmal, ob Ihnen vielleicht bekannte Dateierweiterungen vorenthalten werden. Das sind die Endungen wie **.jpg**, **.tif** oder **.bmp** – und was es da sonst noch so alles gibt. Sie können das prüfen, wenn Sie einen Bilderordner öffnen und nachsehen, ob dort nur **Bildname** oder beispielsweise **Bildname.tif** steht.

Aktivieren Sie die Funktion, indem Sie die ORDNEROPTIONEN in der SYSTEMSTEUERUNG des Betriebssystems anzeigen lassen und dort die Registerkarte ANSICHT wählen. Deaktivieren Sie in der unteren Liste die Checkbox ERWEITERUNGEN BEI BEKANNTEN DATEITYPEN AUSBLENDEN. Sie beschäftigen sich mit Fotos und möchten bestimmt »immer« wissen, mit welchen Dateitypen Sie es zu tun haben, oder?

Nachdem Sie auf WEITER geklickt haben, geben Sie für das komplette Backup ein Ziellaufwerk und den gewünschten Backup-Pfad an. Das Ziellaufwerk kann natürlich eine interne oder externe Festplatte sein, wobei Sie die Sicherungsdateien aber auch auf CD oder DVD brennen können.

Ordner überwachen
Eine wirklich interessante Form der permanenten Organizer-Aktualisierung können Sie erreichen, indem Sie DATEI • ORDNER ÜBERWACHEN wählen. Über den Folgedialog lassen sich Verzeichnisse Ihres Rechners festlegen, auf die Photoshop Elements ein besonderes Augenmerk legen soll. Der Hintergrund: Wann immer der Bestand

des jeweiligen Ordners anwächst (z. B. wenn Sie Bilder dort hineinziehen), reagiert die Anwendung darauf. Entweder lassen Sie sich in diesem Fall BENACHRICHTIGEN, oder Sie legen fest, dass Photoshop Elements die DATEIEN AUTOMATISCH DEM ORGANIZER HINZUFÜGEN soll. Bevor Sie die gewünschte Aktion aber mit OK bestätigen, sollten Sie unbedingt noch auf HINZUFÜGEN klicken. Denn erst damit können Sie die Ordner festlegen, die schlussendlich überwacht werden sollen. Andernfalls wirkt sich die Überwachung nämlich nur auf den Ordner EIGENE BILDER in EIGENE DATEIEN aus.

Abbildung 2.9 ▶
Lassen Sie Überwachungsaufgaben von der Software erledigen.

2.4 Der Adobe Foto-Downloader

In Photoshop Elements ist ein Foto-Downloader integriert, der seine Arbeit immer dann aufnimmt, sobald Sie eine Kamera anschließen, oder die Speicherkarte eines Fotoapparates in den Kartenleser geben. Sollte er nicht automatisch geöffnet werden, oder möchten Sie nicht, dass der Downloader reagiert, sobald ein Gerät angeschlossen wird, müssen Sie in die Voreinstellungen gehen. Sie können die Einstellungen unter BEARBEITEN • VOREINSTELLUNGEN • KAMERA ODER KARTENLESER beeinflussen.

Wenn der Adobe Foto-Downloader künftig schweigen soll, wenn Sie eine Karte einstecken oder ein externes Gerät anschließen, deaktivieren Sie das Häkchen vor ADOBE FOTO-DOWNLOADER AUTOMATISCH AUFRUFEN, WENN EIN GERÄT ANGESCHLOSSEN WIRD. Lassen Sie die Funktion jedoch aktiv, können Sie zusätzlich noch bestimmen, was der Downloader genau machen soll, wenn er ein angeschlossenes Gerät registriert. Dazu markieren Sie den Eintrag in der Liste PROFILNAME und LADEOPTION und klicken anschließend auf BEARBEITEN. Im Pulldown-Menü LADEOPTIONEN legen Sie jetzt die gewünschte Tätigkeit fest.

▲ Abbildung 2.10
Sie bestimmen, was der Foto-Downloader machen soll.

Was tun, wenn das Gerät nicht erkannt wird?
Wenn sich der Foto-Downloader nicht öffnet, können Sie auch über das Menü Zugriff auf den Kartenleser erlangen. Stellen Sie DATEI • FOTOS UND VIDEOS LADEN • AUS KAMERA ODER KARTENLESER ein, oder drücken Sie ⌈Strg⌉ + ⌈G⌉.

Schritt für Schritt: Fotos von der Digitalkamera laden

Um Ihre Schnappschüsse auf den Rechner zu bringen, müssen Sie noch nicht einmal Photoshop Elements starten. Allerdings sollten Sie Ihre Digitalkamera mit Ihrem Rechner bekannt machen. Im Idealfall entnehmen Sie den Chip und verbinden ihn mit dem CardReader an Ihrem PC.

Je nach Konfigurationseinstellungen Ihres Betriebssystems könnten sich gleich mehrere Fenster öffnen. Eines ist der Standarddialog von Windows, den Sie über ABBRECHEN schließen können. Sobald der Foto-Downloader zur Verfügung steht, klicken Sie unten links auf ERWEITERTES DIALOGFELD (❶, in der folgenden Abbildung bereits angeklickt). Andernfalls präsentiert sich der Downloader nur sehr abgespeckt.

1. Vorbereitungen treffen

2. Bilder auswählen　　Wenn Sie einzelne Bilder importieren wollen, wählen Sie in der Fußleiste des Fensters zunächst AUSWAHL AUFHEBEN ❷ und markieren dann die Checkboxen der Bilder, die Sie zu importieren gedenken. Wenn Sie alle Fotos importieren wollen, die sich auf dem Chip befinden, müssen Sie nichts weiter tun – es sei denn, die Checkboxen der Bilder sind inaktiv. Dann klicken Sie auf ALLE AUSWÄHLEN in der Fußleiste.

3. Speicherort festlegen　　Unter SPEICHEROPTIONEN ❸ weisen Sie den neu zu importierenden Bildern einen Speicherort auf Ihrem Rechner zu. Dazu klicken Sie auf DURCHSUCHEN und geben über den Explorer-Dialog den Pfad an. Entscheiden Sie ferner, ob in Ihrem Stammverzeichnis (also dem gewünschten Speicherort) automatisch ein Unterordner erstellt werden soll und, falls ja, welche Bezeichnung er tragen soll. Wenn Sie keinen Unterordner wünschen, listen Sie den Eintrag OHNE.

4. Erweiterte Optionen einstellen　　Im Frame ERWEITERTE OPTIONEN ❹ können Sie veranlassen, dass der Rote-Augen-Effekt automatisch beim Import korrigiert wird. Interessant ist aber, dass Sie hier auch entscheiden können, was mit den Originalen, also den Fotos auf dem Speicherchip, geschehen soll. Wenn Sie es für richtig halten, können Sie die Originale gleich nach dem Import löschen. Zum Schluss klicken Sie auf FOTOS LADEN ❺.

2.5 Verbindung zum Scanner

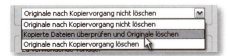

Ende

2.5 Verbindung zum Scanner

Aus dem Organizer heraus erreichen Sie den angeschlossenen Scanner direkt. Dazu benutzen Sie den Eintrag VOM SCANNER aus dem Menü DATEI • FOTOS UND VIDEOS LADEN. Zunächst einmal bietet die Anwendung einen Dialog an, in dem Sie die Voreinstellungen für einen Scan festlegen können. Wenn Sie die Einstellungen nicht verändern, werden Ihre Auflagen mit 600 ppi im Format JPEG aufgenommen und unter dem Pfad DOKUMENTE UND EINSTELLUNGEN/ADOBE/GESCANNTE FOTOS abgelegt. Wollen Sie den Pfad ändern, machen Sie das vorab über den Button DURCHSUCHEN. Auch das Speicherformat (standardmäßig ist hier »jpeg« eingestellt) können Sie neu definieren. Das machen Sie dann im Pulldown-Menü SPEICHERN ALS. Ob Sie sich mit dieser Vorgehensweise anfreunden können oder doch lieber außerhalb von Photoshop Elements auf den Scanner zugreifen, hängt natürlich von den Gegebenheiten Ihres Arbeitsplatzes ab.

Bilder drehen

Falls Sie Bilder drehen möchten, können Sie das bereits jetzt beim Import tun, indem Sie das betreffende Bild markieren und auf einen der beiden Buttons ganz links unten klicken.

◄ **Abbildung 2.11**
Stellen Sie die Verbindung zum Scanner her.

Leider kann man nicht pauschal sagen, welche Werte Sie für den Scan veranschlagen müssen. Fakt ist jedoch, dass Sie zu diesem Zeitpunkt auf jeden Fall wissen sollten, was mit der Aufnahme gemacht werden soll und welche Qualitätsansprüche Sie an den Scan haben.

2 Fotos mit dem Organizer verwalten

> **RGB-Bild**
> Die Bildvorlage wird von verschiedenen Sensoren abgetastet und in die Kanäle Rot, Grün und Blau gegliedert. Somit liegt jeder Scan zunächst einmal als RGB-Bild vor.

Scan-Technik
Sensoren, die sogenannten *CCD-Sensoren*, tasten das Bild ab. Dabei spielt die *Auflösung* eine wichtige Rolle. Diese wird in *dpi* (= dots per inch) gemessen und sagt aus, wie viele Punkte bei der Abtastung auf einer Strecke von 2,54 cm (= 1 inch) erfasst werden sollen. Bei starker Vergrößerung wird deutlich, wie sich ein gescanntes Bild aufbaut ■.

◄ Abbildung 2.12
Gut zu erkennen: Die quadratischen Flächen, aus denen sich ein Pixelbild aufbaut

> **DPI und PPI**
> Die Einheit dpi ist ein Maß, das eher bei der Druckausgabe verwendet wird. Richtiger wäre, bei einer Bilddatei von ppi (= pixels per inch) zu sprechen. Da die Scanner-Hersteller, soweit mir bekannt, aber dpi als Maßeinheit verwenden, soll es an dieser Stelle auch dabei bleiben. Einverstanden?

Daraus ergibt sich logischerweise: Je höher der DPI-Wert, desto feiner, also besser, ist das Ergebnis. Leider haben höhere DPI-Werte aber auch zur Folge, dass sie speicherintensiver sind und somit nicht mehr so komfortabel bearbeitet werden können – ganz zu schweigen vom weitaus höheren Platzbedarf auf Ihrer Festplatte.

Welche Auflösung soll ich wählen?
Wählen Sie die Auflösung des Scans stets nach dem geplanten Verwendungszweck des Fotos:

- **72 dpi**
  Die Internetvariante: Sie benötigen Bilder für Ihre Homepage oder möchten Dateien per E-Mail verschicken? Hier reichen 72 dpi allemal aus.
- **150 dpi**
  Wenn Sie beabsichtigen, eine Bilddatei auszudrucken, bei der es nicht so sehr auf die Qualität ankommt (z. B. ein Verzeichnis der verschiedenen Bilder, die Sie archiviert haben), reichen 150 dpi vollkommen aus.

2.5 Verbindung zum Scanner

▶ **220 dpi**
Möchten Sie jedoch einen hochwertigen Ausdruck auf Fotopapier Ihr eigen nennen, sollten 220 dpi keinesfalls unterschritten werden.

▶ **300 dpi**
In der professionellen Druckvorbereitung sowie bei Einsatz auf einem Fotosatzbelichter hat sich als Standard 300 dpi hervorgetan.

Ein Haken bleibt aber dennoch. Diese Werte gelten, wenn Sie keinerlei Größenänderungen, speziell **Vergrößerungen** an Ihrem Bild vornehmen. Möchten Sie, weil Erbtante Trude zu Besuch kommt, das 9×13 cm große Foto von ihr in 36×52 cm über Ihre Couch hängen, müssen Sie mit mindestens **1200 dpi** scannen – oder sich aus der Riege der Nachlassbegünstigten verabschieden.

Schwarz-Weiß-Vorlagen scannen
Das eben Beschriebene gilt leider nur für Fotografien. Sollten Sie Schwarz-Weiß-Bilder (nicht zu verwechseln mit Graustufenbildern ■) oder Strichzeichnungen scannen, sollten Sie keinesfalls unterhalb von **1200 dpi** bleiben. Der Grund liegt in einer schnell entstehenden Treppenwirkung bei solchen Vorlagen.

Welchen Modus muss ich einstellen?
Farbbilder werden natürlich im *RGB-Modus* gescannt, denn auch Ihre Kamera nimmt im RGB-Modus auf. Wenn jedoch keine Farbe im Bild ist, sollte auch nicht farbig, sondern im Modus *Graustufen* gescannt werden – und Strichzeichnungen sowie Schwarz-Weiß-Vorlagen werden im *Schwarz-Weiß-Modus* abgelichtet.

Optimal scannen
Abschließend ist noch darauf hinzuweisen, dass Sie nach Möglichkeit Fehler und unschöne Begleiterscheinungen der Vorlage gleich beim Scan »ausbügeln« sollten. Zwar kann mit Photoshop eine Menge nachträglich verbessert werden, doch sollten Probleme möglichst früh erkannt und entsprechend bearbeitet werden.

Versuchen Sie herauszufinden, ob einzelne Farbbereiche zu stark oder zu schwach sind. Normalerweise bieten Scanner vielfältige Funktionen an, die **Gradation** in den einzelnen Kanälen (Rot, Grün und Blau) isoliert von den anderen zu bearbeiten ■.

Begriff: Schwarz-Weiß

Meist wird von Schwarz-Weiß-Fotos gesprochen, wenn man Aufnahmen in Händen hält, die keine Farbe beinhalten. Das ist leider sowohl begrifflich als auch inhaltlich falsch. In Wirklichkeit handelt es sich um Graustufenfotos. Schwarz-weiß bedeutet hingegen: Es sind ausschließlich rein schwarze oder rein weiße Pixel vorhanden – keine grauen, wie eben bei Graustufenbildern.

▲ **Abbildung 2.13**
Schräg verlaufende Linien werden bei zu geringer Auflösung kantig.

Für Profis: Gradationskurve anlegen

Durch das Anlegen einer leichten S-Kurve in Gradationen der Scanner-Anwendung lassen sich beispielsweise trist wirkende Farbspektren entsprechend aufwerten.

2.6 Fotobrowser und Datumsansicht

Durchscheinendes Papier scannen

Bei teilweise durchsichtigen Bedruckstoffen wie z. B. Zeitungspapier kann es vorkommen, dass Elemente der Rückseite durchscheinen. Hier kann die Abdeckung mit einem schwarzen Papier oder schwarzer Pappe das Scanergebnis wesentlich verbessern. Legen Sie die Vorlage auf und das schwarze Papier darüber.

Auf der Oberfläche scheint es eine ganze Menge zu geben, das man in irgendeiner Weise schalten, drücken, klicken, aktivieren und schieben kann. Schauen wir uns das doch einmal etwas genauer an.

Dateinamen einblenden

Bevor Sie sich näher mit dem Organizer und seinen Elementen beschäftigen, sollten Sie die Dateinamen anzeigen lassen. Das realisieren Sie, indem Sie im Menü Ansicht • Dateinamen einblenden wählen. Dadurch werden die Originalbezeichnungen inklusive Dateiendungen unterhalb der Miniaturen gelistet. Voraussetzung dafür ist allerdings, dass auch der darüber befindliche Menüeintrag, Details, aktiviert, sprich: mit einem Häkchen versehen ist.

Abbildung 2.14 ▶
Sinnvoll: Die Anzeige der Dateinamen in der untersten Zeile unterhalb der Miniaturen

Wechseln zwischen Fotobrowser und Datumsansicht

Der Organizer unterteilt sich in Fotobrowser und Datumsansicht. Wenn die Anwendung zum ersten Mal geöffnet wird, befinden Sie sich automatisch im Fotobrowser. Oben rechts im Kopf der Anwendung präsentiert sich ein Button mit dem Namen Anzeigen. Wenn Sie diesen markieren, können Sie aus der Liste die Datumsansicht aktivieren. Natürlich geht das Ganze auch, wenn Sie [Strg] + [Alt] + [D] drücken.

Abbildung 2.15 ▶
Springen Sie zur Datumsansicht.

2.6 Fotobrowser und Datumsansicht

Ebenfalls in der Fußleiste lässt sich die Standardansicht (Monat) auf Jahre oder Tage umstellen. Mit den beiden dunklen Kreisschaltflächen, die den aktuellen Zeitraum bezeichnen (hier: September 2007 ❶) können Sie vor- und zurückspringen. Mit dem Datum ist hier übrigens nicht der Tag bezeichnet, an dem Sie das Foto auf Ihren Rechner gebracht haben, sondern das Erstellungsdatum. Deshalb werden Sie die meisten Beispielfotos auch erst dann finden, wenn Sie bei der Zeit bis Oktober 2006 zurückgehen.

▼ **Abbildung 2.16**
Blättern Sie durch die Datumsansicht.

Datumsansicht: Tagesanmerkung verfassen

Nun, die Datumsansicht ist weit mehr als eine Auflistung der Bilder, die am jeweiligen Tag den Weg auf Ihre Festplatte gefunden haben. Sie können beispielsweise Tagesanmerkungen notieren, indem Sie zunächst im Kalendarium einen Tag markieren ❷ (Abbildung 2.17) und dann das große Eingabefeld auf der rechten Seite ❸ benutzen. Den Hinweis darauf, dass für den jeweiligen Tag eine Anmerkung existiert, gibt das kleine Icon ❹, das allerdings erst dann angezeigt wird, wenn Sie den Tag erstmals verlassen haben. Markieren Sie also irgendeinen anderen Tag. Wenn Sie ein Ereignis festlegen wollen, können Sie das über den Button ❺ machen. Ereignisse können im Gegensatz zur Tagesanmerkung wiederkehrend sein.

Abbildung 2.17 ▲
Tagesanmerkungen und Ereignisse sind vielleicht die Highlights der Datumsansicht.

Fotobrowser: Ansichtsoptionen

Aber sicher interessieren Sie sich mehr für den eigentlichen Organizer, richtig? Gehen Sie deshalb über die Schaltfläche FOTOBROWSER im Fuß des Fensters wieder zurück.

Der Schieberegler oberhalb der Bildminiaturen skaliert deren Ansichtsgröße auf der Arbeitsfläche. Wenn Sie ihn ganz nach rechts stellen, werden Sie nur ein einzelnes Bild sehen können. Über die linke Miniatur verkleinern Sie auf Minimum. Klicken Sie auf das Bildsymbol direkt rechts neben dem Schieber, um eine Einzelbildanzeige zu bekommen.

> **Miniatursymbole**
>
> Innerhalb der angezeigten Miniaturen verbergen sich möglicherweise kleine Symbole. Dadurch werden besondere Dateien oder externe Speicherorte markiert. Mit dem Organizer lässt sich nämlich weit mehr verwalten als nur Bilder. Ein Video beispielsweise würde mit einem kleinen Film-Symbol ergänzt. Wenn Sie eine CD-ROM sehen, Sie ahnen es, ist die Datei offline, also nicht auf lokaler Festplatte enthalten. Ein Lautsprecher-Symbol deutet auf Audio-Kommentare hin, und der Fotostapel kennzeichnet – ja, eben einen Fotostapel. Was es genau damit auf sich hat, werden Sie in diesem Kapitel noch erfahren.

2.7 Fotos drehen

Falls Sie mit Ihrer Digitalkamera Aufnahmen in Hochformat gemacht haben, können Sie diese über die Symbolleiste der Anwendung drehen. Sie können dazu eines oder gleich mehrere Fotos markieren. Danach werden je Mausklick Drehungen um 90° realisiert. Das geht übrigens auch mithilfe der Tasten. [Strg]+[←] dreht das Bild um 90° nach links, während [Strg]+[→] eine Drehung um 90° nach rechts durchführt.

▲ **Abbildung 2.18**
Drehen Sie Ihre Fotos bei Bedarf.

Bei TIFF- oder PSD-Bildern wird ein solcher Drehvorgang auch anstandslos durchgeführt. Allerdings muss eine JPEG-Datei beim

Drehen neu komprimiert werden. Und das bedeutet Qualitätsverluste. Photoshop Elements weist darauf auch noch einmal ausdrücklich hin und bietet außerdem an, von diesem Bild eine Kopie zu erzeugen, die dann gedreht wird. So bleibt das Original unangetastet. Entscheiden Sie, ob Sie das wollen. Wenn Sie diese Vorgehensweise generell vorziehen, können Sie die Checkbox anwählen, um diesen Dialog künftig zu umgehen. Das macht ja vor allem dann Sinn, wenn Sie viele Bilder drehen müssen und nicht immer Lust auf dieses Fenster haben.

2.8 Versionssätze und Fotos stapeln

Falls Sie soeben ein JPEG-Bild auf die beschriebene Art und Weise gedreht haben, sind Sie bereits stolzer Besitzer eines Versionssatzes. Falls nicht, können Sie trotzdem ruck, zuck! einen solchen erstellen. Ein Versionssatz ist prinzipiell nichts anderes als übereinander gestapelte Fotos. Das Problem ist allerdings: Sie sehen zunächst nur das oberste korrigierte Bild. Wollen Sie alle Bilder des Satzes sehen, müssen Sie die Liste öffnen. Das ist zum einen platzsparend, zum anderen bleibt zusammen, was zusammengehört. Ein Stapel oder Versionssatz wird durch eine aufgehellte Umrandung und ein Symbol in der oberen rechten Ecke angedeutet. Zudem finden Sie rechts eine kleine Schaltfläche, mit der Sie den Versionssatz oder Stapel öffnen bzw. wieder schließen können.

▼ **Abbildung 2.19**
Der geschlossene (links) und geöffnete Versionssatz (rechts)

Zwischen einem Versionssatz und einem Stapel gibt es im Ergebnis eigentlich keinen Unterschied. Sie werden lediglich auf unterschiedliche Art und Weise erzeugt.

Stapel erzeugen

Innerhalb des Organizers markieren Sie mehrere Bilder (diese müssen nicht unbedingt nebeneinander liegen) und klicken anschließend mit rechts auf eines der markierten Fotos. Wählen Sie aus dem Kontextmenü STAPEL • AUSGEWÄHLTE FOTOS STAPELN.

Ebenso könnten Sie den Befehl STAPEL • FOTOSTAPEL AUTOMATISCH VORSCHLAGEN einstellen. Dann würden Sie die Anwendung nach strukturellen Gemeinsamkeiten innerhalb der Bilder suchen lassen und die Fotos anhand ihrer Ähnlichkeit in Stapel packen.

Versionssatz erzeugen

Die zweite Möglichkeit, einen Stapel zu erzeugen, ist der Versionssatz. Hierbei werden »Ableger« eines Originalfotos zusammen mit dem Original in einen Stapel gepackt. Dazu müssen wir einmal kurz in den Editor gehen. Wenn Sie dort ein Bild nachbearbeiten (beispielsweise die Farbe korrigieren) und es anschließend speichern, haben Sie im Speichern-Dialog die Möglichkeit, MIT ORIGINAL IM VERSIONSSATZ SPEICHERN zu nutzen. Standardmäßig ist diese Checkbox sogar aktiv. Lassen Sie das Häkchen stehen, wird das Originalfoto niemals überschrieben. Stattdessen wird eine Kopie angelegt – und diese wird im Organizer mit dem Original gestapelt, sprich: dort wird ein Versionssatz erzeugt.

Abbildung 2.20 ▶
Im Speichern-Dialog des Editors können Sie einen Versionssatz für den Organizer anlegen.

Stapel aufheben und Fotos entfernen

Sie können einen Stapel natürlich auch wieder löschen. Dazu klicken Sie die Stapel-Miniatur mit der rechten Maustaste an und wählen STAPEL • FOTOSTAPEL AUFHEBEN. Ebenso lassen sich einzelne Fotos aus dem Stapel entfernen, indem Sie nach einem Rechtsklick auf die betreffende Miniatur STAPEL • FOTO AUS STAPEL ENTFERNEN einstellen.

Repräsentatives Stapel-Foto aussuchen

Sicher haben Sie längst bemerkt, dass die Reihenfolge der Fotos auch innerhalb eines Stapels beibehalten wird. Das ist zwar zunächst löblich, bedeutet aber auch, dass stets das erste Foto einen geschlossenen Stapel repräsentiert. Wenn Sie ein anderes

Stapel-Foto für geeigneter halten, markieren Sie dieses mit einem Rechtsklick und stellen STAPEL • ALS ERSTES FOTO FESTLEGEN ein. Das funktioniert bei allen Fotos – mit Ausnahme des ersten, natürlich.

2.9 Bildeigenschaften abrufen und ändern

Nun besteht so ein Bild ja aus weit mehr als nur bunten Pixeln. Wenn Sie wissen möchten, was beim Speichern einer Datei so alles archiviert wird, klicken Sie mit rechts auf eine Miniatur und wählen EIGENSCHAFTEN ANZEIGEN. Die Palette können Sie übrigens auch über FENSTER • EIGENSCHAFTEN aufrufen. Zudem sei der dezente Hinweis auf [Alt]+[↵] gelenkt, da diese Tastenkombi die lästigen Mausklicks ersetzt.

Unten rechts erscheint daraufhin ein Eigenschaftenfenster (bzw. es schließt sich, wenn es zuvor geöffnet gewesen ist), das Sie zunächst einmal durch Ziehen der Begrenzung ❶ etwas aufskalieren sollten. Sonst wird es nämlich gleich eng dort.

◀ Abbildung 2.21
Nicht gerade so spannend wie ein Hitchcock-Thriller, aber dennoch recht interessant – die Bildeigenschaften

Wichtig ist hier allem voran die **Größe** ❷. Sie verrät nämlich nicht nur, wie groß die Datei in Kilobyte oder Megabyte ist, sondern gibt auch Auskunft über die Abmessungen in Pixel (im Beispiel 800×600, also 800 Pixel breit und 600 Pixel hoch). Außerdem sehen Sie eine Zeile tiefer, wann das Foto geschossen wurde und wo Sie es abgespeichert haben ❸. Sollten Sie den Pfad nicht komplett lesen können, skalieren Sie das Fenster noch etwas mehr. Praktisch: Durch einen Klick auf das Ordner-Symbol ❹ gelangen Sie sofort in das angezeigte Verzeichnis. Und mit einem Klick auf das kleine Lautsprecher-Symbol ❺ können Sie sogar einen Audio-Kommentar zum Bild einsprechen.

Bilddateien benennen

Im Eingabefeld BILDTITEL ❻ lässt sich die Datei benennen. Dabei müssen Sie jedoch bedenken, dass der hier vergebene Name nur im Organizer intern Anwendung findet.

Der Dateiname (ein Feld tiefer) ist davon nicht betroffen. Dieser Name jedoch ist die offizielle Bezeichnung Ihres Bildes – so wie es auch auf der Festplatte gekennzeichnet ist. Ändern Sie diesen Eintrag, wird auch die Originaldatei entsprechend umbenannt.

Löblich: Sie können dort ruhigen Gewissens die Dateiendung mit überschreiben. Photoshop Elements fügt diese am Schluss wieder an. Das verhindert, dass die Datei durch unbeabsichtigtes Entfernen dieser Endung unbrauchbar würde.

Um einen dieser Einträge nun zu verändern, reicht ein Doppelklick in das Eingabefeld. Geben Sie den gewünschten Namen ein, und bestätigen Sie anschließend mit Eingabetaste ■.

Metadaten anzeigen

Klicken Sie nun einmal die METADATEN ❼ an. Wählen Sie danach ganz unten den Radio-Button VOLLSTÄNDIG aus. Danach finden Sie wirklich alles, was Sie über Ihr Bild wissen »sollten« – und nebenbei auch vieles, was Sie nicht unbedingt wissen »müssen«. Fakten – Fakten – Fakten …

Bitte berücksichtigen Sie, dass sich hier keinerlei Änderungen an der Datei vornehmen lassen. Die Metadaten dienen lediglich als Informationsquelle. Mit DATEINAME wird die Bezeichnung der Datei angegeben – und zwar so, wie sie auf der Festplatte benannt ist. ERSTELLT AM sagt etwas darüber aus, wann die Datei erzeugt worden ist, während BEARBEITET AM Informationen über das Datum der letzten Änderung an diesem Bild liefert. Von besonderer Bedeutung ist hier noch die Zeile AUFLÖSUNG. Diese verrät nämlich etwas darüber, aus wie vielen Pixeln je Zoll die Datei besteht.

> **Beispieldateien nicht umbenennen!**
>
> So schön die Funktion mit der Umbenennung auch ist; Sie sollten keines der Beispielbilder im Feld NAME anders bezeichnen. Im weiteren Verlauf dieses Buches werden Sie auf die Dateien zugreifen müssen. Wenn Sie die aber jetzt umbenennen, wird es sicher mancherorts schwierig, das richtige Bild zum Workshop zu finden.

Abbildung 2.22 ▲
Infos, so weit das Auge reicht. Neben den Kameradaten finden Sie hier noch zahlreiche andere Infos.

2.10 Die Vollbildansicht

In der Vollbildansicht können Sie sich sowohl die Vergrößerung eines einzelnen Bildes als auch eine aus mehreren Bildern bestehende **Diashow** anzeigen lassen. Das macht vor allem dann Sinn, wenn Sie Dateien bekommen, deren Inhalt Sie noch nicht kennen. Denn nur mit den Miniaturen allein ist eine zuverlässige Begutachtung bisweilen schwierig. Klicken Sie dazu auf den Button Fotos in der Vollbildansicht anzeigen, der durch einen Klick auf Anzeigen sichtbar wird. Alternativ gibt es auch hierzu ein Tastaturkürzel, nämlich F11 .

Vollbildansicht-Optionen
Über das folgende Dialogfeld lassen sich jetzt individuelle Darstellungsoptionen festlegen ■.

Vollbildansicht-Dialog künftig umgehen

Sie möchten die Vollbildansicht immer mit den gleichen Parametern starten? Dann können Sie sich künftig den Umweg über das Dialogfenster ersparen, indem Sie alle Parameter gemäß Ihren Wünschen einstellen. Bevor Sie OK klicken, müssen Sie das Steuerelement Dieses Dialogfeld vor der Vollbildansicht der Fotos anzeigen abwählen. Danach ist das Dialogfeld aber keinesfalls auf ewig verloren. Rufen Sie das Kontextmenü (Rechtsklick) innerhalb der Vollbildansicht auf und wählen Sie den Eintrag Vollbildansicht-Optionen.

◀ Abbildung 2.23
Legen Sie vorab die Präsentationsoptionen fest.

Wenn Sie möchten, können Sie dieser Ansicht noch eine Hintergrundmusik untermischen. Wählen Sie einfach einen der mitgelieferten Titel aus dem Flyout-Menü Hintergrundmusik oder einen Titel von Ihrer Festplatte über Durchsuchen. Mit Seitendauer legen Sie fest, wie lange jedes Bild stehen bleiben soll. Mit Bildtiteln bedeutet, dass während der Präsentation auch der Name des Bildes angezeigt wird. Fotos dürfen skaliert werden ist dann interessant, wenn Sie möchten, dass auch kleine Bilder auf die Darstellungsgröße der Präsentation angepasst werden sollen. Ist die Funktion abgewählt, werden Bilder während der Präsentation nicht über 100 % (d. h. nicht über ihre eigene Dateigröße hinaus) skaliert und angezeigt. Die Funktion zu deaktivieren, ist besonders

43

bei kleinen und niedrig auflösenden Fotos zu empfehlen, die durch eine starke Vergrößerung ihre Pixelstruktur erkennen lassen und letztendlich dadurch schlechter zu beurteilen wären.

Mit VIDEOSKALIERUNG MÖGLICH werden Videodateien an die Rahmengröße der Präsentation angepasst. DIASHOW WIEDERHOLEN startet die Präsentation nach Durchlauf des letzten Bildes von vorne. Es wird also eine Endlosschleife erzeugt. Nach dem Klick auf OK öffnet sich die eigentliche Vollbildansicht.

Im oberen Bereich befindet sich eine Steuerung, mit der Sie jeweils ein Bild zurück oder nach vorn springen können ■. Wollen Sie eine automatische Präsentation? Dann reicht ein Klick auf den Play-Button. Lehnen Sie sich entspannt zurück.

Vollbildansicht steuern

In der Steuerleiste der Vollbildansicht werden Ihnen außer den bereits angesprochenen Buttons noch diverse Bearbeitungsfunktionen angeboten. Fotos lassen sich hier nämlich auch drehen, entfernen oder vergleichen (nebeneinander oder übereinander). Außerdem werden mithilfe der Sterne Bewertungsmöglichkeiten für ein Foto zur Verfügung gestellt. Was es damit genau auf sich hat, erfahren Sie im Abschnitt 2.12, »Fotos ordnen und kennzeichnen«. Aber irgendwann muss auch Schluss sein. Drücken Sie deshalb Esc, wenn Sie genug haben, und Sie kehren zurück zum Organizer.

> **Diashow erstellen**
>
> Seit Elements 4 ist es möglich, direkt aus der Vollbildansicht heraus eine Diashow zu erstellen. Benutzen Sie dazu einfach den Eintrag DIASHOW ERSTELLEN, den Sie im Aktionsmenü finden (der Button rechts neben dem Papierkorb). Nähere Hinweise zur Erstellung von Diashows finden Sie in Kapitel 12.

> **Steuerleiste verkleinern**
>
> Stört die Steuerleiste bei der Betrachtung der Bilder? Sie lässt sich über das letzte Steuerelement ganz rechts (das nach links zeigende Dreieck) verkleinern. Übrig bleibt die Navigationssteuerung. Um die Leiste wieder auszuklappen, drücken Sie auf das nun nach rechts zeigende Dreieck.

Abbildung 2.24 ▲
Die Steuerelementleiste wird als Overlay (teiltransparent) angezeigt.

2.11 Fotos vergleichen

Oftmals werden von ähnlichen Objekten mehrere Bilder geschossen. Schließlich will man ja sichergehen, dass zumindest ein Schnappschuss dabei ist, der verwendet werden kann. Wenn Sie nun die verschiedenen Fotos begutachten möchten, um das beste herauszusuchen, bietet sich der Fotovergleich an.

Vergleichsansicht einstellen

Markieren Sie alle Bilder, die Sie begutachten möchten. Im Anschluss drücken Sie einfach F12 oder klicken Sie auf ANSICHT und entscheiden Sie sich in der Liste für FOTOS NEBENEINANDER ANZEIGEN UND VERGLEICHEN.

2.11 Fotos vergleichen

◀ **Abbildung 2.25**
Die selektierten Fotos werden farbig umrahmt.

Die ausgewählten Fotos werden nun ebenfalls in einer Vollbildansicht nebeneinander dargestellt. Achten Sie bitte darauf, dass sich die linke oder rechte Bilddatei markieren lässt. Auch hier erscheint (wie bereits von den Miniaturen bekannt) ein farbiger Rahmen.

Mehrere Fotos vergleichen
Sollten Sie mehr als zwei Fotos zum Vergleich ausgewählt haben, empfiehlt es sich, einen FILMSTREIFEN ANZEIGEN zu lassen, indem Sie entweder den gleichnamigen Eintrag im Aktionsmenü anklicken oder [Strg]+[F] drücken. Jetzt können Sie eines der großen Bilder austauschen, indem Sie es zunächst markieren (blauer Rahmen) und danach eine der Miniaturen innerhalb des Filmstreifens markieren. Auf diese Weise lassen sich die Fotos nun prima vergleichen. Mit [Esc] verlassen Sie die Fotovergleichsansicht.

◀ **Abbildung 2.26**
Schalten Sie die Miniaturen ein.

2.12 Fotos ordnen und kennzeichnen

Danach können Sie das jeweils aktive Bild bewerten, indem Sie die Sterne oben rechts gemäß Ihren Wünschen zuweisen. Außerdem hält das Aktionsmenü noch weitere interessante Funktionen für Sie bereit, wie beispielsweise MIT STICHWORT-TAG VERSEHEN und IN ALBUM AUFNEHMEN. Was es genau damit auf sich hat, erfahren Sie im folgenden Abschnitt.

Na, was sagen Sie? Bisher waren die Unterschiede im Vergleich zum Schuhkarton-Archiv doch gar nicht so erheblich. Gut, im Schuhkarton können keine Metadaten verwaltet werden. Damit der Einblick in die Organizer-Welt von Photoshop Elements aber vollständig wird, erfahren Sie jetzt, wie Sie Ihre Fotos geschickt sortieren. Denn ohne eine sinnvolle Struktur werden Sie mit der Zeit unweigerlich den Überblick verlieren – nicht anders, wie in einem Schuhkarton.

Alben erstellen
Eine Grundstruktur innerhalb des Fotobrowsers erreichen Sie mit »Alben« (in Vorgängerversionen von Photoshop Elements 6 noch »Sammlungen« genannt). Damit lassen sich Ihre Bilder thematisch ordnen. Wie wäre es zum Beispiel mit einer eigenen Kategorie für Porträts, einer weiteren für Landschaftsaufnahmen usw.? Das geht ganz einfach, wie der folgende Workshop beweist.

Schritt für Schritt: Ein neues Album für die Beispielbilder erstellen

1. Alben vorbereiten	Widmen Sie sich zunächst dem Bereich ALBEN ❷. Sie sehen dieses Feld übrigens nur dann, wenn ORGANISIEREN ❶ aktiviert ist. Wenn Sie für den Albenbereich mehr Platz bereitstellen wollen, können Sie (müssen Sie aber nicht) solange die Stichwort-Tags einklappen. Dazu reicht ein Mausklick auf das vorangestellte Dreieck-Symbol ❸.
2. Neues Album erstellen	Unter ALBEN befindet sich ein Button mit einem Plus-Symbol ❹. Diesen bitte anklicken! Entscheiden Sie sich für NEUE ALBUMGRUPPE. Schade, dass dafür kein Tastaturkürzel zur Verfügung gestellt wird.

Ich hätte Ihnen zu gerne etwas über die Vorteile von Tastenkombis (oder hatte ich das schon gesagt?).

Nachdem Sie die Gruppe durch Vergabe eines Namens (wie wäre es mit **Bilder aus Büchern**?) bestimmt haben, bestätigen Sie mit OK. Eine übergeordnete Albengruppe gibt es ja noch nicht. Das ist gewissermaßen der »Oberordner« für die folgenden Schritte. Achten Sie darauf, dass er markiert bleibt (linke folgende Abbildung).

3. Oberste Gruppe anlegen

Entscheiden Sie sich nun bitte abermals für das Plus-Symbol, wobei Sie diesmal aus der Liste aber NEUES ALBUM verwenden. Dieses Album soll quasi eine erste Untergruppierung der soeben angelegten Albumgruppe darstellen. Ich benutze den Namen **Elements 6 für digitale Fotos**, möchte mich dabei aber keinesfalls aufdrängen. Wenn Ihnen ein anderer Name lieber ist, nehmen Sie ruhig diesen. Bestätigen Sie abermals mit OK.

4. Untergeordnete Gruppe anlegen

5. Bilder zuordnen   Jetzt sollen alle zugehörigen Bilder dieses Albums auch in den gerade erzeugten Albumsordner integriert werden. Wenn Sie noch keine anderen Bilder in den Fotobrowser eingebettet haben, reicht die Tastenkombination [Strg]+[A], um alle Bilder zu selektieren. Sind jedoch bereits andere Fotos enthalten, müssen Sie die Beispielbilder der Buch-DVD natürlich separat anwählen. Die markierten Bilder erhalten einen blauen Rahmen. Jetzt ziehen Sie einfach eines der markierten Bilder mit gedrückter Maustaste auf das zuletzt erzeugte Album – fertig. Alle Bilder, die ebenfalls markiert gewesen sind, wandern mit in dieses Album. Sie sehen das auch anhand der Miniaturen, die jetzt unter jedem Bild auftauchen.

Ende

Noch nicht so richtig überzeugend, sagen Sie? Na, dann warten Sie den nächsten Workshop ab.

 Schritt für Schritt: Die Beispielbilder nach Themen ordnen

Jetzt sollen die Bilder des Albums »Elements 6 für digitale Fotos« noch thematisch unterteilt werden. Dazu ist aber wieder ein wenig Vorarbeit nötig. Doch es lohnt sich – vor allem dann, wenn Ihr Archiv mit der Zeit beträchtlich wächst. Also lieber heute als morgen damit beginnen.

1. Neue Alben erstellen   Machen Sie sich Gedanken darüber, welche Gruppierungen interessant wären. Ich finde, wir sollten ein Album mit Bauwerken haben. Eine weitere wäre für Landschaften interessant, wieder eine andere für Skulpturen, eine vierte für Gebäude. Und dann wären außerdem sicher noch Blumen oder Pflanzen sinnvoll. Was meinen Sie? Über die Buttons NEU und NEUES ALBUM legen Sie dafür Alben an. Bei der

Erzeugung der einzelnen Alben nimmt Photoshop Elements übrigens gleich eine alphabetische Sortierung vor ■.

> **Alphabetische Ordnung aufheben**
>
> Wenn Sie nicht wollen, dass Photoshop Elements die Alben automatisch nach Alphabet ordnet, gehen Sie über BEARBEITEN • VOREINSTELLUNGEN • STICHWORT-TAGS UND ALBEN und markieren hier den entsprechenden Radiobutton MANUELL.

Sind Sie damit fertig? Dann wählen Sie zunächst alle Fotos ab, indem Sie einen freien Bereich der Arbeitsfläche markieren. Danach suchen Sie alle Gebäudefotos aus und markieren diese nacheinander, während Sie [Strg] gedrückt halten. (Bei nebeneinander liegenden Bildern: Zunächst markieren Sie das erste und danach das letzte, während Sie [⇧] gedrückt halten.) Wenn alle entsprechenden Fotos markiert sind, ziehen Sie eines davon auf das Album GEBÄUDE und lassen es dort fallen. Verfahren Sie so auch mit allen anderen Beispielbildern. Übrigens geht das Ganze auch in umgekehrter Richtung. Sie können nämlich das Album auch auf eines der Bilder ziehen. Selbst dann wird die Bilddatei dem Set zugeordnet.

2. Fotos zuordnen

Nun ist das Ganze noch immer nicht so recht sinnvoll. Denn was Sie erreicht haben, ist nur, dass die Bilder um kleine Buch-Icons erwei-

3. Bilder thematisch anzeigen

tert worden sind. Aber das Sinnvolle: Sie können jetzt im Palettenbereich entscheiden, welche Fotos angezeigt werden sollen. Klicken Sie doch einmal auf ein Album. Daraufhin erscheint ein Feldstecher-Symbol – und alle Fotos, die nicht diesem Album angehören, sind ausgeblendet. Jetzt bekommt die ganze Aktion doch das gewünschte Format, oder? Und Sie ahnen es längst: Natürlich können Sie ein und dasselbe Foto problemlos mehreren Alben zuweisen. Versuchen Sie das mal mit Papierabzügen!

4. Alle Bilder anzeigen Und wenn Sie genug von der Anzeige eines einzelnen Albums haben, klicken Sie das aktivierte Verzeichnis (also das mit dem Feldstecher) einfach noch einmal an, und schon werden alle Organizer-Fotos wieder gezeigt.

5. Optional: Bilder entfernen Nun ist ja niemand davor gewappnet, dass er einmal ein Bild falsch einsortiert. Wenn das passiert, klicken Sie dessen Miniatur einfach mit rechts an und wählen AUS ALBUM ENTFERNEN. Jetzt müssen Sie in der folgenden Liste nur noch das Album markieren, welches das Bild »fälschlicherweise« beherbergt – und schon ist es draußen; natürlich nur aus dem Album und nicht aus dem Organizer.

6. Optional: Weitere Bilder archivieren Auf diese Art und Weise können Sie jetzt natürlich auch weitere Buch-DVDs archivieren. Dazu sollten Sie dann aber zunächst ein neues Album mit dem entsprechenden Buchtitel anlegen und alle Bilder dort einfließen lassen. Danach können Sie wieder die Unterscheidung in Porträts, Landschaften usw. vornehmen, indem Sie die neuen Bilder den bereits bestehenden Alben zuweisen. Damit wäre **Ende** Ihr Foto-Browser immer topaktuell.

Smart-Alben

Mit der Photoshop Elements Version 6 gelingt es noch schneller als zuvor, Fotos in Alben einzusortieren – dank Smart-Alben. Diese stellen ein Album anhand von Suchbegriffen zusammen. Und das geht so.

Schritt für Schritt: Smart-Album erzeugen

Nachdem Sie auf das bereits hinlänglich bekannte Plus-Symbol der Palette ALBEN geklickt haben, selektieren Sie den Eintrag NEUES SMART-ALBUM. Daraufhin erreichen Sie einen Dialog, der zunächst recht unspektakulär aussieht. Aber das täuscht. Denn dieses Fenster hat es wirklich in sich.

Klicken Sie in das oberste Eingabefeld, können Sie dem Album einen Namen geben. Wir entscheiden uns in diesem Beispiel für »Korrektur Augen«, damit alle Fotos, die entsprechend bearbeitet werden müssen, in einem Ordner landen.

1. Smart-Album benennen

Nun legen Sie das erste Suchkriterium fest. Da drei unserer Beispielfotos das Wort »Augen« in irgendeiner Form in ihrem Dateinamen tragen, lassen Sie das erste Pulldown-Menü unverändert. Zumindest gilt das, sofern dort (wie es standardmäßig bei der ersten Verwendung des Organizers ist) DATEINAME steht. Im zweiten Pulldown-Menü stellen Sie aber bitte um auf ENTHÄLT. (Würden Sie IST stehen lassen, müssten Sie im nächsten Schritt den genauen Dateinamen angeben. Wir wollen uns jedoch mit einem Teil dessen zufriedengeben.)

2. Erstes Suchkriterium festlegen

3. Namensfragment eingeben

Was noch fehlt, ist der eigentliche Suchbegriff. Dieser kommt jetzt in das Eingabefeld rechts daneben. Tragen Sie hier »augen« ein. (Sie können Groß- und Kleinschreibung ignorieren.)

4. Zweite Suchoption formulieren

Eigentlich ist der folgende Schritt nicht mehr erforderlich, da wir ausschließlich mit TIFF-Dateien arbeiten. Wäre Ihnen das jedoch nicht bekannt, könnten Sie jetzt einen weiteren Suchsatz hinzufügen, indem Sie auf das kleine Plus-Symbol auf der rechten Seite klicken.

Als Folge dessen wird gleich unterhalb eine zweite Suchoption zur Verfügung gestellt. Hier könnten Sie jetzt festlegen: [DATEIFORMAT] : [IST] : [TIFF].

5. Und/Oder-Kriterien festlegen

Bevor Sie jetzt aber fröhlich auf OK klicken, müssen Sie unbedingt noch den Radiobutton ALLE DER FOLGENDEN SUCHKRITERIEN [UND] festlegen. Würden Sie das nicht machen, müsste nur »eine« der beiden Suchoptionen zutreffend sein – und das würde bedeuten, dass alle TIFFs gefunden würden.

Und dieses Ergebnis sollte sich Ihnen jetzt präsentieren:

Ende

Alben bearbeiten

Wie auch immer Sie ein Album erzeugt haben, ob Sie nun mit einem Smart-Album oder einem normalen Album arbeiten – Sie werden irgendwann mehr Individualität verlangen. So haben Sie sicher schon längst festgestellt, dass stets die Miniatur, die Sie zuerst auf das Album ziehen, auch zur repräsentativen Album-Miniatur wird (ähnlich dem ersten Bild eines Foto-Stapels). Aber was ist, wenn Sie das so nicht wollen?

Im folgenden Workshop wollen wir nun dafür sorgen, dass Album-Miniaturen ausgetauscht werden. Aber nicht nur das: auch der Bildausschnitt soll frei angepasst werden. Na, dann mal los …

Schritt für Schritt: Miniaturen für Alben verändern

In diesem Workshop werden Sie den neu erstellten Alben andere Miniaturen zuweisen und die Bildausschnitte ändern.

Setzen Sie doch einmal einen Rechtsklick auf eines der Album-Symbole, und wählen Sie im Kontext ALBUM [NAME] BEARBEITEN. Danach reicht ein Mausklick auf die Schaltfläche SYMBOL BEARBEITEN.

1. Album bearbeiten

Mit dem Button SUCHEN (unten rechts) können Sie direkt auf die Bilder des Albums zugreifen und ein anderes per Mausklick bestimmen.

2. Neues Symbol auswählen

Allerdings können Sie auch durch das Album blättern, indem Sie einen der beiden Buttons links und rechts neben SUCHEN betätigen. Machen Sie hier eines der Fotos ausfindig, das Ihnen für Ihr Album zusagt ■.

3. Symbol beschneiden

Schauen Sie einmal auf den blinkenden Rahmen, der im Bild sichtbar ist. Diesen können Sie skalieren, indem Sie einen der vier quadratischen Eckanfasser mit gedrückter Maustaste verschieben. Das geht allerdings nur proportional, da die Miniaturen an ein quadratisches Seitenverhältnis angepasst werden müssen. Immerhin soll ja alles prima auf das Album passen. Wenn Sie den gewählten Ausschnitt komplett verschieben wollen, stellen Sie die Maus in den Rahmen hinein und verschieben diesen mit gedrückter Maustaste. Alles das, was sich jetzt innerhalb des Rahmens befindet, wird später als Miniatur sichtbar sein. Bestätigen Sie durch einen Doppelklick auf OK.

> **Externe Datei verwenden**
>
> Sie sind bei dieser Aktion noch nicht einmal auf die Bilder Ihres Albums angewiesen. Klicken Sie auf IMPORTIEREN, können Sie ein Bild selektieren, das sich gar nicht im aktuellen Album befindet. Es muss lediglich in einem der Formate JPEG, BMP, PNG oder GIF vorliegen. Diese Vorgehensweise ist vor allem dann sinnvoll, wenn Sie das Album mit dem Logo des Anbieters oder Auftraggebers versehen wollen.

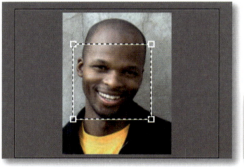

Ende

2.13 Etiketten für Ihre Bilder-Suchmaschine

Nun müssen Sie unbedingt noch mit »Tags« konfrontiert werden. Tags? Ja, Tags. Stellt sich erst einmal die Frage: Wozu werden Tags benötigt? Mit Tags hängen Sie Schildchen an jedes Bild und vergeben damit markante Aussagen. Stellen Sie sich ein Familienalbum vor: Jedem Bild, auf dem Oma Käthe zu sehen ist, hängen Sie nun ein Tag mit dem Namen *Oma Käthe* an. Wenn Onkel Eberhard auch auf dem Bild zu sehen ist, bekommt die Aufnahme ein zweites Schildchen, auf dem *Onkel Eberhard* steht. So fahren Sie nun vergnügt fort und listen Bild für Bild, Tag für Tag, alles Wesentliche auf.

2.13 Etiketten für Ihre Bilder-Suchmaschine

Irgendwann einmal wird Ihre Bilddatenbank prall gefüllt sein. Wenn Onkel Eberhard nun vollkommen unvorbereitet zu einem spontanen Besuch ansetzt, suchen Sie kurz nach allen Bildern, denen ein Tag mit dem Namen *Onkel Eberhard* angehängt ist – und dessen Zuneigung wird durch die allgegenwärtige Präsenz seiner Fotos ins Unermessliche steigen – dank Tags. Das war die Theorie; nun wollen wir uns das aber auch in der Praxis ansehen.

Schritt für Schritt: Den Miniaturen Tags zuweisen

Zunächst öffnen Sie rechts im Palettenbereich die Liste STICHWORT-TAGS. Diese ist unterhalb der Alben zu finden. Hier werden Sie bereits einige von Photoshop Elements vorbereitete Tag-Gruppen finden, die Sie natürlich nutzen können. Sie können aber auch eigene Tags und Tag-Gruppen anlegen. Dazu müssen Sie wissen: Tags können nicht einfach frei zugewiesen werden, sondern müssen einer Kategorie angehören.

1. Vorhandene Tags nutzen

Wenn Sie aber eigene Gruppen definieren wollen, gehen Sie zunächst auf das Plus-Symbol der Palette STICHWORT-TAGS und klicken auf NEUE KATEGORIE. Nun können Sie Ihrem Tag eine Farbe sowie einen Namen geben und ein geeignetes Symbol aussuchen. Nehmen wir doch einmal den Kategorienamen »Strände« und suchen als Symbol die Sonne aus. Klicken Sie anschließend auf OK.

2. Neue Kategorie erstellen

Gehen Sie noch einmal auf das Plus-Symbol und wählen Sie NEUES STICHWORT-TAG (sofern Ihnen [Strg]+[N] nicht lieber ist). Achten Sie darauf, dass unter KATEGORIE • STRÄNDE eingestellt ist. Legen Sie jetzt einen Namen für Ihr Tag fest (im Beispiel: Fuerteventura) und lassen

3. Neues Stichwort-Tag vergeben

2 Fotos mit dem Organizer verwalten

Sie einen sanften Klick auf OK folgen. Auf diese Art und Weise könnten Sie jetzt weitere Schildchen produzieren und die verschiedensten Strände auflisten.

4. Tags auf die Bilder übertragen

Markieren Sie, während Sie [Strg] gedrückt halten, alle Fotos, auf denen ein passendes Motiv abgebildet ist. Im aktuellen Beispiel wären das diese drei Fotos:

Ziehen Sie jetzt das passende Tag (Fuerteventura) auf eines der markierten Bilder, und lassen Sie es dort fallen. Kurzzeitig werden die Schildchen auf den Miniaturen angezeigt; danach blenden sie sich von selbst wieder aus. Damit ist das Schildchen zugewiesen.

Was aber nun, wenn sich mehrere Tags für ein und dasselbe Bild eignen würden? Dann weisen Sie einfach mehrere Tags zu. Das ist nicht nur erlaubt, sondern sogar ausdrücklich zu befürworten. Denn je mehr Tags ein Bild hat, desto mehr Informationen haben Sie von diesem Bild – und desto besser wird Ihre hauseigene Suchmaschine später funktionieren.

5. Mehrere Tags zuweisen

Natürlich gehen Sie auch zur isolierten Anzeige von Tag-Bildern genauso vor, wie bei den Alben. Sie können nämlich das leere Quadrat markieren, das dem jeweiligen Tag oder der Tag-Sammlung vorangestellt ist, und so einzelne oder mehrere Tags suchen. Und im Gegensatz zu Alben können Sie hier mehrere Tags gleichzeitig aktivieren.

6. Tags selektieren

Mit Gesichtern haben Sie es sogar noch leichter. Die Palette TAGS enthält einen Button, der es möglich macht, nach Personenaufnahmen suchen zu lassen (möglicherweise haben Sie das ja beim Import der Fotos noch nicht gemacht). Markieren Sie dazu das Gesichter-Tag und bestätigen Sie die folgende Kontrollabfrage.

7. Automatisch Gesichter suchen lassen

Danach wird kurz gesucht und anschließend ein nettes Ergebnis zutage gefördert. Jetzt können Sie aus dieser Liste die Bilder markieren, denen Sie ein entsprechendes Tag zuweisen wollen. Hier bietet sich prinzipiell wieder [Strg]+[A] an. Allerdings werden möglicherweise auch Statuen und dergleichen als Gesicht erkannt. Diese müssen Sie dann natürlich vorab deselektieren. Der Rest ist wieder einmal Drag & Drop. Ziehen Sie das gewünschte Tag auf eines der markierten Bilder (oder eines der Bilder auf das Tag). Danach klicken Sie unten rechts im Fenster auf FERTIG.

Ende

Bilder bewerten
Elements bietet noch eine sinnvolle Funktion zur Unterscheidung mehrerer ähnlicher Fotos. Suchen Sie, um nur ein Beispiel zu nennen, das beste Foto einer Serie heraus, und geben Sie ihm fünf Sterne. Dazu müssen Sie nichts weiter tun, als den gewünschten Stern unterhalb der Miniatur zu markieren. ∎

Sterne und Miniaturen

Sollten die Sterne unter den Miniaturen nicht sichtbar sein, schalten Sie über [Strg]+[D] bzw. in der Symbolleiste die DETAILS ein. Dann werden auch die Sterne sichtbar.

Abbildung 2.27 ▶
Dieses Foto erhält drei Sterne.

Auch die Sterne sind Tags und erlauben eine erweiterte Selektion nach bestimmten Kriterien. Es ist somit durchaus denkbar, sich nur die »guten« Fünf-Sterne-Fotos der Kategorie URLAUB anzeigen zu lassen. Filtern Sie die Fotos anschließend nach Wunsch, indem Sie im Sortierbereich abermals die Fernglas-Symbole einschalten.

2.14 Offline-Dateien einbinden

Zu diesem Thema finden Sie im Ordner »Video-Training« der Buch-DVD eine Video-Lektion.

Nachdem das Archiv sich langsam füllt und mehr und mehr die Vorzüge der artgerechten »Fotobrowser-Haltung« gegenüber der »Karton-Haltung« offenbart werden, soll ein weiteres Highlight hinzukommen: die Zugabe von Bildern, die gar nicht auf dem Rechner untergebracht sind – sogenannte Offline-Dateien.

 Schritt für Schritt: Offline-Dateien einbinden

Prinzipiell ist dieser Workshop dazu gedacht, weitere Buch-CDs und DVDs zu archivieren. »Das haben wir doch eben schon gemacht!«, werden Sie nun dem Autor vorhalten. »Ja, richtig«, entgegnet dieser, um die angeheizte Atmosphäre zu beruhigen. »Aber es ist auch möglich, CDs und DVDs zu integrieren, die sich gar nicht auf Ihrem Rechner befinden.« »Ach, so.«

1. Eine neue Albumgruppe erstellen

Richten Sie zunächst eine neue Albumgruppe in der Gruppe BILDER AUS BÜCHERN ein. Dazu wählen Sie das Plus-Symbol und entscheiden sich für NEUE ALBUMGRUPPE. Mein Vorschlag: Benennen Sie diese mit »Offline-Dateien«. Finden Sie nicht auch, dass diese Albumgruppe geradezu prädestiniert wäre, alle Ihre Galileo-Buch-CDs und -DVDs zu archivieren?

Denken Sie aber bitte daran, dass Sie bei Ihrem nächsten Bucheinkauf ausschließlich Galileo-Produkte berücksichtigen (am besten sogar, wenn »Robert Klaßen« vorne drauf steht), denn für die anderen gibt es ja gar kein Album auf Ihrem Rechner. Ich weiß auch nicht, ob sich so eine Albumgruppe für Bücher aus anderen Verlagen überhaupt einrichten lässt. Ich habe es nicht ausprobiert. Am besten wird sein, Sie versuchen es auch gar nicht erst – nachher geht noch was kaputt …

2. Nur noch Galileo-Bücher kaufen ;-)

Gehen Sie wiederum auf NEU, wobei Sie nun aber NEUES ALBUM wählen. Vergeben Sie einen Namen, der sich für den Datenträger eignen würde, und tragen Sie in das mehrzeilige Eingabefeld ANMERKUNG einen Hinweis ein, der den Inhalt des Albums treffend beschreibt. Danach verlassen Sie den Dialog mit OK.

3. Ein neues Album erstellen

Legen Sie die CD oder DVD ein und drücken Sie [Strg]+[⇧]+[G] oder entscheiden Sie sich für DATEI • FOTOS UND VIDEOS LADEN • AUS DATEIEN UND ORDNERN. Im Flyout-Menü SUCHEN IN stellen Sie über

4. Daten von der CD-ROM übertragen

ARBEITSPLATZ Ihr DVD- oder CD-ROM-Laufwerk ein. Markieren Sie die Bilder, die Sie importieren wollen. Klicken Sie aber bitte noch nicht auf FOTOS LADEN.

5. Optional: Daten auf Festplatte kopieren oder mit Organizer verknüpfen

Werfen Sie doch noch einen Blick auf den unteren Bereich des Import-Dialogs. Hier steht das Steuerelement DATEIEN BEIM IMPORT KOPIEREN zur Verfügung. Standardmäßig ist die Checkbox angewählt. Das ist auch gut so, denn nur dann werden die Dateien auf Ihre Festplatte kopiert. Nehmen Sie jedoch das Häkchen jetzt weg. Dadurch wird unterhalb VORSCHAUBILDER ERSTELLEN anwählbar. Diese Checkbox müssen Sie angewählt lassen. Dadurch werden nicht die Originalfotos auf Festplatte kopiert, sondern nur kleine Vorschaubilder.

6. Fotos laden

Nachdem Sie auf FOTOS LADEN geklickt haben, beginnt Photoshop Elements damit, die Bilder zu verarbeiten. Das kann etwas dauern, da die Anwendung nun die besagten Bildminiaturen (sogenannte Proxies) produziert.

7. Dateien später bearbeiten

Die Bilder liegen nun, wie alle anderen, im Organizer. Um jedoch mit ihnen arbeiten zu können (beispielsweise im Editor), muss stets die CD eingelegt sein. Wählen Sie ein solches Foto aus, um es an den Editor zu schicken, erhalten Sie einen Dialog, der Sie darauf hinweist, dass Sie die CD oder DVD einlegen müssen. Folgen Sie der Anweisung, aktivieren Sie anschließend den Radiobutton ERNEUT VERBINDEN und bestätigen Sie mit OK. (Dass es sich bei dem Bild um eine Offline-Datei handelt, verrät Ihnen übrigens das kleine Symbol oben links auf der Miniatur.)

Ende

2.15 Fotos suchen

Mit der Zeit wird Ihr Fotoarchiv sicherlich beträchtlich anwachsen. Da ist es dann gar nicht mehr so leicht, die Übersicht zu behalten. Alte Aufnahmen wiederzufinden, gestaltet sich dann nicht immer unproblematisch. Für diese Fälle hält der Organizer einige nützliche Funktionen bereit.

Suchen mit dem Fotobrowser
Der einfachste Weg, im Fotobrowser des Organizers zu suchen, geht natürlich über die Tags. Diese Funktionen haben Sie ja bereits in den vorangegangenen Abschnitten kennengelernt.

Der Menüpunkt SUCHEN bietet aber noch weiterreichende Suchkriterien an. So lassen sich zum Beispiel Bilder anhand des Dateinamens finden, indem Sie im Menü SUCHEN • DATEINAME anwählen oder [Strg]+[⇧]+[K] drücken. Geben Sie einen Namen oder einen bekannten Teil der Datei ein und klicken Sie auf OK, um die Treffer anzeigen zu lassen ■. Sie haben diese Vorgehensweise ja bereits bei den Smart-Alben kennengelernt.

Die Suche beenden Sie, indem Sie auf ALLE FOTOS ANZEIGEN oberhalb des Suchergebnisses klicken.

> **Keine Platzhalter verwenden**
>
> Sie kennen die Funktion möglicherweise von der Suchfunktion Ihres Betriebssystems: Das Sternchen (*) beispielsweise fungiert dort als Platzhalter für beliebig viele unbekannte Zeichen – und liefert entsprechende Treffer. Diesen Komfort unterstützt Photoshop Elements bislang leider nicht. Geben Sie also ausschließlich bekannte Zeichenfolgen ein.

Abbildung 2.28 ▶
Geben Sie diesen Suchbegriff ein, wird Photoshop Elements die Bilder »Farbvari_01.tif« und »Farbvari_02.tif« als Ergebnis liefern.

2.16 Korrekturen im Organizer

Vom Organizer zum Editor
Grundsätzlich sollten Sie umfangreiche Korrekturarbeiten eher im Editor als im Organizer vornehmen. Dort stehen Ihnen weitaus mehr Möglichkeiten zur Verfügung. Und wie gelangt ein Bild am schnellsten vom Organizer in den Editor? Ganz einfach: Nachdem Sie es markiert haben, drücken Sie [Strg]+[I]. Sie können auch über den Button Editor gehen und den Listeneintrag Vollständige Bearbeitung aussuchen.

Abbildung 2.29 ▶
So geht's vom Organizer in den Editor.

Möchten Sie nur eine Schnellkorrektur vornehmen, klicken Sie auf den gleichnamigen Eintrag. Beachten Sie, dass dabei der Organizer geöffnet bleibt und der Editor zusätzlich gestartet wird. Wenn Sie nun im Editor oder der Schnellkorrektur Änderungen am Foto vornehmen und diese speichern, werden die Änderungen auch im Organizer übernommen. Zudem ist das Bild im Organizer so lange nicht editierbar, wie es im Editor geöffnet ist.

◄ **Abbildung 2.30**
Ein im Editor geöffnetes Bild wird im Organizer gemeldet als »In Bearbeitung«.

Eigene Korrekturfunktion
Der Organizer stellt ebenfalls Korrekturfunktionen bereit – nur sind diese sehr begrenzt und sollten lediglich bei sehr geringem Korrekturbedarf angewendet werden. Denken Sie bitte daran, dass es der Editor ist, der Photoshop Elements in Sachen Korrektur so ausgesprochen leistungsfähig macht, nicht der Organizer. Um aber dennoch Korrekturen im Organizer durchführen zu können, müssen Sie oben rechts auf KORREKTUR umschalten. Daraufhin werden unterhalb mehrere Buttons gelistet. Klicken Sie eine der Schaltflächen an, erfolgt meist eine automatische Bearbeitung. Dabei bleibt allerdings standardmäßig das Original unangetastet – stattdessen wird eine Kopie erzeugt, die Sie dann im Stapel vorfinden.

▲ **Abbildung 2.31**
Auch der Organizer erlaubt Bildkorrekturen.

3 Fotos schnell korrigieren

Eilanträge an Ihre Bilder

- ▶ Wie funktionieren die Schnellkorrektur-Werkzeuge?
- ▶ Wie ändere ich die Beleuchtung in der Schnellkorrektur?
- ▶ Wie wird die Farbe schnell korrigiert?
- ▶ Wie kann ich Bilder schnell freistellen?
- ▶ Wie werden Rote-Augen-Effekte schnell behoben?
- ▶ Wie korrigiere ich schnell Tiefen und Lichter?
- ▶ Wie werden Bilder mit der Farbtemperatur verfremdet?

3 Fotos schnell korrigieren

Time is Money ... Wenn ansprechende Resultate »zügig« erreicht werden sollen, ist die Schnellkorrektur das beste Mittel. Wenige Mausklicks sorgen für Bildergebnisse, die sich sehen lassen können. Allerdings: Für den, der planlos vorgeht, wird der Korrekturdialog schnell zum Abenteuerspielplatz – und gute Ergebnisse sind meist nicht mehr zu erwarten ...

3.1 Schnellkorrektur öffnen

Öffnen Sie die Schnellkorrektur mithilfe der Schaltfläche SCHNELL oben rechts im Palettenbereich. Danach wird nicht, wie in Vorgängerversionen von Photoshop Elements 6, eine andere Arbeitsoberfläche geöffnet, sondern lediglich der Inhalt des unterhalb befindlichen Palettenbereiches ausgetauscht. Zudem wird die Werkzeugleiste ganz links auf fünf Tools reduziert. (Falls Sie wieder zur ursprünglichen Ansicht zurückkehren wollen, benutzen Sie übrigens den Button VOLL.)

Das Bild zum Thema
Natürlich können Sie jedes beliebige Foto verwenden, um die folgenden Erklärungen gleich praktisch nachzuvollziehen. Wenn Sie jedoch lieber die hier im Buch abgebildete Datei benutzen möchten, greifen Sie auf amphore.tif zurück. Im Ordner Bilder der beiliegenden DVD werden Sie fündig.

▲ **Abbildung 3.1**
Ein Klick auf SCHNELL bringt die Schieberegler zur fixen Bildkorrektur ins Spiel.

Im Palettenbereich finden Sie einige Schieberegler, mit deren Hilfe Sie individuelle Farb- und Beleuchtungskorrekturen im Bild vornehmen können. Wie diese Elemente bedient werden, erfahren Sie in Abschnitt 3.4, »Beleuchtung schnell korrigieren«. Zunächst wollen wir uns aber mit der kleinen Werkzeugleiste auf der linken Seite beschäftigen. Mithilfe dieser Tools werden Ansicht- und Bearbeitungsfunktionen zur Verfügung gestellt.

◀ **Abbildung 3.2**
Die Paletten verfügen über Schieberegler zur schnellen Korrektur der Bilddateien.

3.2 Werkzeuge und Ansichten der Schnellkorrektur

Im Schnellkorrektur-Modus stehen längst nicht alle Werkzeuge der Editor-Toolbox zur Verfügung. Nicht nur daran ist zu erkennen, dass dieser Bereich allein für die rasche Qualitätsverbesserung von Bildern zuständig ist. Wir finden hier das Zoom-Werkzeug, die Hand, das Freistellungswerkzeug und das Rote-Augen-entfernen-Werkzeug. Zwei Werkzeuge sind zudem in Photoshop Elements 6 neu hinzugekommen – das Schnellauswahl-Werkzeug und der Auswahlpinsel. Da sich beide Tools in einer Werkzeuggruppe befinden, ist immer eines von beiden Werkzeugen verborgen. Eigentlich hätte Adobe darauf verzichten können, da in der Toolbox wirklich genug Platz gewesen wäre, beide Tools permanent anzeigen zu lassen. Hier ist das aber leider nicht der Fall, weshalb Sie die Maustaste einen Moment lang gedrückt halten sollten. Sobald sich die Liste geöffnet hat, können Sie die Maustaste loslassen und danach auch das zweite Werkzeug auswählen (im Beispiel den Auswahlpinsel). Sollten Sie auf diese Art nun den Auswahlpinsel selektieren, übernimmt dieser den Platz in der Toolbox und das Schnellauswahl-Werkzeug verbirgt sich.

> **Tastaturkürzel**
>
> Besonders beim häufig verwendeten Zoom sollten Sie versuchen, die Werkzeuge mithilfe der Tastatur zu wechseln. Zur Übung bietet sich dieser Bereich besonders an, weil Sie sich nur insgesamt sechs Shortcuts merken müssen.
> ▶ Schnellauswahl-Werkzeug = A
> ▶ Zoom = Z
> ▶ Hand = H
> ▶ Magischer Auswahlpinsel = F
> ▶ Freistellen = C (Kann man sich gut merken, wenn man das englische »Cut« berücksichtigt)
> ▶ Rote Augen entfernen = Y

67

3 Fotos schnell korrigieren

Abbildung 3.3 ►
Öffnen Sie die Liste, indem Sie die Maustaste gedrückt halten.

Zoom-Werkzeug
Klicken Sie damit auf die Arbeitsfläche, um den Bildausschnitt zu vergrößern. Halten Sie Alt gedrückt und klicken Sie dann, um den Ausschnitt zu verkleinern. Des Weiteren lässt sich mit gedrückter Maustaste ein Rahmen aufziehen. Dieser Bereich wird, nachdem Sie die Maustaste losgelassen haben, entsprechend vergrößert dargestellt.

Hand-Werkzeug
Standardmäßig ist das Hand-Werkzeug ausgewählt. Schieben Sie mittels Drag & Drop Ihren Bildausschnitt an die gewünschte Stelle. Funktioniert nicht, sagen Sie? Dann wird bereits das komplette Bild auf dem Monitor angezeigt. Die Hand kommt dann zum Einsatz, wenn einzelne Bereiche des Bildes dargestellt werden. Wechseln Sie auf das Zoom-Werkzeug, vergrößern Sie den Bildausschnitt mit einem Mausklick und benutzen Sie danach die Hand zum Verschieben.
    Um von einem anderen Werkzeug aus kurzzeitig auf das Hand-Tool zu wechseln, halten Sie einfach die Leertaste gedrückt. Verschieben Sie nun Ihr Bild nach Wunsch. Wenn Sie die Taste wieder loslassen, stellt sich das unmittelbar zuvor selektierte Werkzeug wieder ein.

Schnellauswahl-Werkzeug
Zeichnen Sie mit diesem Werkzeug über einen bestimmten Bereich, versucht die Anwendung selbstständig, angrenzende Kanten zu finden. Wischen Sie mit gedrückter Maustaste so lange über die einzugrenzende Stelle, bis die Anwendung die Kanten selbsttätig gefunden hat. (Lesen Sie bitte auch die folgenden Hinweise zum Auswahlpinsel.)

Auswahlpinsel
Dieses Tool ermöglicht die schnelle Auswahl und Freistellung von bestimmten Bildbereichen. Da dieses Tool, genau wie das

Schnellauswahl-Werkzeug, auch im Standardeditor zur Verfügung steht, soll die damit verbundene Technik erst zu einem späteren Zeitpunkt vertieft werden. Besser wir sprechen erst darüber, wenn Sie Auswahlen und Ebenen kennengelernt haben. Nähere Hinweise zu beiden Werkzeugen finden Sie in Kapitel 5.

Freistellen-Werkzeug
Ziehen Sie mittels Drag & Drop einen Rahmen auf und drücken Sie anschließend ⏎ oder, falls Sie über jede Menge Leerraum im Tagesplan verfügen, AKTUELLEN VORGANG BESTÄTIGEN unterhalb des aufgezogenen Rahmens. Sie wissen schon: das Häkchen. Das Bild wird daraufhin auf den Ausschnitt, der durch den Freistellungsrahmen vorgegeben ist, beschränkt. In Kapitel 6 werden die Feinheiten dieses Werkzeugs genauer unter die Lupe genommen. Aber auch in Abschnitt 3.7 gibt es einen Workshop dazu.

Rote-Augen-entfernen-Werkzeug
Entfernen Sie die unschönen roten Augen, die durch direkte Einwirkung des Blitzlichts entstehen. Auch dieses Werkzeug stellen wir Ihnen gleich in einem Workshop vor.

Ansichten
Ganz unten im Bildfenster finden Sie ein Flyout-Menü, das verschiedene Ansichtsmodi zur Verfügung stellt. Standardmäßig ist es auf NUR NACHHER eingestellt.

| **Farbton ändern** |
| Wenn Sie die Farben wie im folgenden Beispiel verändern wollen, schieben Sie einfach den auf der rechten Seite befindlichen Regler FARBTON im Register Farbe so weit nach links, bis der gewünschte Ton angezeigt wird. Achten Sie jedoch darauf, dass zu diesem Zeitpunkt nicht die Ansicht NUR VORHER eingestellt ist, da Sie dann die Auswirkungen Ihrer Veränderung nicht im Bild verfolgen können. |

◀ **Abbildung 3.4**
Entscheiden Sie sich für eine der vier Ansichten.

▶ **Nur nachher:** Sie sehen am Bild gleich die Auswirkungen Ihrer Einstellungen. Das Bild verändert sich gemäß den Parametern, die Sie festlegen.

Abbildung 3.5 ▶
Nur nachher – Änderungen am Bild werden gleich angezeigt.

▶ **Nur vorher:** Egal, welche Änderungen Sie auch vornehmen – Sie werden das Bild immer in der Einstellung »vor« den Änderungen betrachten können. Diese Funktion bringt natürlich zur direkten Nachbearbeitung rein gar nichts. Sie dient vielmehr als Ergänzung zu Nur nachher. Springen Sie von dort aus auf Nur vorher, um Veränderungen besser beurteilen zu können.

Abbildung 3.6 ▶
Die Datei wird ohne Änderungen angezeigt.

▶ **Vorher und nachher – horizontal:** Vergleichen Sie beide Bilder nebeneinander, links das Originalbild und rechts die Variante mit den von Ihnen vorgenommenen Einstellungen. Diese Darstellung eignet sich besonders für Bilder in Hochformat.

3.2 Werkzeuge und Ansichten der Schnellkorrektur

◀ **Abbildung 3.7**
Vorher und nachher im Direktvergleich nebeneinander – für hochformatige Bilder ist das die optimale Ansicht.

▶ **Vorher und nachher – vertikal:** Für breitformatige Bilder ist diese Ansicht die beste. Oben sehen Sie das Original, während unten die Nachbearbeitung dargestellt wird ∎.

Doppelformat-Anzeige

Beim Vorher-nachher-Vergleich sowohl in Hoch- als auch in Querformat fällt besonders auf, dass sich die Zoom-Funktionen auf beide Ansichten gleichermaßen auswirken. Entsprechendes gilt für das Hand-Tool. Verschieben Sie eine Ansicht, wird die andere synchron mitverschoben.

◀ **Abbildung 3.8**
Der übereinander platzierte Direktvergleich ist, wenn überhaupt, nur für querformatige Fotos empfehlenswert.

Darstellungsgrößen

Wenn das Zoom- oder Hand-Werkzeug aktiv ist, stehen in der Leiste oben drei weitere Buttons zur Verfügung, die Auswirkungen auf die Darstellung haben.

3 Fotos schnell korrigieren

- **Tatsächliche Pixel:** Photoshop Elements vergrößert die Ansicht so weit, dass die Pixelbildung gerade eben dargestellt wird.
- **Bildschirmgröße:** Die aktive Datei wird in der maximal darstellbaren Größe komplett abgebildet.
- **Ausgabegröße:** Betrachten Sie das Bild in der relevanten Auflösung.

Diese Funktionen, ebenso wie das Vergrößern (Einzoomen) und Verkleinern (Auszoomen), stehen auch im Kontextmenü zur Verfügung. Zum Öffnen reicht ein Rechtsklick auf die geöffnete Bilddatei.

Sobald Sie die Lupe erstmalig verwendet haben, werden Sie feststellen, dass die erste, eben erwähnte Schaltfläche umbenannt worden ist. Sie heißt jetzt 1:1 – ist aber in ihrer Funktion dadurch nicht beeinträchtigt ❶. Des Weiteren können Sie hier ebenfalls einen Zoom auf das Bild ausführen, indem Sie die kleine Dreieck-Schaltfläche ❷ und den darunter auftauchenden Schieberegler betätigen.

◀ Abbildung 3.9
Das Vergrößern oder Verkleinern lässt sich auch mithilfe eines Schiebereglers erledigen.

Werkzeug zurücksetzen

Eine ebenfalls neue Funktion in Photoshop Elements 6 ist die Möglichkeit Werkzeuge zurücksetzen zu können. Das bedeutet: Wenn Sie in der Steuerelementleiste Änderungen an einem Tool vorgenommen haben und diese Änderungen zu einem späteren Zeitpunkt wieder verwerfen wollen, klicken Sie zunächst die Dreieck-Schaltfläche ganz vorne ❸ an. Jetzt haben Sie die Wahl, ob Sie alle oder nur das gerade ausgewählte Tool zurücksetzen wollen.

◀ Abbildung 3.10
Werkzeuge können immer wieder in den ursprünglichen Zustand zurückgesetzt werden.

Paletten

Die eigentliche Bildbearbeitung nehmen Sie über die rechts befindlichen Paletten vor. Dabei ist die Anordnung der Paletten keineswegs zufällig vorgenommen worden. Versuchen Sie, bei Ihren Korrekturen die Reihenfolge von oben nach unten beizubehalten. Gehen Sie aber bitte »maßvoll« an die Arbeit. Gerade der Einsteiger neigt dazu, alle Steuerelemente auch einmal kräftig zu benutzen. Wozu sind sie schließlich da? Machen Sie diesen Fehler bitte nicht, sondern korrigieren Sie nur dann, wenn es wirklich einer Korrektur bedarf. Weniger ist mehr! Sie erinnern sich. Das sollte die Devise sein, denn manch eine übertriebene Bearbeitung sorgt lediglich für eine weitere Verschlechterung des korrekturbedürftigen Bildes.

Bedienung der Korrekturelemente

Sämtliche Optionen, die sich hinter einer Schaltfläche Auto oder den Drehen-Buttons verbergen, werden ohne Zwischenabfrage durch einen Klick darauf zugewiesen.

Anders verhält es sich bei den Schiebereglern. Diese werden entweder mittels Drag & Drop bewegt oder durch Mausklick auf einen gewünschten Bereich der Skala verstellt. Im Anschluss muss ein Klick auf Aktuelle Schnellkorrektur bestätigen ❷ erfolgen, um die Werte zur Anwendung zu bringen ■. Klicken Sie auf Aktuellen Schnellkorrekturvorgang abbrechen ❶, wird die Einstellung verworfen. Das Symbol mit der Glühlampe ❸ macht nicht etwa den Monitor heller, sondern bringt Sie zur aktuellen Hilfedatei.

▲ **Abbildung 3.11**
Verwenden Sie für die Korrektur die Paletten auf der rechten Seite der Oberfläche.

> **Korrekturbefehle mithilfe der Tastatur**
>
> Anstelle eines Klicks auf Aktuelle Schnellkorrektur bestätigen genügt auch der Druck auf ⏎. Wollen Sie den Korrekturvorgang abbrechen, drücken Sie Esc.

▲ **Abbildung 3.12**
Vorgenommene Änderungen müssen bestätigt oder verworfen werden.

Bedenken Sie, dass Änderungen zwar in der Nachher-Ansicht angezeigt werden, jedoch damit noch nicht festgelegt sind. Erst eine Bestätigung auf die zuvor beschriebene Weise lässt die Einstellungen wirksam werden.

Achtung! Die Änderung wird aber auch dann wirksam, wenn Sie sie nicht bestätigen, aber zu einem neuen Steuerelement innerhalb

3 Fotos schnell korrigieren

> **Verfügbarkeit der Steuerelemente**
>
> Solange Sie eine Änderung noch nicht an Photoshop Elements übergeben haben, sind einige Steuerelemente, wie zum Beispiel die Zurück-Schaltfläche, nicht anwählbar. Bestätigen Sie in diesem Fall zunächst die Änderung mit ⏎ oder brechen Sie den Vorgang mit Esc ab.

einer anderen Gruppe wechseln. Der Vorteil: Wenn Sie mit dem Ergebnis der Einstellung zufrieden sind, markieren Sie das nächste Steuerelement, um den Bestätigungsvorgang zu umgehen. Wenn Sie das nun auch noch mit einem Shortcut machen, werden Sie für Ihre dynamische Arbeitsweise bestimmt vielerorts die wohlverdiente Bewunderung ernten.

Rückgängig-Funktionen

Um eine bereits bestätigte Eingabe zu widerrufen, bieten sich mehrere Möglichkeiten an:

1. Gehen Sie über das Menü BEARBEITEN und wählen Sie dort RÜCKGÄNGIG. Zum Wiederholen entscheiden Sie sich im gleichen Menü für WIEDERHERSTELLEN. Diese Funktion steht erst zur Verfügung, wenn zuvor bereits ein Schritt rückgängig gemacht worden ist.
2. Sie wissen schon: Die komfortabelste Methode ist der Weg über die Tastatur. Machen Sie die letzte Aktion mithilfe von Strg + Z rückgängig. Durch Strg + Y wird der zuletzt rückgängig gemachte Schritt wieder hergestellt.
3. Wenn Sie alle vorgenommenen Aktionen auf einmal zurücksetzen möchten, klicken Sie auf den Button ZURÜCK oberhalb der Nachher-Ansicht.

3.3 Allgemeine Schnellkorrekturen

Drehen

Zunächst einmal geht es darum, das Bild zu drehen. Hochformatig aufgenommene Bilder werden von der Digitalkamera häufig querformatig angeboten. Meist muss dann eine Drehung um 90° erfolgen. Benutzen Sie dazu unterhalb der Vorschauen den Button FOTO UM 90° IM UHRZEIGERSINN (NACH RECHTS) DREHEN oder umgekehrt. Jeder Klick auf die Buttons dreht das Bild um weitere 90° bzw. −90°.

◀ **Abbildung 3.13**
Drehen Sie die Bilder bei Bedarf in 90°-Schritten.

Intelligente Korrektur
Diese Korrekturform vereint prinzipiell alle folgenden Korrekturfunktionen. Dabei werden neben den hellen und dunklen Bildbereichen auch die Farbwerte ausbalanciert. Mit dem Schieber STÄRKE legen Sie fest, wie stark die Autokorrektur-Funktion angewendet werden soll. Mit dem Button AUTO überlassen Sie Elements das Berechnen der Korrektur ■.

Rote Augen korrigieren
Se können roten Augen direkt mit einer Automatikfunktion zu Leibe rücken, indem Sie rechts oben in der Registerkarte ALLGEMEIN auf den Button AUTO neben ROTE AUGEN KORRIGIEREN klicken. Sollten Sie mit dem Ergebnis nicht zufrieden sein, wählen Sie die manuelle Augenkorrektur. Wie das geht, zeige ich Ihnen gleich im Workshop »Rote Augen entfernen«.

> **Nachteile der intelligenten Korrektur**
>
> Natürlich ist es eine schöne Sache, sich die Korrekturarbeiten von der Anwendung abnehmen zu lassen. Bedenken Sie aber, dass Photoshop Elements dabei reine Standardberechnungen durchführt. Das »Auge« für die Bildbearbeitung haben nur Sie! Ab und zu sind die Berechnungen alles andere als zufriedenstellend. Verwenden Sie die Funktion (wenn überhaupt) nur für Bilder, die lediglich minimaler Korrekturen bedürfen.

3.4 Beleuchtung schnell korrigieren

Diese Palette ist erstaunlich leistungsstark und bringt fast immer eine Verbesserung mit sich – sofern Ihr Bild über Bereiche verfügt, die zu dunkel oder zu hell ausgefallen sind. Im Gegensatz zur manuellen Bearbeitung von Tonwerten und Kontrasten, die in einem späteren Kapitel noch ausführlich angesprochen werden, können Sie hier allerdings nur Automatikfunktionen verwenden.

Tonwertkorrektur und Kontrast
Die Tonwertkorrektur passt den Gesamtkontrast des Bildes an. Kontrast ist die Differenz zwischen hellstem und dunkelstem Punkt eines Bildes. Im Idealfall entsprechen die hellsten Punkte eines Bildes Weiß, während die dunkelsten Punkte schwarz sind. Sollten in dem zu korrigierenden Bild weder weiße noch schwarze Elemente vorhanden sein, werden diese erzeugt. Photoshop Elements verarbeitet dabei die hellsten Punkte zu Weiß und die dunkelsten zu Schwarz. Sie können sich vorstellen, dass dadurch auch Farbveränderungen nicht gänzlich ausgeschlossen werden können.

▲ Abbildung 3.14
Mit dieser Palette geht es an Lichter und Tiefen.

> **Tiefen, Mitteltöne, Lichter**
>
> Die dunkelsten Töne des Bildes werden als Tiefen bezeichnet, während man bei den hellsten von Lichtern spricht. Dazwischen befinden sich die Mitteltöne.

Tiefen aufhellen
Mit diesem Schieber erreichen Sie meist bessere Ergebnisse als mit den Auto-Funktionen. Je mehr Sie nach rechts fahren, desto hel-

ler werden die dunklen Bereiche des Bildes. Schwarze Pixel eines Bildes sind im Übrigen von dieser Maßnahme ausgenommen.

Lichter abdunkeln
Verringern Sie die Helligkeit der hellsten Bildteile. Bei dieser Vorgehensweise werden rein weiße Bildteile von Veränderungen ausgeklammert. Nur jene Bereiche, die nicht weiß sind, werden dunkler dargestellt.

Mittelton-Kontrast einstellen
Mit diesem Bereich manipulieren Sie nun jene Werte, die in der Mitte zwischen Schwarz und Weiß zu finden sind. Natürlich ist dies der größte Teil des Bildes. Entscheiden Sie, ob die Mitteltöne des Bildes insgesamt heller oder dunkler erscheinen sollen. Dabei ist wichtig zu wissen, dass Schwarz und Weiß auch bei dieser Methode unangetastet bleiben. Je weiter ein Ton in Richtung Tiefen oder Lichter angeordnet ist, desto weniger ist er von der Veränderung betroffen. Gehen Sie mit diesem Schieber bitte äußerst sensibel um, da andernfalls zwar spektakuläre, aber in den seltensten Fällen beabsichtigte Änderungen auftreten. Das Beispielfoto »headset.tif« finden Sie auf der Buch-DVD im Ordner BILDER.

> **Mittelton-Regelung**
> Verschieben Sie den Regler nach links, werden die mittleren Töne dunkler. Die Bewegung nach rechts bewirkt, dass die Mitteltöne heller werden.

Abbildung 3.15 ▼
Extreme Mittelkontrast-Einstellungen sorgen meist für mäßige Ergebnisse.

3.5 Farbe schnell korrigieren

Sättigung
Mit Erhöhung der Sättigung sorgen Sie für mehr Leuchtkraft der Farben. Schieben Sie den Regler dazu nach rechts. Wollen Sie den Farben Leuchtkraft entziehen, schieben Sie den Regler nach links. Stellen Sie den Schieber ganz nach links, um sämtliche Farben zu entziehen. Dabei wird das Bild in Graustufen wiedergegeben, obwohl es im RGB-Modus bleibt.

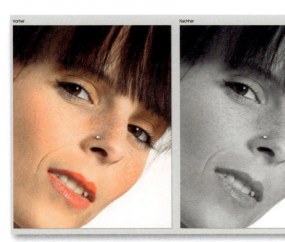

Farbinformationen erhalten
Grundsätzlich können Sie einem Bild die Farbe entziehen, indem Sie Bild • Modus • Graustufen einstellen. Der Vorteil: Die Dateigröße schrumpft beträchtlich. Der entscheidende Nachteil jedoch: Dem Bild können nun keine Farben mehr hinzugefügt werden, ohne einen erneuten Moduswechsel in RGB vorzunehmen. Wenn dies jedoch beabsichtigt ist (z. B. um auf einem Graustufenbild farbige Schrift oder eine farbige Ebene aus einem anderen Bild zu platzieren), reduzieren Sie die Farbe bitte ausschließlich über den Regler Sättigung.

◄ Abbildung 3.16
Entziehen Sie dem Bild die Farbe, ohne den Modus wechseln zu müssen (headset.tif auf der Buch-DVD).

Farbton
Durch Änderung des Farbtonschiebers werden die Kanäle versetzt. Nähere Infos dazu finden Sie im letzten Workshop dieses Kapitels.

Temperatur
Mit Temperatur eines Bildes ist ein zunehmender Rot- bzw. Blauanteil bezeichnet. Man spricht bei Erhöhung durch Rotzugabe von wärmeren Farbtemperaturen, während die Zugabe von Blau für kältere Temperaturen sorgt. Wärmere Farben werden durch Verschiebung des Reglers nach rechts erreicht, während kältere Temperaturen links des Reglers zu finden sind.

Grün-/Magenta-Anteil
Die Erhöhung des Grünanteils ist als Feineinstellung für kältere Farben zu sehen. Die Feineinstellung wärmerer Farben wird durch

Farbveränderungen
Denken Sie daran, dass Farbveränderungen immer in irgendeiner Form Verlust von Informationen innerhalb der Bilddatei bedeuten. Mit der Veränderung von Farbwerten werden fast immer auch Anteile verändert, die eigentlich gar nicht bearbeitet werden sollten. Wenden Sie daher diese Funktionen immer mit Bedacht an, und denken Sie daran: Weniger ist mehr!

3.6 Unschärfe schnell korrigieren

Mit der Aktion SCHARFZEICHNEN wird der Filter UNSCHARF MASKIEREN ausgeführt, der zu einem späteren Zeitpunkt noch genauer erläutert wird. Innerhalb der Schnellkorrektur wird er verwendet, um das Bild schärfer darzustellen.

3.7 Bilder freistellen

Nach so viel Theorie wird es jetzt aber Zeit, dass Sie selbst einige Schnellkorrekturen durchführen. Zunächst einmal werden Sie ein Bild freistellen. Danach eliminieren Sie rote Augen und korrigieren im dritten Workshop Tiefen und Lichter. Am Schluss werden Sie dann noch eine nette Farbverfremdung vornehmen. Viel Spaß dabei!

Schritt für Schritt: Interessante Bildausschnitte festlegen

Das Bild Headset.tif bedarf ja im Prinzip keiner Korrektur mehr. Dennoch würde es sich lohnen, nach einem anderen, vielleicht spannenderen Bildausschnitt zu suchen. Also gut, versuchen wir es:

1. Darstellungsgröße ändern

Nachdem Sie das Bild im Editor geöffnet haben, übergeben Sie es mit einem Klick auf SCHNELL an den Editor für Eilige.

Falls Sie das Bild in der Ansicht vergrößern oder verkleinern wollen, können Sie das natürlich nach Herzenslust machen. Zum Schluss sollten Sie aber das Zoom-Werkzeug (Lupe) in der Werkzeugleiste doppelklicken, damit die Datei dort in Originalgröße angezeigt wird. Aktivieren Sie zudem die Vorher-nachher-Ansicht – horizontal unterhalb der Vorschauen.

3.7 Bilder freistellen

Stellen Sie jetzt das Freistellungswerkzeug ein, indem Sie es in der Werkzeugleiste markieren, oder drücken Sie [C] auf Ihrer Tastatur. Danach setzen Sie die Maus links oberhalb des Kopfes an. Klicken Sie an dieser Stelle ❶ auf das Bild und halten Sie die Maustaste gedrückt, während Sie weiter nach unten rechts ziehen. Wenn Sie in etwa an Punkt ❷ angekommen sind, lassen Sie die Maustaste los. Bedenken Sie aber, dass Sie diese Schritte ausschließlich in der Nachher-Ansicht (also auf der rechten Vorschau) ausführen können. Die Vorher-Ansicht kann nicht geändert werden, weil sie ja ausschließlich dazu dient, das Bild im ursprünglichen Zustand zu präsentieren.

2. Freistellungsrahmen aufziehen

Sobald Sie die Maustaste losgelassen haben, erscheint unterhalb des Rahmens eine teiltransparente Fläche mit einem grünen Häkchen und einem Stopp-Symbol. Letzteres markieren Sie, um die Freistellung zu verwerfen. Wenn Sie jedoch mit dem Ergebnis zufrieden sind, drücken Sie [↵] oder klicken Sie das Häkchen an. Solange Sie

3. Freistellung bestätigen

79

sich noch nicht für den Abbruch oder die Bestätigung entschieden haben, können Sie den Rahmen selbst auch noch verschieben. Dazu klicken Sie innerhalb des Rahmens und verschieben den Ausschnitt mit gedrückter Maustaste.

4. Ergebnis speichern

Falls Sie es wünschen, speichern Sie jetzt die Datei. Wenn Sie das jedoch mit dem Befehl SPEICHERN aus dem Dateimenü machen, wird das Original, das sich auf Ihrer Festplatte befindet, überschrieben, und die entfernten Bildinhalte sind verloren. Wählen Sie deshalb DATEI • SPEICHERN UNTER und vergeben Sie einen anderen Namen. Jetzt bleibt das Original nebst freigestellter Kopie erhalten.

Hier sehen Sie das Vorher-nachher-Ergebnis.

Ende

Freistellungsrahmen drehen

Vereinfacht gesagt, ist Freistellen nichts anderes, als das Gesamtbild auf einen relevanten Bereich zu reduzieren. Wenn dieser Bereich, wie im vorangegangenen Beispiel, parallel zum Bildrahmen verläuft, ist das auch keine wirklich große Sache. Was aber, wenn Sie den Ausschnitt gleichzeitig auch noch drehen wollen? Dann sollten Sie so vorgehen:

 Schritt für Schritt: Einen gedrehten Ausschnitt wählen

Öffnen Sie noch einmal das Bild Headset.tif. Sollten Sie es bereits mit SPEICHERN UNTER mit einem anderen Namen gesichert haben, müssen Sie das Original über DATEI • ÖFFNEN abermals bereitstellen – oder Sie machen durch mehrfaches Bestätigen von Strg+Z alle Schritte des letzten Workshops rückgängig.

3.7 Bilder freistellen

Beim Freistellen von Bildern ist die Doppelansicht nicht erforderlich, da ein direkter Vergleich zwischen dem Original und der Bearbeitung ja recht unbedeutend ist. Stellen Sie die Ansicht deshalb um auf Nur nachher und vergrößern Sie den Ausschnitt etwas (Zoom-Werkzeug [Z]).

1. Ansicht ändern

Wechseln Sie jetzt auf das Freistellungswerkzeug [C] und ziehen Sie wieder einen Rahmen auf, den Sie allerdings noch nicht mit dem obligatorischen Klick auf das Häkchen bestätigen. Wie der Rahmen letztendlich angeordnet ist, spielt noch keine Rolle.

2. Freistellungsrahmen erzeugen

Positionieren Sie jetzt den Mauszeiger außerhalb des Rahmens, welcher dann zum 90°-Doppelpfeil mutiert. Klicken Sie und halten Sie die Maustaste gedrückt. Danach drehen Sie den Rahmen nach oben, unten links oder rechts. Sie können zwischendurch auch die Maus-

3. Rahmen drehen

taste loslassen und das Ergebnis betrachten. Auch die Drehung lässt sich problemlos erneut durchführen.

4. Rahmen nachträglich skalieren

Wenn Ihnen der Ausschnitt noch nicht zusagt, verziehen Sie einfach die seitlichen Begrenzungen nach Wunsch. So sollte es dann gelingen, den Ausschnitt wunschgemäß zu gestalten. Erst wenn Sie ganz sicher sind, dass alles passt, benutzen Sie das grüne Bestätigungs-Häkchen oder Eingabetaste ■.

5. Optional: Bildausschnitt drehen

Je nachdem, welchen Freistellungswinkel Sie benutzt haben, steht das Motiv jetzt im wahrsten Sinne des Wortes »Kopf«. Falls erforderlich, können Sie das noch korrigieren, indem Sie unterhalb der Ansicht einen der Drehen-Buttons benutzen.

> **Hintergrundfarbe beachten**
>
> Achten Sie darauf, dass Sie mit dem Freistellungsrahmen nicht über die Bildbegrenzung hinausgehen. Zwar wird die Freistellung auch dann ordnungsgemäß ausgeführt, doch werden dann Bereiche jenseits der Bildfläche mit der aktuellen Hintergrundfarbe gefüllt. Solche Feistellungen sollten Sie lieber im Standard-Editor machen und zuvor die gewünschte Hintergrundfarbe selektieren. Wie das geht, erfahren Sie in Kapitel 8.

Hier sehen Sie das Vorher-nachher-Ergebnis.

Ende

Auf Seitenverhältnis freistellen

Neben der soeben eingesetzten Methode ist es zudem möglich, auf gängige Bildabmessungen zuzugreifen. Wenn Sie, »bevor« Sie den Freistellungsrahmen aufziehen, in der Steuerelementleiste ein Seitenverhältnis einstellen, wird Ihr Rahmen während des Aufziehens proportional angepasst.

◀ **Abbildung 3.17**
Hier lassen sich gängige Fotogrößen einstellen.

Ebenso könnten Sie jede andere Abmessung über die Eingabefelder BREITE und HÖHE festlegen. Selbst die Auflösung ließe sich hier von vornherein bestimmen. Dabei ist jedoch Folgendes zu berücksichtigen: Durch die Vorgabe solcher Abmessungen wird Ihr Bild fast immer skaliert – und das geht dann mit Qualitätsverlusten einher. Dieses Feature ist also mit Bedacht einzusetzen. Verwenden Sie »normal« freistellen, ist das nicht so – die Auflösung wird beibehalten ■.

Weitere Freistellungstechniken

Einige Freistellungstechniken lassen sich wesentlich besser im Standardeditor bewerkstelligen. In Abschnitt 6.3, »Freistellungen auf Maß«, werden einige interessante Funktionen jenseits der Schnellkorrektur vorgestellt.

3.8 Rote-Augen-Effekt entfernen

Das nächste gute Ergebnis soll erzielt werden, indem die bereits mehrfach angesprochenen Alien-Augen gegen menschliche getauscht werden. Dazu gibt es verschiedene Möglichkeiten. Die Automatikfunktion haben Sie ja bereits kennengelernt. Wenn Sie aber Einfluss auf die Helligkeitsdarstellung der Augen nehmen möchten, gehen Sie anders vor. Die folgende Übung gibt darüber hinaus einen guten Einblick in die Rote-Augen-Korrektur mit dem Werkzeug selbst.

Schritt für Schritt: Rote Augen entfernen

Beim Bild Rote_Augen_01.tif sollte auch die Auto-Funktion im Palettenbereich der Schnellkorrektur ausgesprochen gut funktionieren. Das ist aber nicht immer so. Deshalb: Falls Sie die roten Augen bereits mit dieser Methode korrigiert haben, machen Sie den Schritt

bitte mit Strg+Z rückgängig. Anderenfalls laden Sie über DATEI •
ÖFFNEN Rote_Augen_01.tif.

1. Darstellung anpassen

Es empfiehlt sich, die Ansicht stark zu vergrößern, damit Sie die Pupillen gut sehen können. Schieben Sie den Bildausschnitt anschließend mit dem Hand-Werkzeug zurecht.

> **Auswirkungen bei Änderung des Verdunklungsbetrages**
>
> Je höher der eingestellte Wert für den Verdunklungsbetrag ist, desto dunkler präsentiert sich am Ende die entfärbte Pupille. Falls Sie keine Umfärbung der Augen wünschen (ein Workshop in Abschnitt 8.5 zeigt, wie das geht), sollten Sie nach Möglichkeit höheren Verdunklungsbeträgen den Vorzug geben, da die Pupillen andernfalls schnell unnatürlich hell wirken können.

2. Verdunklungsbetrag ändern

Achten Sie auch jetzt wieder darauf, dass sich auf der Vorher-Ansicht keinerlei Änderungen vornehmen lassen. Alle folgenden Schritte werden deshalb auf der Nachher-Ansicht angewendet. Setzen Sie den Wert VERDUNKLUNGSBETRAG ■ in der Steuerelementleiste auf 60 %. Das bewirkt, dass die Augen nach der Korrektur recht dunkel werden. Klicken Sie dazu einfach VERDUNKLUNGSBETRAG an und halten Sie die Maustaste gedrückt. Jetzt schieben Sie die Maus nach links. Cool, oder?

3. Rote Augen mit einem Rahmen entfernen

Aktivieren Sie das Rote-Augen-entfernen-Werkzeug. Bestimmt verwenden Sie dazu bereits Y auf Ihrer Tastatur. Stellen Sie anschließend den Mauszeiger (er ist nun zu einem Fadenkreuz mutiert) auf die Nachher-Ansicht. Setzen Sie das Fadenkreuz oben links vom Auge an und ziehen Sie einen Rahmen auf, der das gesamte Auge umschließt.

3.8 Rote-Augen-Effekt entfernen

Zurück-Button

Der ZURÜCK-Button oberhalb der Vorschau ermöglicht die Rückkehr zur unbearbeiteten Datei. Falls das Ergebnis nicht Ihren Wünschen entspricht, klicken Sie auf ZURÜCK und wenden Sie den Effekt erneut an.

Lassen Sie die Maustaste los, wenn Sie unten rechts vom Auge angekommen sind. Wie durch Geisterhand verschwinden die roten Pixel. Falls noch rote Bereiche innerhalb der Pupille zu erkennen sind, drücken Sie ⌈Strg⌉+⌈Z⌉, um den letzten Arbeitsschritt rückgängig zu machen. Wiederholen Sie die Aktion, wobei Sie den Rahmen aber nun etwas größer anlegen.

4. Optional: Korrektur wiederholen

Wenn das Ergebnis zufriedenstellend ist, halten Sie die Leertaste gedrückt und schieben das Bild mittels Drag & Drop so weit herüber, dass das andere Auge gut zu sehen ist. Lassen Sie die Leertaste los und versuchen Sie, das andere Auge mit der Klick-Methode zu bearbeiten.

Es ist nicht zwingend erforderlich, einen Rahmen aufzuziehen. Je nach Zustand der Bilddatei reicht auch ein Klick in den roten Bereich, und die Färbung wird entnommen. Wenn sich der gewünschte Erfolg nicht einstellt, wenden Sie die Rahmen-Methode an.

5. Rote Augen per Mausklick entfernen

Doppelklicken Sie das Hand-Werkzeug, damit Sie das Bild in Originalgröße begutachten können ∎.

Hier sehen Sie das Vorher-nachher-Ergebnis.

6. Auszoomen

Hinweise

Achten Sie stets darauf, dass Sie den Rahmen nicht größer als nötig aufziehen. Ziehen Sie einen zweiten (kleineren) Rahmen auf, falls noch Bereiche der Pupille rötlich sind. Die Klick-Methode ist zwar leichter anzuwenden, jedoch erreichen Sie meist mit dem Auswahlrahmen bessere Ergebnisse. In Abschnitt 8.5 wird die Korrektur roter Augen noch einmal aufgegriffen, wenn es darum geht, auch gleich für eine neue Augenfarbe zu sorgen.

85

3.9 Tiefen, Lichter und Farbtemperatur korrigieren

Diese Schnellkorrektur sollten Sie nach Möglichkeit nur dann benutzen, wenn das Bild keine drastischen Aufbereitungen erfahren muss.

Schritt für Schritt: Tiefen und Lichter schnell korrigieren

Das Bild Wiese.tif ist für die schnelle Korrektur durchaus geeignet.

Vorschaubilder bewegen
Welches der Bilder (vorher oder nachher) Sie bewegen, ist unerheblich, da beide Bildausschnitte synchron reagieren. Damit ist sichergestellt, dass in beiden Ansichten stets der gleiche Ausschnitt präsentiert wird. Verwenden Sie diese Funktion insbesondere dann, wenn es auf Nachbearbeitungen im Detail ankommt.

1. Bild analysieren — Die dunklen Bereiche des Bildes sollten etwas aufgewertet werden. Ebenso könnte die Farbe noch etwas kräftiger ausfallen. Falls die Datei im Standardeditor bereitsteht, drücken Sie den Button SCHNELLKORREKTUR in der Symbolleiste.

2. Ansicht optimieren — Setzen Sie die Ansicht auf VORHER UND NACHHER – VERTIKAL, sodass oben das Original und unten die geänderte Datei angezeigt werden. Drücken Sie Z, um das Zoom-Werkzeug einzuschalten, und klicken Sie (evtl. mehrfach) auf das Bild. Dann halten Sie die Leertaste gedrückt (das Hand-Werkzeug wird aktiv) und schieben mit ebenfalls gedrückgehaltener Maustaste eines der Vorschaubilder so weit nach unten, dass sich der Stempel der Blume in der Mitte befindet ■.

3.8 Tiefen, Lichter und Farbtemperatur korrigieren

Öffnen Sie, falls geschlossen, die Registerkarte BELEUCHTUNG über das vorangestellte Dreieck-Symbol und schieben Sie den Regler TIEFEN AUFHELLEN langsam nach rechts. Beobachten Sie bitte dabei die Veränderungen in den Bereichen hinter der Blüte.

3. Tiefen aufhellen

Während Sie nun die Blüte selbst im Auge behalten, bewegen Sie den Regler LICHTER ABDUNKELN langsam nach rechts. Geben Sie jedoch nur wenig Abdunklung hinzu.

4. Lichter abdunkeln

Wenden Sie sich jetzt der Registerkarte FARBE zu, und bewegen Sie den Schieber SÄTTIGUNG minimal nach rechts. Gehen Sie hier bitte äußerst vorsichtig vor, da Sie damit schnell eine Überzeichnung in das Bild projizieren.

5. Sättigung erhöhen

3   Fotos schnell korrigieren

6. Scharfzeichnen   Ebenfalls recht sensibel müssen Sie mit SCHARFZEICHNEN zu Werke gehen. Damit Sie aber zuverlässig die Konturen beobachten können, und diese nicht willkürlich vom Monitor verzerrt werden, sollten Sie zunächst die Ansicht wieder auf 100 % bringen. Dazu klicken Sie entweder oben links auf TATSÄCHLICHE PIXEL oder doppelklicken das Lupen-Werkzeug. Bewegen Sie den Regler STÄRKE anschließend langsam nach rechts, bis Ihnen die Schärfe zusagt.

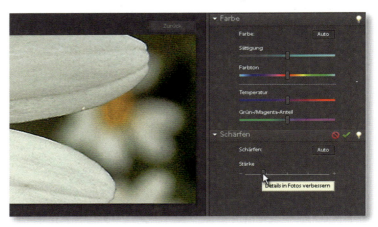

7. Protokoll   Wechseln Sie jetzt wieder in den Standardeditor, und schauen Sie sich das Protokoll an (FENSTER • RÜCKGÄNGIG-PROTOKOLL). Sollte es nicht sichtbar sein, schalten Sie es über FENSTER • RÜCKGÄNGIG-PROTOKOLL ein. Elements hat alle Schritte notiert.

> **Einsparung**
>
> Sie haben festgestellt, dass keine der Änderungen mit dem Häkchen im Kopf der Registerkarte bestätigt werden musste. Die Werte werden in dem Moment übergeben, in dem Sie ein neues Steuerelement anklicken – schnell, wie es sich eben für eine Schnellkorrektur gehört. Wenn Sie anschließend das Bild wieder an den Standardeditor übergeben, ersparen Sie sich für die letzte Änderung sogar auch noch den Klick aufs Häkchen.

Über dieses Protokoll ließen sich nun Rücknahmen der Änderungen in umgekehrter Reihenfolge ihrer Ausführung bewerkstelligen. Wenn Sie allerdings die Regler vorsichtig bedient haben, sollte es keinen Grund dafür geben, oder doch? Das Handling der Protokoll-Palette wird übrigens in Abschnitt 4.4 noch ausführlich erklärt.

Hier sehen Sie das Vorher-nachher-Ergebnis.

Ende

Schritt für Schritt: Farbtemperaturen schnell verfremden – Vergoldung mittels Farbtemperatur

In diesem Workshop soll nicht versucht werden, die Authentizität zu stärken, sondern durch gezielte »Verfälschung« zu einem besseren Ergebnis zu gelangen. Öffnen Sie dazu die Datei Rahmen.tif von der Buch-DVD, die Sie wieder in den Schnellkorrektur-Modus bringen. Sorgen Sie auch hier für eine Vergrößerung der Ansichten.

Schieben Sie den Regler SÄTTIGUNG leicht nach rechts. Das Bild soll zum Schluss nur eine geringfügige Erhöhung der Farbwerte erfahren. Daher bitte diesen Schieber nur maßvoll bewegen.

1. Sättigung erhöhen

Der effektvollste Schritt erfolgt über den Schieber FARBTON, den Sie bis an den Anfang von Orange stellen (nach rechts ziehen). Die Änderungen fallen jetzt noch nicht so drastisch aus. Dies wird erst im folgenden Schritt erreicht.

2. Farbton verändern

3 Fotos schnell korrigieren

3. Farbtemperatur ändern

Die TEMPERATUR stellen Sie weit nach rechts, sodass der Schieber in etwa im ersten Drittel des roten Bereiches steht. Die Farben werden hier wärmer, während eine Verschiebung in Richtung Blau für kältere Farbtemperaturen sorgen würde.

Vergleichen Sie das Endergebnis mit dem Original.

Ende

3.10 Konturen suchen

Sie sehen, wie schnell es geht, eine gezielte Farbverfremdung innerhalb der Schnellkorrektur herbeizuführen. Allerdings ist es nicht bei jedem Motiv günstig, das gesamte Bild einzufärben. Deshalb stellt Photoshop Elements hier die Möglichkeit zur Verfügung, vor der farblichen Veränderung zunächst Bildbereiche auszuwählen.

 Schritt für Schritt: Nur Bildteile einfärben

In diesem Workshop geht es darum, nur die Figur einzufärben, während der Hintergrund unverändert bleibt. Wir wollen hier aber nicht explizit auf die Auswahlerstellung eingehen, da diesem Thema ein ganzes Kapitel gewidmet ist. Zudem gibt es noch einen ausführlichen Workshop zum Schnellauswahl-Tool in Abschnitt 6.1. Deshalb die nötigen Schritte hier nur in aller Kürze.

Falls Sie den vorangegangenen Workshop gemacht haben und sich jetzt wieder im Standard-Editor befinden (Ansicht: VOLL), machen Sie bitte zunächst alle Schritte an der Datei Rahmen.tif rückgängig. Danach übergeben Sie das Bild wieder an die Schnellkorrektur, indem Sie oberhalb des Palettenbereiches auf SCHNELL klicken. Stellen Sie die Ansicht auf NUR NACHHER. Den direkten Vergleich benötigen wir für die Findung der Konturen hier nicht.

1. Datei vorbereiten

Aktivieren Sie das Schnellauswahl-Werkzeug und wischen Sie mit gedrückter Maustaste über die Figur. Achten Sie darauf, dass Sie nicht über Bereiche jenseits der Figur fahren und beobachten Sie, wie Photoshop Elements selbstständig versucht, die Konturen zu finden.

2. Konturen finden

Welche Konturen gefunden worden sind, verdeutlicht die Anwendung mit einer blinkenden Linie – der sogenannten Auswahlkante. Alles, was sich innerhalb dieser Kante befindet, gilt als ausgewählt und kann in weiteren Schritten bearbeitet werden; alles außerhalb der Kante kann im Folgenden nicht verändert werden. Zwischendurch können Sie die Maustaste übrigens ruhig einmal loslassen und das Werkzeug neu ansetzen.

Versuchen Sie anschließend, die Bereiche zu übermalen, die noch nicht aufgenommen worden sind. Die obere, rechte Hälfte dürfte erst sehr spät aufgenommen werden, da sie keinen sonderlich hohen Kontrast zum Hintergrund darstellt. Kleine Bereiche, die zum Schluss noch übrig sind, nehmen Sie mit in die Auswahl auf, indem Sie lediglich kurze Mausklicks auf die relevanten Stellen ausführen.

3. Optional: Auswahlbereiche entfernen

Irgendwann werden Sie möglicherweise an einen Punkt kommen, an dem Sie ungewollt Bereiche jenseits der Figur mit aufnehmen. In diesem Fall schalten Sie in der Steuerelementleiste um auf das Werkzeug VON AUSWAHL ABZIEHEN und malen dann noch einmal über den fälschlicherweise aufgenommenen Bereich. Dieser wird dann wieder entfernt.

3.8 Konturen suchen

Sollte es jetzt passieren, dass Bereiche wieder von der Auswahl entfernt werden, die zur Figur gehören, schalten Sie auf DER AUSWAHL HINZUFÜGEN um (die Schaltfläche links neben VON AUSWAHL ABZIEHEN) und nehmen den Bereich wieder auf. Am Ende sollte die Auswahl in etwa so aussehen:

4. Optional: Auswahlbereiche erneut hinzufügen

Nehmen Sie, nachdem Sie mit der Auswahlkante zufrieden sind, die farblichen Änderungen vor, wie im vorangegangenen Workshop beschrieben. Die Ameisenlinien benötigen Sie danach nicht mehr. Entfernen Sie diese, indem Sie [Strg]+[D] drücken oder auf AUSWAHL • AUSWAHL AUFHEBEN klicken.

5. Bildbereich einfärben

Ende

Zu guter Letzt: Standardansicht verwenden
Die sonst so prall gefüllte Toolbox und auch diverse Paletten stehen während der Schnellkorrektur nicht bereit. Benutzen Sie diesen Bereich daher am besten nur zur Kurzkorrektur von Bildern. In allen anderen Fällen ist es ratsam, im Standardeditor zu arbeiten.

Denken Sie auch bitte stets daran, dass alle noch nicht bestätigten Änderungen beim Ansichtswechsel von der Schnellkorrektur auf den Standardeditor übernommen werden.

4 Die Grundfunktionen des Editors

Lernen Sie den Standardeditor kennen

▶ Was muss ich über die Editor-Oberfläche wissen?
▶ Wie funktioniert der Startbildschirm?
▶ Wie arbeite ich mit den Paletten?
▶ Wie werden Dateien erstellt, geöffnet und gespeichert?
▶ Was ist das Rückgängig-Protokoll?
▶ Wie erzeuge ich ein künstliches Monitorbild?

Für viele Einsteiger sind Adobe-Anwendungen auf den ersten Blick ein »Buch mit sieben Siegeln«. Zwar sind auch hier Windows-typische Funktionen sofort auszumachen, doch muten viele Steuerelemente etwas befremdlich an – irgendwie »Adobisch« eben ...

Begeben wir uns nun in das Herzstück von Photoshop Elements 6. Are you ready for take-off? Bevor Sie aber die Standardarbeitsoberfläche, auch **Editor** genannt, erreichen, präsentiert sich der Startbildschirm. Es sei denn, Sie haben bereits Änderungen hinsichtlich Start der Anwendung vorgenommen.

Startbildschirm
Über die dort präsentierten Schaltflächen sind alle wichtigen Sparten von Photoshop Elements zu erreichen.

Abbildung 4.1 ▶
Willkommen bei Elements!

Abbildung 4.2 ▲
Entscheiden Sie sich bei künftigen Anwendungsstarts für den Editor.

> **Preferences**
>
> Nachdem Sie Photoshop Elements geschlossen haben, wird die Stellung der Fenster und Paletten gesichert. Beim nächsten Öffnen der Anwendung sind die Elemente der Arbeitsoberfläche wieder genau an der gleichen Stelle angeordnet, wie zu dem Zeitpunkt, als Sie das Programm zuletzt verlassen haben.

Unten links im Fenster finden Sie ein kleines Pulldown-Menü. Hierüber können Sie festlegen, mit welcher Darstellung Elements standardmäßig geöffnet werden soll. Der Startbildschirm ist vorgegeben. Wenn Sie fortan auf ihn verzichten möchten, legen Sie hier beispielsweise STARTEN MIT EDITOR fest.

Sie müssen dabei keinesfalls befürchten, dieses Dialogfeld für alle Ewigkeit verloren zu haben, da es sich jederzeit wieder über das Menü FENSTER • STARTBILDSCHIRM zurückholen lässt.

Im Anschluss daran markieren Sie die Kreisschaltfläche BEARBEITEN. Wenn Sie noch keine Änderungen an den Grundeinstellungen vorgenommen haben, präsentiert sich Photoshop Elements stets in der gleichen Art und Weise ∎.

4.1 Die Editor-Oberfläche

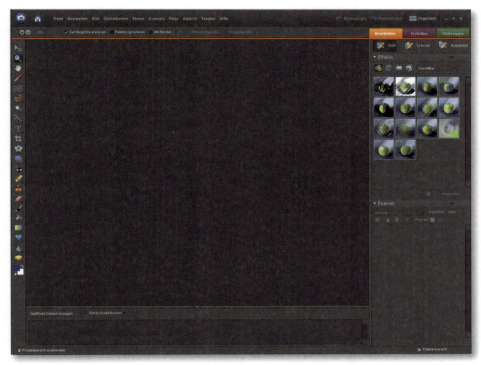

▲ Abbildung 4.3
Die Arbeitsfläche Ihrer Bildbearbeitungssoftware

4.1 Die Editor-Oberfläche

Die Leisten
Nun wollen wir uns die einzelnen Elemente der Arbeitsoberfläche ansehen. Zuoberst natürlich die **Kopfleiste**, auf die sicherlich nicht näher eingegangen werden muss. Neu in Photoshop Elements 6 ist hier aber, dass Kopfleiste und Menüleiste miteinander verschmolzen sind. Hinter jedem Eintrag verbergen sich spezifische Routinen, die im Verlaufe dieses Buches natürlich noch näher angesprochen werden ∎.

> **Gesperrte Symbole**
> Symbol-Buttons, die nicht zur Ausführung gebracht werden können, wie z. B. der Rückgängig-Button, sind schwachgrau hinterlegt. Deren Verfügbarkeit wird dynamisch durch das Programm hergestellt, sobald sie benutzt werden könnten.

▲ Abbildung 4.4
Die Elements-Menüleiste

4 Die Grundfunktionen des Editors

Eine Reihe tiefer findet sich die **Optionsleiste**. Gängig sind hierfür auch Begriffe wie *Steuerelementleiste* oder *Werkzeugmenüleiste*, wobei jedoch stets derselbe Bereich gemeint ist. Wenn Sie mit Werkzeugen arbeiten, werden Sie feststellen, dass die Leiste in diesem Zusammenhang eine große Rolle spielt. Je nach aktiviertem Werkzeug verändert sich nämlich der Inhalt – und damit auch die Verfügbarkeit der dort gelisteten Steuerelemente.

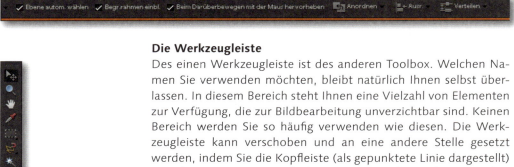

Abbildung 4.5 ▼
Je nach aktiviertem Werkzeug verändern sich die Steuerelemente.

Die Werkzeugleiste

Des einen Werkzeugleiste ist des anderen Toolbox. Welchen Namen Sie verwenden möchten, bleibt natürlich Ihnen selbst überlassen. In diesem Bereich steht Ihnen eine Vielzahl von Elementen zur Verfügung, die zur Bildbearbeitung unverzichtbar sind. Keinen Bereich werden Sie so häufig verwenden wie diesen. Die Werkzeugleiste kann verschoben und an eine andere Stelle gesetzt werden, indem Sie die Kopfleiste (als gepunktete Linie dargestellt) mittels Drag & Drop verschieben. Um sie wieder an ihren gewohnten Platz zu stellen, ziehen Sie sie einfach wieder zurück.

▲ Abbildung 4.6
Die standardisierte Werkzeugleiste mit aktiviertem Auswahl-Rechteck ...

Abbildung 4.7 ▶
... und als gelöste Palette

4.1 Die Editor-Oberfläche

Die Werkzeuge werden durch einfachen Mausklick ausgewählt – danach sind sie aktiv. Wenn Sie statt des Mausklicks den Zeiger nur für einen Moment auf dem betreffenden Werkzeug verweilen lassen, zeigt eine *QuickInfo* dessen Bezeichnung an ■.

Schauen Sie sich nun die Werkzeuge einmal etwas genauer an. Einige Schaltflächen zeichnen sich durch ein kleines Dreieck in der unteren rechten Ecke aus. Dies ist Indiz dafür, dass sich »unter« der Fläche weitere, in engem Zusammenhang stehende Werkzeuge verbergen. Klicken Sie einmal eine solche Werkzeug-Schaltfläche an und halten Sie dabei die Maustaste etwas länger gedrückt. Schließlich haben Sie ja durch die Verwendung von Shortcuts nun Zeit gewonnen. Sie sehen, dass ein Flyout-Menü weitere Werkzeuge offenbart. Dem aktiven Werkzeug ist stets ein kleines schwarzes Quadrat vorangestellt.

Hilfe zum Werkzeug
Benötigen Sie Hilfe oder weiterführende Informationen zum jeweiligen Werkzeug? Dann stellen Sie den Mauszeiger auf das Icon und klicken in der QuickInfo auf die angezeigte Bezeichnung. Photoshop Elements öffnet daraufhin die HILFE und geleitet Sie zum jeweiligen Themenbereich.

◀ **Abbildung 4.8**
Die Liste der verborgenen Textwerkzeuge

Nun müssen Sie nichts weiter machen, als das gewünschte Werkzeug in der ausgeklappten Liste durch Mausklick auszuwählen. Sie sehen, dass dieses bisher verborgene Werkzeug nach seiner Selektion den Platz in der Werkzeugleiste eingenommen hat. Die Liste schließt sich wieder. Möchten Sie dem ursprünglichen Werkzeug wieder den Platz in der Werkzeugleiste zuteilen, müssen Sie es über die Liste anwählen.

Beachten Sie in diesem Zusammenhang auch die Buchstaben, die hinter dem Namen in Klammern stehen. Diese geben nämlich die sogenannten **Tastaturkürzel** an, mit denen das Werkzeug einfach und wesentlich schneller mithilfe der Tastatur gewechselt werden kann. Drücken Sie also beispielsweise C auf Ihrer Tastatur, ist somit das Freistellungswerkzeug aktiviert.

Natürlich ist die Nutzung der Tastatur für solche Zwecke zunächst gewöhnungsbedürftig. Aber Sie können sicher sein: Wenn Sie sich erst einmal daran gewöhnt haben, macht es richtig Spaß und spart darüber hinaus noch jede Menge Zeit. Prägen Sie sich zunächst nur wenige Shortcuts ein, und versuchen Sie, diese konsequent zur Aktivierung zu verwenden. Mit der Zeit lassen Sie

▲ **Abbildung 4.9**
Wählen Sie die Werkzeuge mit einem Mausklick oder Shortcut aus.

> **Die wichtigsten Shortcuts**
>
> A = Auswahl
> V = Verschieben
> W = Zauberstab
> C = Freistellen
> T = Text
> ⇧ und das betreffende Kürzel bewirken, dass die Reihe der Tools durchgeblättert wird.

dann andere hinzukommen. Wenn Sie das nächste Mal einem Freund oder Kollegen dabei zusehen, wie dieser zur Maus greift, um den Zauberstab zu aktivieren, sagen Sie ihm doch, dass dazu ein lässiger »Push« auf W reicht ■.

Noch ein Wort zu den Shortcuts: Vielleicht ist Ihnen aufgefallen, dass allen Werkzeugen einer Liste stets ein und dasselbe Kürzel zugeteilt worden ist, d.h., alle Stempelwerkzeuge sind mit S zu erreichen. Wenn Sie während Ihrer Arbeit die betreffende Taste drücken, werden Sie stets das Werkzeug auswählen, das in der Werkzeugleiste dargestellt wird. Möchten Sie also beispielsweise über T nicht das horizontale, sondern das vertikale Textwerkzeug aktivieren, geht nur ein Weg am vorherigen Öffnen des Flyout-Menüs vorbei: die Verwendung von ⇧! Halten Sie diese Taste fest, während Sie T drücken. Nun können Sie (mit immer noch gedrückter Umschalttaste) so oft T betätigen, bis das gewünschte Tool in der Werkzeugleiste erscheint.

4.2 Paletten

Eine Palette ist ja ganz nützlich. Man stapelt Sachen darauf und kann sie ganz leicht bewegen (wenn man die erforderlichen Hilfsmittel hat). Genauso ist es in Photoshop Elements. Sie benötigen zum Transport einer Palette noch nicht einmal einen Gabelstapler, wohl aber eine Maus.

Arbeiten mit Paletten und Registern
Die rechte Seite des Editors nennt sich *Palettenraum*. Auch hier sei die alternative Bezeichnung *Registerkarten* erwähnt. Letzterer Ausdruck beschreibt auch wesentlich treffender, um was es geht. Wie im Register eines Aktenschrankes befinden sich dort mehrere kleine Reiter, die über das vorangestellte Dreieck-Symbol geöffnet oder geschlossen werden können. Weist das Symbol nach unten, ist das Register geöffnet. Nach rechts zeigt es, wenn der Inhalt des Registers verborgen ist. Probieren Sie das Öffnen und Schließen einmal aus ■.

Um eine bestimmte Funktion innerhalb des Menüs auszuwählen, klicken Sie diese einfach an. Bedenken Sie, dass einige Paletten noch keinen Inhalt haben. Dies wird sich ändern, sobald ein Bild geöffnet ist.

4.2 Paletten

Register skalieren

Stellen Sie den Mauszeiger genau zwischen zwei Paletten auf einen der Stege ❶, kann der Zwischenraum mittels Drag & Drop verschoben werden. Das Fenster, das in Richtung der Bewegung angeordnet ist, wird dabei kleiner, während die gegenüberliegende Seite gleichzeitig vergrößert wird.

Darüber hinaus ist es möglich, alle Paletten gemeinsam zu vergrößern oder zu verkleinern, indem der vertikale Außensteg ❷ benutzt wird. In der Mitte befindet sich eine kleine Grifffläche, die diese Verstellung ermöglicht.

◀ Abbildung 4.10
Die Paletten beherbergen zum Teil recht interessante Funktionen.

Die gerade angesprochenen Register können jederzeit zu **eigenständigen Paletten** umgewandelt werden; wie in der Industrie halt. Dort wird ja auch oft eine von mehreren übereinander gestapelten Paletten an einen anderen Ort befördert. Entfremden Sie dazu die Maus als Gabelstapler und ziehen Sie einfach das Register mit gedrückter Maustaste an eine freie Stelle der Arbeitsfläche und lassen es dort fallen (Drag & Drop). Die für einen Gabelstapler typischen Beschädigungen sind dabei gänzlich ausgeschlossen!

◀ Abbildung 4.11
Verwandeln Sie ein Register in eine Palette.

101

4 Die Grundfunktionen des Editors

Möchten Sie die Palette wieder als Register **in den Palettenraum zurückbefördern**, klicken Sie auf den Reiter und lassen ihn genau über dem Palettenraum fallen ■.

Ebenso, wie es möglich ist, gelöste Register wieder in den Palettenraum »zurückzustecken«, ist es möglich, mehrere Register **in einer Palette zusammenzuführen**. Greifen Sie die Palette am Reiter und lassen Sie diesen innerhalb einer anderen Palette fallen.

Eine nützliche Funktion ist in Zeiten akuten Platzmangels das **Minimieren**. Klicken Sie einfach doppelt auf die Kopfleiste, und das Fenster verkleinert sich beträchtlich. Zum Öffnen reicht ein Doppelklick auf irgendeinen noch sichtbaren Bereich der Palette – mit Ausnahme des Erweitert-Buttons natürlich.

Falls Sie kurzzeitig alle Paletten **ausschalten** möchten, klicken Sie auf PALETTENBEREICH SCHLIESSEN in der Fußleiste der Anwendung. Ein erneuter Klick stellt diese wieder zur Verfügung ■.

Palettenmenü

Das Palettenmenü ist eine Erweiterung der Palette mit zusätzlichen Befehlen und Optionen und wird daher auch als Erweitert-Menü bezeichnet. Eine interessante inhaltliche Darstellungsoption in diesem Zusammenhang ist die mögliche Änderung der Miniaturgrößen. Verwenden Sie dazu den gewünschten Eintrag, den Sie über den Button ERWEITERT ❶ erreichen. Übrigens: Wenn die Palette nicht auf die zuvor beschriebene Weise aus dem Palettenbereich herausgelöst worden ist, finden Sie hier, anstelle der Erweitert-Bezeichnung, nur einen Doppelpfeil. Klicken Sie diesen an, um das Erweitert-Menü zu öffnen.

Paletten sortieren

Gefällt Ihnen die Anordnung der Paletten nicht? Dann sortieren Sie diese doch einfach um. Mittels Drag & Drop, gezogen am Register, ist das kein Problem. Sie merken beim Ziehen, dass die Paletten an einem Punkt einrasten, an dem sie abgelegt werden können.

▲ **Abbildung 4.12**
Schließen Sie vorübergehend alle Paletten.

Paletten schließen

Wenn eine Palette über den Schließen-Button der Kopfleiste geschlossen wird, ist sie anschließend wieder als Register im Palettenraum verfügbar. Die Funktion ist im Erweitert-Menü der Palette zu finden und kann dort bei Bedarf deaktiviert werden. Markieren Sie dazu den obersten Eintrag, um das vorangestellte Häkchen zu deaktivieren. Wenn Sie nun die Palette schließen, kehrt sie nicht in den Palettenraum zurück und kann nur noch über das Fenstermenü neu aktiviert werden.

Abbildung 4.13 ▶
Falls Ihnen die Symbole nicht zusagen, verwenden Sie die Listenansicht.

Natürlich gilt auch hier: Je nach Palette differiert der Inhalt dieses Menüs. Wenn Sie wieder zurück in die alte Ansicht möchten, entscheiden Sie sich im Palettenmenü für den Eintrag MITTELGROSSE MINIATUREN.

Paletten und Leisten ausblenden
Besonders effektiv ist der Einsatz der Tabulatortaste. Sie entfernt nämlich, bis sie erneut gedrückt wird, alle gelösten Fenster und Leisten vom Bildschirm. Diese Funktion sollten Sie sich unbedingt merken, weil sie ausgesprochen sinnvoll ist. Nicht etwa, weil Sie damit einem weniger bewanderten Bildbearbeiter ganz schön zusetzen können, indem Sie [⇆] drücken, während er kurz unaufmerksam ist, sondern weil Sie mit einem Klick Ordnung auf Ihrem Bildschirm schaffen können. Und wenn Sie doch die erste Verwendungsmöglichkeit vorziehen: Während er verzweifelt die CD sucht, um Elements neu zu installieren, könnten Sie ja erneut [⇆] drücken. Damit hätten Sie dann auch einen weiteren Beitrag zum täglichen Tastaturkürzel-Training geleistet.

> **Palettenliste**
> Alle Paletten sind im Menü FENSTER gelistet. Einträge, die mit einem Häkchen versehen sind, werden entweder als Palette oder im Palettenraum zur Verfügung gestellt. Markieren Sie einen Eintrag, der sich durch ein vorangestelltes Häkchen auszeichnet, wird die Palette von der Arbeitsfläche entfernt.

Die Navigator-Palette
Es soll nicht verschwiegen werden, dass die Anwendung im Standardeditor über eine Palette verfügt, die das Zoomen mit weit mehr Komfort unterstützt als mit dem Zoom-Werkzeug selbst. Sie wird zugeschaltet über FENSTER • NAVIGATOR und zeigt durch einen Auswahlrahmen an, welcher Bereich des Bildes gerade angezeigt wird. Dieser Bereich lässt sich prima verschieben. Wenn Sie den Mauszeiger über den Rahmen stellen, wird er zur Hand – der Rest ist Drag & Drop (natürlich nur, wenn das Bild bereits über 100 % eingezoomt ist). Klicken Sie doppelt in das Eingabefeld, um den Zoomwert für das Bild über die Tastatur einzugeben. Die Eingabetaste führt dann das Zoomen aus. Die Schaltflächen AUSZOOMEN und EINZOOMEN (das sind die Lupen mit Plus- bzw. Minus-Symbol) sorgen für Größenveränderungen in verschiedenen Schritten. Feiner sind die Abstufungen über den Schieber zwischen den Lupen.

▲ **Abbildung 4.14**
Der Navigator – Leitsystem für Ihre Bilder

Projektbereich
Letztendlich wäre da noch der Container am unteren Bildrand der Anwendung. Er beherbergt alle geöffneten Dateien und stellt Miniaturen zur Verfügung. Markieren Sie das Bild, das Sie bearbeiten möchten. Ein Rahmen verdeutlicht, welches Bild ausgewählt ist. Der Container lässt sich schließen, indem Sie die Aufschrift

4 Die Grundfunktionen des Editors

▲ **Abbildung 4.15**
Im Fotobereich werden Miniaturen aller derzeit geöffneten Dateien präsentiert.

Abbildung 4.16 ▶
Über den Projektbereich können auch sogenannte »Bereichsaktionen« gestartet werden.

PROJEKTBEREICH AUSBLENDEN oder den daneben angeordneten Pfeil anklicken.

Natürlich können Sie in Photoshop Elements gleich mehrere Dateien öffnen – jedoch immer nur an »einem« Bild arbeiten. Welches das ist, können Sie durch Markieren im Projektbereich festlegen. Das jeweils aktive Bild wird mit einem blauen Rahmen versehen. Außerdem können Sie bereits geöffnete Bilder auch gleich wieder schließen. Das machen Sie aber über das Kontextmenü (Rechtsklick).

Photoshop Elements 6 stellt neuerdings im Projektbereich zwei zusätzliche Pulldown-Menüs zur Verfügung. Während Sie über das linke Menü entscheiden können, ob hier die aktuell geöffneten oder die des Organizers gelistet werden sollen, lassen sich mithilfe des rechten Menüs standardmäßige Aufgaben erreichen. Bedenken Sie in diesem Zusammenhang, dass Sie auch im Projektbereich mehrere Dateien markieren können, indem Sie [Strg] bzw. [⇧] gedrückt halten. Erst danach sollten Sie sich für einen relevanten Eintrag im Pulldown-Menü entscheiden – zumindest, wenn Sie mehrere Dateien entsprechend weiterleiten wollen.

4.3 Dateien öffnen, erstellen und speichern

> **Buchstabe O und Zahl 0**
> Mit [Strg] und dem Buchstaben **O** erreichen Sie den Öffnen-Dialog, während Sie bei Verwendung der Zahl **Null** das aktive Bild auf seine maximal darstellbare Größe innerhalb des Anwendungsfensters bringen. Dass beide Tasten auch noch dicht beieinander liegen, fördert zusätzlich die Verwechslungsgefahr.

Dateien öffnen
Um Bilder in Photoshop Elements bearbeiten zu können, müssen sie logischerweise dort zunächst zur Verfügung gestellt werden. Dies geschieht entweder über das Menü DATEI • ÖFFNEN, durch einen Doppelklick auf die leere Arbeitsfläche oder mithilfe des Shortcuts [Strg]+[O]. Hier ist der Buchstabe O und nicht die Zahl Null gemeint ∎.

Elements beherbergt bereits einige Fotos, die Sie zu Übungszwecken öffnen können. Wählen Sie zunächst eine der vorgenannten Methoden, und stellen Sie den folgenden Pfad her:

4.3 Dateien öffnen, erstellen und speichern

[LAUFWERKSBEZEICHNUNG] • PROGRAMME • ADOBE • PHOTOSHOP ELEMENTS 6 • TUTORIALS.

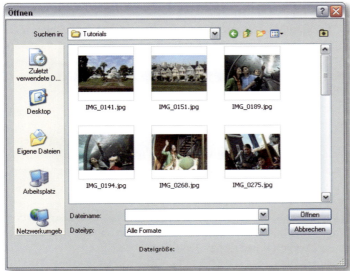

◀ **Abbildung 4.17**
Photoshop Elements bringt bereits einige nette Fotos mit.

Zuletzt verwendete Dateien öffnen

Die Anwendung verfügt außerdem über eine Funktion, die sich ZULETZT BEARBEITETE DATEI ÖFFNEN nennt. Sie erreichen sie über das Datei-Menü. Hier listet Photoshop Elements die zehn zuletzt verwendeten Dateien. Die Funktion ist besonders dann hilfreich, wenn Sie nicht mehr wissen, wo Sie ein kürzlich bearbeitetes Bild gespeichert haben. Holen Sie es über diese Option zurück in den Editor, ohne im Organizer nach ihr suchen zu müssen.

Eine neue Bilddatei erstellen

Wählen Sie über DATEI • NEU • LEERE DATEI, über den Shortcut [Strg]+[N] oder über einen Doppelklick auf die leere Arbeitsfläche mit gehaltener Taste [Strg] den Bilddialog zum Erstellen einer neuen Datei. Vergeben Sie im obersten Eingabefeld einen Namen (optional), und stellen Sie über VORGABE das gewünschte Maß ein. Hier werden zahlreiche vordefinierte Abmessungen gelistet.

Zentimeter auf Zoll umschalten

Bitte beachten Sie, dass Photoshop Elements die Auflösung in der Maßeinheit Pixel pro Zentimeter (px/cm) angibt. Zentimeter ist zwar im europäischen Raum als Standard zu bezeichnen, doch wird für die Auflösung immer noch die Maßeinheit Pixel pro Zoll (px/inch) bevorzugt. Falls Ihnen das auch lieber ist, müssen Sie das im Dialog umstellen. Nachdem Sie die erste Datei auf diese Weise geöffnet haben, bleibt die Einheit Pixel pro Zoll erhalten.

Abbildung 4.18 ►
Legen Sie die neben den Eigenschaften des neuen Bildes erstmalig auch die Auflösungseinheit fest.

Bildeigenschaften festlegen

Die **Bildgröße** lässt sich über die Breite und Höhe individuell festlegen, sofern Ihnen die Maße in der Combo-Box Vorgabe nicht zusagen. Bedenken Sie aber, dass Sie zunächst die **Maßeinheiten** korrigieren müssen. Stellen Sie dort, falls gewünscht, von Pixel auf Millimeter oder Zentimeter um, und legen Sie anschließend in den vorangestellten Eingabefeldern die Maße fest. Der Grund: Die Anwendung rechnet! Haben Sie damit gerechnet? Wenn Sie die Einheit ändern, werden die Werte ebenfalls korrigiert. Daher bitte immer daran denken: zuerst die Maßeinheit, dann die Abmessungen!

Die **Auflösung** entscheidet darüber, wie viele Bildpunkte auf einer bestimmten Strecke angeordnet werden. Bei der Bemaßung Pixel/Zoll werden, wie im obigen Beispiel, 72 Quadrate pro 2,54 cm (2,54 cm = 1 Zoll) erzeugt. Trotz *DIN* und *Euro-Norm* ist hier die Verwendung von *Zoll* immer noch aktuell.

Der **Modus** eines Bildes sagt etwas über seine Verwendung aus. Ein Bild für die Darstellung an Monitoren wird im RGB-Modus erzeugt, während für den professionellen Druck CMYK vorgesehen ist. Das sollte Sie zum gegenwärtigen Zeitpunkt aber nicht sonderlich berühren, da Sie eh fast immer in RGB arbeiten werden. Was es mit RGB auf sich hat, wird in Abschnitt 8.2 behandelt. Dort geht es um das additive Farbsystem.

Entscheiden Sie bei **Hintergrundinhalt**, welchen Inhalt die Hintergrundebene erhalten soll. Wenn Sie TRANSPARENT wählen, wird der Hintergrund kariert dargestellt. Dabei handelt es sich jedoch lediglich um eine Darstellungsoption, wie Sie im weiteren Verlauf noch sehen werden. Wo Karos sind, ist in Wirklichkeit gar nichts, könnte man sagen. Es dient nur dazu anzuzeigen, dass da nichts ist. Ob sich dazu gerade grau-weiße Karos besonders eignen, mag dahingestellt sein. Auf der anderen Seite: Irgendwie muss ja eine Stelle, an der »nichts« ist, grafisch dargestellt werden.

Speichern vs. Speichern unter

Wenn Sie eine Datei speichern, wird die bisher verwendete Datei überschrieben. Wählen Sie stattdessen SPEICHERN UNTER, kann eine Kopie angelegt werden, sofern Sie deren Namen und/oder Speicherort verändern.

Dateien speichern
Alle geöffneten und nachbearbeiteten Bilder müssen natürlich gespeichert werden, ehe die Änderungen dauerhaft wirksam werden können. Zum Sichern der Datei auf den Rechner wählen Sie DATEI
• SPEICHERN UNTER.

Das Dateiformat PHOTOSHOP (PSD) bietet sich hier ebenso an wie TIFF, obwohl beide Formate recht große Dateien erzeugen. Der Vorteil: Textebenen bleiben als Text editierbar, Masken und Vektoren werden erhalten. Dies alles ermöglicht eine komfortable Weiterverarbeitung des Bildes ■.

Übergreifende Aktionen

Anwendungsübergreifende Aktionen, wie z. B. VOREINSTELLUNGEN, SCHLIESSEN und SPEICHERN, werden nicht ins Protokoll aufgenommen und sind somit auch nicht widerrufbar.

4.4 Das Rückgängig-Protokoll

Bevor wir anfangen, erste Schritte mit Werkzeugen zu unternehmen, müssen Sie wissen, dass jeder Schritt, den Sie vornehmen, nachträglich noch zurückgenommen werden kann – nicht auszudenken, wenn es so etwas im täglichen Leben gäbe, oder? Im täglichen Leben von Photoshop Elements gehört dies hingegen zum Standard. Zu erreichen ist das Rückgängig-Protokoll über das Fenstermenü.

Was in Überwachungsstaaten eher tragisch ist, kommt hier als hervorragendes Hilfsmittel zum Einsatz: Jeder Ihrer Schritte wird akribisch protokolliert. Das alleine würde aber noch keinerlei Arbeitserleichterung bringen. Interessant wird das Ganze erst durch die Möglichkeit, Schritte in umgekehrter Reihenfolge ihrer Ausführung zurückzugehen. Markieren Sie einfach einen Listeneintrag oder schieben Sie den Pfeil an der linken Seite nach oben. Von dort aus arbeiten Sie dann weiter, und die Schritte werden widerrufen.

Register wird Palette

Falls Sie neue Techniken austesten möchten, sollten Sie das RÜCKGÄNGIG-PROTOKOLL vorab zu einer eigenständigen Palette erheben.

▲ Abbildung 4.19
Hier wird später alles zu Protokoll gebracht.

4 Die Grundfunktionen des Editors

Abbildung 4.20 ◀
Die Schritte lassen sich im Protokoll editieren.

Bei dieser Vorgehensweise ist allerdings ein Umstand besonders zu berücksichtigen. Einzelne Schritte aus der Protokollmitte lassen sich nicht entfernen, ohne unterhalb dieses Schrittes aufgeführte Aktionen ebenfalls zu löschen. Wenn ein Schritt markiert und mit einer neuen Aktion widerrufen wurde, sind auch alle nachfolgenden Schritte aufgehoben.

Schneller geht das Aufheben von Schritten übrigens mit dem Tastaturkürzel [Strg]+[Z]. Bei jedem Druck wird in umgekehrter Reihenfolge seiner Anwendung ein Schritt gelöscht. Drücken Sie [Strg]+[Y], wird der zurückgenommene Schritt wieder hergestellt.

4.5 Schnellstart-Workshop

Wenn Sie bis hierhin geduldig gelesen haben, soll sich Ihre Besonnenheit nun auch auszahlen. Zum Abschluss dieses Kapitels wollen wir uns an einer kleinen Übung laben, die Ihnen mit Sicherheit Spaß machen wird – als Aufwärmphase, gewissermaßen. Die hier eingesetzten Funktionen werden zu einem späteren Zeitpunkt allesamt noch einmal ausführlich beschrieben. Aber nun soll es etwas zu tun geben.

 *Schritt für Schritt: Einstiegsprojekt
»Das künstliche Monitorbild«*

Sie kennen diese Art der Bildmanipulation aus zahllosen Katalogen. Insbesondere zur Präsentation von Monitoren, Fernsehgeräten und

Handys wird diese Technik gerne eingesetzt. Es ist, wenn man so will, das Bild auf dem Bildschirm – und darüber hinaus ist es auch noch ruck, zuck realisiert.

1. Bilder öffnen

Was Sie benötigen, sind zwei Bilder – eines mit dem perspektivisch fotografierten Ausgabegerät und ein weiteres, das sich auf dem Monitor platzieren lässt.

Wie der Zufall so spielt, befinden sich zwei geeignete Dateien auf der beiliegenden DVD im Ordner BILDER. Öffnen Sie Laptop.tif und Bluete.tif über DATEI • ÖFFNEN oder [Strg]+[O] (= Buchstabe O, nicht Null).

Seitenformate

Verwenden Sie für das Bild, das auf dem Monitor platziert werden soll, möglichst eine Datei im 4:3-Seitenformat, ansonsten könnte die Verzerrung zu stark werden. Erforderlichenfalls muss das Bild vorab freigestellt werden. Wie eine Freistellung funktioniert, lesen Sie in Kapitel 6.

2. Bilder vereinen

Stellen Sie die beiden Bilder auf der Arbeitsfläche von Elements nebeneinander. Durch Drag & Drop an der Kopfleiste lassen sich die Bilder verschieben.

Drücken Sie [V] auf Ihrer Tastatur, um das Verschieben-Werkzeug zu aktivieren. Klicken Sie damit auf das Bild mit der Blüte und ziehen Sie es mittels Drag & Drop auf das Bild, das den Laptop zeigt. Anschließend kann das Blütenbild geschlossen werden.

4   Die Grundfunktionen des Editors

3. Deckkraft reduzieren und einzoomen

Öffnen Sie die Ebenen-Palette (falls sie nicht sichtbar ist, wählen Sie FENSTER • EBENEN) und reduzieren Sie die DECKKRAFT von Ebene 1 von 100 % auf **40–50 %**. Dazu klicken Sie in der Ebenen-Palette auf das Wort DECKKRAFT ❶, halten die Maustaste weiterhin gedrückt und ziehen das Zeigegerät nach links, bis im Anzeigefeld ❷ der gewünschte Prozentwert angezeigt wird. Mit Reduzierung der Deckkraft behalten Sie auch die unterhalb liegende Ebene noch gut im Auge.

4.5 Schnellstart-Workshop

Schalten Sie in der Werkzeugleiste um auf die LUPE. Am schnellsten geht dies, indem Sie [Z] auf Ihrer Tastatur drücken ■. Klicken Sie in Höhe des Laptop-Monitors auf das Bild, um es zu vergrößern. Wenn Sie [Alt] gedrückt halten und dann auf das Bild klicken, verkleinert sich der Ausschnitt wieder. Alternativ dazu lässt sich mit der Lupe auch ein Rahmen ziehen (Drag & Drop). Dessen Inhalt wird daraufhin entsprechend vergrößert angezeigt.

Um kurzfristig zum Hand-Werkzeug zu wechseln, halten Sie die Leertaste gedrückt. Sie können nun mit gedrückt gehaltener Maustaste den Bildausschnitt in jede gewünschte Richtung verschieben. Wenn Sie die Leertaste loslassen, wird automatisch wieder das zuletzt aktivierte Werkzeug eingestellt.

Wählen Sie jetzt über die Menüleiste BILD • TRANSFORMIEREN • VERZERREN. Die oberste Bildebene erhält nun einen Rahmen mit quadratischen Eck- und Längenpunkten. Dies sind sogenannte Anfasser, die Sie mit dem Verschieben-Werkzeug [V] verstellen können, solange Sie die Maustaste gedrückt halten.

Verschieben Sie nun nacheinander die vier Eckpunkte und stellen diese auf die Ecken des Laptop-Bildes. In der folgenden Abbildung sind bereits die Eckpunkte oben rechts ❸ und unten rechts ❹ eingestellt.

> **Lupenposition**
>
> Beim Skalieren mit dem Zoom-Werkzeug wird die Stelle, auf die Sie klicken, stets die Mitte des neuen Bildausschnittes. Positionieren Sie die Lupe also stets in der Mitte jenes Bereiches, der vergrößert werden soll.

4. Verzerren

> **Zoom mit der Tastatur**
>
> Solange der Verzerren-Vorgang noch nicht abgeschlossen ist, sind alle anderen Tools inaktiv. Zum Einzoomen wählen Sie dann [Strg]+[+], zum Auszoomen [Strg]+[-].

> **Zu Eckpunkten manövrieren**
>
> Falls Sie einen Eckpunkt nicht erreichen können, halten Sie die Leertaste, gefolgt von der Maustaste, gedrückt. Schieben Sie nun Ihren Bildausschnitt so, dass Sie die anderen Punkte erreichen. Erst wenn dieser im Bildausschnitt erscheint, lassen Sie Leer- und Maustaste los.

4 Die Grundfunktionen des Editors

Gesamten Rahmen verschieben

Sie können den gesamten Verzerrungsrahmen verschieben, indem Sie den Mauszeiger »in« den Rahmen stellen und mit gedrückter Maustaste bewegen.

Lassen Sie sich Zeit mit dem Ausrichten aller vier Punkte. Dieser Vorgang muss sehr gewissenhaft ausgeführt werden, da Sie die Verzerren-Funktion nur »einmal« mit diesem Komfort anwenden können (siehe hierzu auch die Anmerkung am Ende des Workshops). Achten Sie darauf, dass Sie wirklich die Ecken des Monitors finden. Da diese leicht abgerundet sind, muss das Blütenbild geringfügig kleiner werden als die Monitorfläche.

Wenn Sie alle vier Ecken ausgerichtet haben, drücken Sie ⏎ oder klicken auf das Steuerelement AKTUELLEN VORGANG BESTÄTIGEN, welches sich innerhalb des Bildes zeigt.

5. Effekt aussuchen

Setzen Sie anschließend die Deckkraft der Ebene wieder auf 100 %. Irgendwie sieht unser neues Monitorbild aber noch recht statisch aus, finden Sie nicht auch? Was fehlt, ist eine deutlichere Abstufung zwischen Bild und Rahmen des Laptops.

Hier kommt nun ein Effekt zum Einsatz. Wählen Sie das Register EFFEKTE aus dem Palettenmenü und klicken Sie auf die Schaltfläche EBENENSTILE in der Symbolleiste unterhalb – das ist der zweite der vier Buttons.

Jetzt müssen Sie noch die richtige Gruppe der Ebenenstile einstellen. Das machen Sie über das rechts neben den Buttons angebrachte Pulldown-Menü. Listen Sie hier, falls nicht bereits eingestellt, den Eintrag ABGEFLACHTE KANTEN.

4.5 Schnellstart-Workshop

Im nächsten Schritt erfolgt die eigentliche Zuweisung des Effektes. Entscheiden Sie sich hier für EINFACH – RELIEF. Das ist der rechte Button der obersten Reihe. Um den Effekt nun auch an das Bild übergeben zu können, müssen Sie die Schaltfläche doppelklicken.

6. Effekt zuweisen

Wenn Sie das Bild jetzt betrachten, werden Sie feststellen, dass der Effekt noch nicht optimal aussieht. Es gilt also, ihn einzustellen. Und das machen Sie so: Klicken Sie in der Ebenen-Palette doppelt auf das kleine Stil-Symbol, das Sie auf der rechten Seite der Ebene sehen ■.

7. Effekt einstellen

> **Ebenenstile**
>
> Anstelle des Doppelklicks auf das Stil-Symbol können Sie natürlich zur Bearbeitung des Effektes auch über das Menü gehen. Dann entscheiden Sie sich für EBENE • EBENENSTIL • STILEINSTELLUNGEN.
> Das Symbol in der Ebene zeigt an, dass ein Ebenenstil angewendet worden ist. Falls nur der zugewiesene Stil, nicht aber die Ebene selbst gelöscht werden soll, wählen Sie EBENE • EBENENSTIL • EBENENSTIL LÖSCHEN.

Daraufhin gelangen Sie zum Dialog STILEINSTELLUNGEN. Hier stellen Sie nun den LICHTWINKEL auf zirka –60°. Verstellen Sie dazu den gleichnamigen Drehregler ❷ oder klicken Sie doppelt in das nebenstehende Eingabefeld ❸ und geben den Wert anschließend über die Tastatur ein. Da oben links VORSCHAU aktiviert ist, können Sie die Auswirkungen gleich im Ergebnis betrachten.

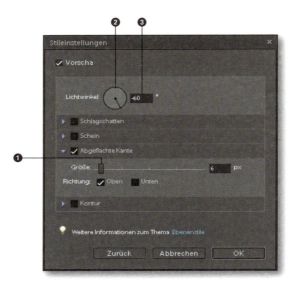

Bevor Sie den Dialog mit OK verlassen, sollten Sie das Erscheinungsbild der Kante noch etwas verändern. Ziehen Sie deshalb den Schieberegler GRÖSSE ❶ im Bereich ABGEFLACHTE KANTE noch etwas nach links. Ein Wert um 6 px ist optimal.

Ende

Im vorangegangenen Workshop haben Sie erfahren, dass die Verzerren-Funktion nur einmalig mit dem beschriebenen Komfort zur Verfügung steht. Wenn Sie erneut versuchen, über BILD • TRANSFORMIEREN • VERZERREN Korrekturen vorzunehmen, werden Sie einen horizontal stehenden, rechteckigen Rahmen vorfinden. Die Ecken des Bildes nun erneut genau zu positionieren, dürfte im zweiten Versuch nämlich zu einem schwierigen Unterfangen werden, da nicht mehr die Ecken des Bildes, sondern nur noch die Ecken des Rahmens positioniert werden können. Deshalb sollten Sie stets versuchen, das Ergebnis in »einem« Arbeitsgang hinzubekommen.

Perspektive
Verwenden Sie nach Möglichkeit Bilder ohne starke Perspektivwirkung. Fotos, die Personen aus der Ober- oder Untersicht zeigen, eignen sich meist nicht besonders, da die Verzerrung dann sehr schnell unnatürlich wirkt.

◄ **Abbildung 4.21**
Die exakte Positionierung der Bildecken dürfte sich bei diesem Rahmen als recht schwierig erweisen.

Zu guter Letzt: Arbeiten mit mehreren Dateien
Der Anzahl geöffneter Dateien innerhalb von Photoshop Elements sind theoretisch keine Grenzen gesetzt. Es ist durchaus möglich, eine ganze Armada von Dateien zu öffnen. Allerdings lässt sich immer nur ein Bild bearbeiten. Um zwischen Bildern zu wechseln, klicken Sie das gewünschte Bild im Fotobereich an oder markieren einfach die gewünschte Kopfleiste. Alle anderen Bilder sind dann zwar geöffnet, jedoch nur das gerade aktive ist aktuell bearbeitbar.

5 Auswahlen und Ebenen

Grundlegende Techniken der kreativen Bildbearbeitung

- ▶ Wie werden Auswahl- und Verschieben-Werkzeuge optimal eingesetzt?
- ▶ Wie erzeuge ich Auswahlkombinationen?
- ▶ Wie kann ich einen tristen Himmel austauschen?
- ▶ Wie arbeite ich effektiv mit Ebenen?
- ▶ Was sind Füllmethoden?

Eine grundlegende, aber äußerst effektive Methode, ansprechende Kompositionen zu erzeugen, ist der Einsatz von Auswahlen. Doch auch Ebenen und deren Füllmethoden gehören zum A und O der kreativen Bildgestaltung. Wenn Sie nach möglichst vielen Freiheiten in der Gestaltung streben, führt kein Weg an diesen Techniken vorbei. Denn nur damit können Sie alle Möglichkeiten der Bildbearbeitung und -verfremdung voll ausschöpfen.

Deshalb soll es auch gleich losgehen, Sie wissen ja bereits, dass viele Funktionen innerhalb der Anwendung erst dann zur Verfügung stehen, wenn eine Bilddatei geöffnet ist. Der User ist aber nicht unbedingt auf Bildmaterial angewiesen, um gleich Gas geben zu können. Eigenkompositionen sind in.

5.1 Auswahl erstellen

Auswahlwerkzeuge Rechteck und Ellipse

Auswahlwerkzeuge dienen, wie der Namen schon sagt, dazu, Bereiche eines Bildes auszuwählen. So lässt sich ein bestimmter Bereich selektieren, der dann isoliert von allen anderen bearbeitet werden kann. Die Elements-Software stellt grundsätzlich zwei Auswahlwerkzeuge zur Verfügung – das Auswahlrechteck und die Auswahlellipse.

 Schritt für Schritt: Einen Auswahlbereich erstellen

1. Auswahlwerkzeug aufrufen

Öffnen Sie ein neues Dokument. Drücken Sie [M] auf Ihrer Tastatur, um das zuoberst angezeigte Auswahlwerkzeug in der Werkzeugleiste zu aktivieren. Halten Sie [⇧] gedrückt, bevor Sie abermals [M] betätigen, um zwischen beiden Werkzeugen zu wechseln.

5.1 Auswahl erstellen

Im Anschluss daran stellen Sie den Mauszeiger auf Ihr Bild und ziehen mit gedrückter Maustaste einen Rahmen auf. Dabei wird das Maus-Symbol zum Kreuz. Sobald Sie loslassen, ist die Auswahl erzeugt, und der Auswahlrahmen wird mit einer blinkenden Strichlinie angezeigt.

2. Rahmen aufziehen

Drücken Sie jetzt K, um das Füllwerkzeug in der Werkzeugleiste zu aktivieren, und klicken Sie damit in die Auswahl.
Als Füllfarbe wird stets die Vordergrundfarbe eingesetzt, die in der Werkzeugleiste eingestellt ist. Wenn Sie also eine bestimmte Farbe wünschen: Bestimmen Sie zuerst die Farbe und füllen erst danach die Auswahl.

3. Rahmen füllen

Ende

Wie das genau geht, erfahren Sie sofort. Vorab möchte ich Ihnen aber noch drei Dinge über Auswahlen verraten, die Sie sich unbedingt merken müssen:
▶ Halten Sie beispielsweise, nachdem Sie mit dem Auswahlwerkzeug auf das Bild geklickt haben, ⇧ gedrückt, lassen sich exakte **Kreise** bzw. exakte **Quadrate** erzeugen.
▶ Die zusätzliche Verwendung von Alt erlaubt das Erzeugen der Auswahl aus der Mitte heraus.
▶ Das Ziehen ohne Tasten bewirkt, dass die Auswahl stets von einem Eckpunkt aus erstellt wird. Probieren Sie es einmal aus.

Farben für eine Auswahl
Wie Sie bereits erfahren haben, spielt die Farbe, die im unteren Bereich der Werkzeugleiste aktiviert ist, eine bedeutende Rolle. Hier stellt nämlich das oberhalb angeordnete Farbfeld die Vordergrundfarbe ❶ dar, während das untere Feld die Hintergrundfarbe ❹ bestimmt. Über den Button Standardfarben für Vorder- und

119

▲ Abbildung 5.1
Der Farbwähler im Fuß der Werkzeugleiste

> **RGB-Werte**
>
> Wenn Sie RGB-Werte festlegen, verwenden Sie für jeden Kanal *Rot-*, *Grün-* oder *Blauwerte* von null (Farbe ist nicht vorhanden) bis 255 (Farbe ist vollständig vorhanden). Auf diese Weise lassen sich 255^3 Farben auswählen.

HINTERGRUND ❷ lässt sich stets auf Schwarz und Weiß zurückschalten. Die gleiche Funktion erfüllt übrigens auch das Tastenkürzel D. Klicken Sie auf den kleinen 90°-Pfeil ❸, werden beide Farben (Vorder- und Hintergrund) miteinander vertauscht. Verwenden Sie für diese Funktion auch X. Wenn Sie diese mehrmals hintereinander anklicken, sehen Sie, wie die Farbfelder permanent wechseln.

Um eine **Farbe zu verändern**, klicken Sie auf das zu verändernde Farbfeld der Werkzeugleiste. Es öffnet sich der Farbwähler. Treffen Sie nun durch Selektion des Spektralrahmens ❺ eine Vorauswahl der Farbe, indem Sie auf den gewünschten Ton klicken. Anschließend wählen Sie im großen Selektionsfeld ❻ ebenfalls durch Anklicken einen Farbton. Prinzipiell kann eine Farbe auch über die Eingabefelder für RGB ❼ angegeben werden ■. Nach der Selektion drücken Sie OK.

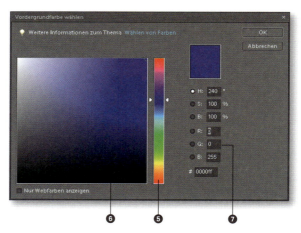

Abbildung 5.2 ▶
Der Farbwähler präsentiert über 16,7 Millionen Kombinationen.

5.2 Auswahloptionen

Die Optionsleiste bietet vielfältige Möglichkeiten im Zusammenhang mit der Auswahl. Stellen Sie hier vorab die gewünschten Optionen ein.

Auswahlkombinationen

Ganz links wird das gewählte Werkzeug symbolisiert. Daneben stehen noch einmal beide Auswahl-Schaltflächen zur Verfügung. Etwas weiter rechts befinden sich vier Buttons, die ausschlaggebend für die Kombination der Auswahloptionen sind. Die folgenden Abbildungen verdeutlichen die möglichen Kombinationen mithilfe von Quadrat und Kreis, wobei das Quadrat jeweils die erste, der Kreis die zweite Auswahl darstellt.

▲ **Abbildung 5.3**
Die Optionsleiste bei aktiviertem Auswahlrechteck

- Neue Auswahl ❶: Erzeugen Sie mit jedem Rahmen, den Sie aufziehen, eine neue Auswahl. Eine eventuell bereits vorhandene Auswahl wird aufgehoben.
- Der Auswahl hinzufügen ❷: Erzeugen Sie mehrere Auswahlbereiche innerhalb eines Bildes. Die Bereiche können getrennt voneinander oder aber überlappend angeordnet werden.
- Von Auswahl subtrahieren ❸: Erzeugen Sie zunächst eine Auswahl durch Neue Auswahl und schalten anschließend um auf diese Option, um Bereiche der vorhandenen Auswahl zu entfernen.
- Schnittmenge mit Auswahl bilden ❹: Erzeugen Sie zunächst eine Auswahl durch Neue Auswahl und schalten anschließend um auf diese Option, um nur Bereiche auszuwählen, die in beiden Auswahlbereichen übereinander liegen.

▲ **Abbildung 5.4**
Es wird immer nur eine Auswahl erzeugt.

▲ **Abbildung 5.5**
Mehrere Auswahlbereiche bilden eine Einheit.

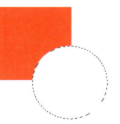

▲ **Abbildung 5.6**
Die neue Auswahl wird von der alten abgezogen.

▲ **Abbildung 5.7**
Nur die übereinander liegenden Bereiche bleiben erhalten.

Weiche Auswahlkante erzeugen

Wenn Sie eine weich verlaufende Auswahl brauchen, stellen Sie vor Aufziehen einer Auswahl Weiche Kante in der Optionsleiste ein, indem Sie den Wert für die Pixelanzahl angeben, worüber die Deckkraft nach außen hin verringert werden soll.

Abbildung 5.8 ▶
Die Auswahl wird am Rand weicher.

Auswahl glätten

Bei Auswahlellipsen kann zusätzlich noch die Funktion GLÄTTEN aktiviert werden. Sie sorgt dafür, dass die Farben zwischen Auswahlkante und Hintergrund miteinander verrechnet werden. Optisch ergibt sich so ein harmonischerer Übergang zwischen Auswahl und dahinter befindlichem Objekt.

Auswahlarten

▲ **Abbildung 5.9**
Legen Sie Größe oder Seitenverhältnis vorher fest.

Bisher war die Größe einer Auswahl ja mehr oder weniger dem Zufall überlassen. Um aber genauere Bereiche definieren zu können, wird die Auswahlliste MODUS zur Verfügung gestellt.

- NORMAL: Die Auswahl wird frei von Größe und Seitenverhältnis erzeugt.
- FESTES SEITENVERHÄLTNIS: Tragen Sie in die nebenstehenden Eingabefelder das Verhältnis BREITE ZU HÖHE ein. Die Auswahl kann nun lediglich unter Einhaltung der Proportionen erzeugt werden.
- FESTE GRÖSSE: Legen Sie über die Eingabefelder BREITE und HÖHE fest, wie groß die Auswahl werden soll. Danach reicht ein Klick auf das Bild, und die Auswahl wird mit diesen Maßen erzeugt.

Bewegung mit den Pfeiltasten

Zur Feinabstimmung lässt sich der Auswahlrahmen auch mit den Pfeiltasten Ihrer Tastatur bewegen. Wollen Sie die Strecke erhöhen, die mit jedem Druck auf die Tasten zurückgelegt wird, halten Sie zusätzlich ⇧ gedrückt.

Bei der Maßangabe für die FESTE GRÖSSE müssen nicht zwingend *Pixelmaße* (Px) angegeben werden. Es ist durchaus erlaubt, auch Größenordnungen wie *Zentimeter* oder *Millimeter* zu verwenden. In diesem Fall sind jedoch die korrekten Abkürzungen für die Maßeinheiten zusätzlich zum Wert einzutragen. Lassen Sie die Einheiten weg, geht Photoshop Elements standardmäßig von Pixelmaßen aus.

◀ **Abbildung 5.10**
Verwenden Sie Maßeinheiten!

Auswahl aufheben
Über das Menü Auswahl • Auswahl aufheben oder durch [Strg]+[D] wird die Auswahl gelöscht.

▲ **Abbildung 5.11**
Objekte bewegen Sie meist mit dem Verschieben-Werkzeug.

Verschieben-Werkzeug
Dieses Werkzeug erlaubt die Positionierung von Objekten mittels Drag & Drop. Die Optionsleiste fällt hier etwas spartanischer aus als beim »großen Bruder«, da Ausrichten-Funktionen hier nicht mit integriert sind. Sowohl Ebenen als auch Begrenzungsrahmen werden im folgenden Kapitel näher erläutert.

- Ebene automatisch wählen: Wenn mehrere Bildobjekte auf verschiedenen Ebenen platziert sind, wird stets das Objekt ausgewählt, das mithilfe des Verschieben-Tools angeklickt wird. Ist das Steuerelement Ebene automatisch wählen deaktiviert, kann die aktuell eingestellte Ebene nicht verlassen werden.
- Begrenzungsrahmen einblenden: Um das aktive Objekt wird ein Rahmen mit Anfassern angezeigt, der ein komfortableres Handling gestattet.

▲ **Abbildung 5.12**
Die Optionsleiste des Verschieben-Tools

Die Funktionen weiter rechts möchte ich noch einen Moment zurückstellen. Dazu ist es nämlich vorab wichtig, sich mit dem Thema Ebenen vertraut zu machen.

▲ **Abbildung 5.13**
Rechteck mit Begrenzungsrahmen

5.3 Ebenen

Ebenen sind die Basis stimmungsvoller Fotomontagen. Stellen Sie sich Ebenen vor wie übereinander liegende Folien. Dort, wo die Folien unbedruckt sind, ergeben sich Transparenzen, die freie Sicht auf die darunter befindliche Folie gewähren. So lassen sich natürlich interessante Bildkompositionen erzeugen.

Abbildung 5.14 ▶
Ebenen liegen wie Folien übereinander.

In der Ebenen-Palette ist für jede dieser Folien nun ein eigener Ebeneneintrag gelistet. Dabei ist die Reihenfolge entsprechend. Was in der Palette ganz oben angezeigt wird, ist auch auf dem Bild zuoberst bzw. vorne.

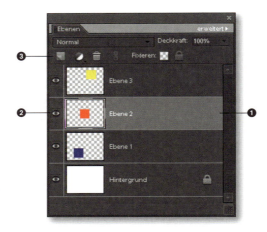

Abbildung 5.15 ▶
Jede Ebene wird mit Vorschauminiatur angezeigt.

Die jeweils hellgrau markierte Ebene ❶ ist ausgewählt und kann somit bearbeitet werden. Wollen Sie eine andere Ebene bearbeiten, müssen Sie diese vorab markieren. Die kleinen **Augen-Symbole** ❷ vor der jeweiligen Ebene symbolisieren die Sichtbarkeit. Klicken Sie das Auge an, um die Ebene auszublenden – das Auge verschwindet. Ein erneuter Klick auf die nun freie Stelle lässt die Ebene wieder erscheinen. Achten Sie in diesem Zusammenhang darauf, dass die Ebene auch im Bild selbst unsichtbar wird, wenn sie in der Ebenen-Palette deaktiviert wird.

Erzeugen Sie eine neue Ebene, indem Sie das Symbol Neue Ebene erstellen ❸ markieren oder Ebene • Neu • Ebene wählen.

▲ **Abbildung 5.16**
Am Augen-Symbol ist zu erkennen, ob die Ebene sichtbar ist (links) oder unsichtbar (rechts).

Etwas dürftig schaut sie ja schon drein, die Ebenen-Palette, oder? Das ändert sich auch nicht wesentlich, wenn Sie eine normale Fotografie öffnen. Doch der schlichte Anblick täuscht.

◄ **Abbildung 5.17**
Die Ebenen-Palette besteht nur aus einem Hintergrund.

Hintergrund und Ebene
Sie haben ja bereits erfahren, dass Ebenen wie übereinander liegende Folien wirken, die in der Gesamtheit das Bild ergeben. Grundsätzlich muss aber unterschieden werden zwischen einer *Ebene* und dem *Hintergrund*. Hintergründe sind nicht so ohne Weiteres editierbar. Ist Ihnen das Schloss-Symbol an der rechten Seite des Hintergrundes schon aufgefallen? Es ist Indiz dafür, dass die Ebene nicht als solche bearbeitet werden kann.

Sie könnten nun z.B. das Pinsel-Werkzeug aktivieren und eine Farbe auftragen. Darüber hinaus lassen sich Inhalte löschen. An den Stellen, an denen Sie beispielsweise eine Auswahl entfernen (BEARBEITEN • LÖSCHEN), entsteht ein Loch – gefüllt mit der aktuell eingestellten Hintergrundfarbe. Doch wirklich nützlich ist das nicht, denken Sie nicht auch?

Nützlicher ist da schon die Umwandlung des Hintergrundes in eine Ebene. Dann nämlich stehen Ihnen alle Optionen der herkömmlichen Ebenen-Bearbeitung zur Verfügung. Oder noch besser: Sie arbeiten gleich mit mehreren Ebenen. Und da Sie jetzt schon viel zu lange mit blanker Theorie konfrontiert worden sind, möchte ich Ihnen für dieses Thema auch viel lieber wieder einen Workshop anbieten. Sie werden dabei eine Menge Neues lernen – versprochen:

Eigenständige Ebenen-Palette
Die Ebenen-Palette lässt sich, wie alle anderen Paletten auch, aus dem Palettenbereich herausnehmen, indem sie an der Registerkarte markiert und mit gedrückter Maustaste auf den Arbeitsbereich gezogen wird. Wenn Sie die Palette über den Schließen-Button in der Kopfleiste entfernen, wird sie im Palettenbereich abgelegt, sofern im Erweitert-Menü NACH SCHLIESSEN IM PALETTENBEREICH ABLEGEN aktiviert war. Wenn dies nicht der Fall war, erreichen Sie erneut Zugang zur Palette über FENSTER • EBENEN.

Schritt für Schritt: Einen Himmel austauschen

Sie benötigen die Datei Arc.tif aus dem Bilderordner der Buch-DVD. Schauen Sie sich das Bild in Ruhe an. Der Himmel hätte eine kleine Auffrischung nötig, finden Sie nicht auch? Ach, was sage ich: Ein ganz neuer Himmel sollte her.

| 1. **Hintergrund in eine Ebene umwandeln** | Wandeln Sie den Hintergrund in eine Ebene um. Am schnellsten erreichen Sie das, indem Sie auf den freien Bereich der Ebenen-Palette zwischen dem Wort »Hintergrund« und dem Schloss doppelklicken (Alternative: im Menü EBENE • NEU • EBENE AUS HINTERGRUND einstellen). Im folgenden Dialog können Sie, so Sie es denn wünschen, einen sinnvolleren Namen als **Ebene 0** vergeben. Mit OK oder ⏎ wird der Hintergrund danach in eine Ebene umgewandelt. |

Die Ebene selbst ist farbig hinterlegt und symbolisiert so, dass sie ausgewählt ist. Kunststück, denn sie ist ja die einzige in unserem Bild.

| 2. **Eine neue Ebene hinzufügen** | Fügen Sie eine neue Ebene hinzu, indem Sie das kleine Blatt-Symbol mit dem Namen NEUE EBENE ERSTELLEN markieren. Sie sehen, dass nun nicht mehr Ebene Arc de Triomphe, sondern Ebene 1 markiert ist. Die kleinen Karos deuten auf Transparenzen hin, da die Ebene selbst ja noch über keinen Inhalt verfügt. |

Standardmäßig ist eine neu hinzugekommene Ebene markiert, was bedeutet, dass Sie nun mit ihr arbeiten können. Wenn Sie allerdings lieber auf der unteren Ebene arbeiten wollen, klicken Sie diese einfach in der Palette an. Die farbige Markierung geht nun auf diese Ebene über. Genau das sollten Sie jetzt wieder mit der Arc-Ebene machen, indem Sie sie in der Ebenen-Palette selektieren.

3. Ebene selektieren

Drücken Sie jetzt [W] auf Ihrer Tastatur, um den Zauberstab aus der Werkzeugleiste zu aktivieren. Er wird dazu verwendet, Farbbereiche aus einem Bild aufzunehmen und zu einer Auswahl umzuwandeln. Damit soll jetzt der triste Himmel entfernt werden. Kontrollieren Sie die Einstellungen in der Steuerelementleiste. Stellen Sie eine TOLERANZ von 32 ein und aktivieren Sie, sofern dort nicht bereits Häkchen gesetzt sind, sowohl die Funktion GLÄTTEN als auch BENACHBART. Was genau sich hinter diesen Optionen verbirgt, werden Sie in Abschnitt 6.1 erfahren.

4. Den Zauberstab einstellen

Zum Schluss sollten Sie noch auf den zweiten Button innerhalb der Optionsleiste klicken. Die dazugehörige QuickInfo zeigt DER AUSWAHL HINZUFÜGEN, wenn Sie den Mauszeiger einen Moment darauf ruhen lassen. Dadurch ist gewährleistet, dass Sie den Zauberstab im nächsten Schritt mehrfach benutzen können. Ist hingegen der erste Button NEUE AUSWAHL aktiv, werden Sie nach jedem Mausklick mit dem Zauberstab eine neue Auswahl generieren – die vorhandene wird dann nämlich verworfen.

Klicken Sie innerhalb des Bildes in die Mitte des Himmels. Dadurch wird gleich ein großer Bereich eingefangen, jedoch leider nicht alles. Mit [Strg]+[+] können Sie übrigens die Ansicht etwas vergrößern, während Sie mit [Strg]+[-] wieder auszoomen. Aber das wissen Sie ja bereits.

5. Ebeneninhalte mit dem Zauberstab entfernen

Versuchen Sie, die Bereiche, die sich noch nicht innerhalb des blinkenden Strichrahmens befinden, ebenfalls aufzunehmen. Das ist zum Beispiel zwischen den Säulen des Triumphbogens sowie links daneben. Hier müssen Sie mit erneuten Mausklicks versuchen, den Rest des Himmels einzufangen. Sollten Sie versehentlich einen Bereich jenseits des Himmels selektiert haben, drücken Sie [Strg]+[Z] und versuchen es erneut. Wenn alles zu Ihrer Zufriedenheit ausgewählt worden ist, betätigen Sie `Entf` auf Ihrer Tastatur, und der Himmel ist Geschichte.

6. Auswahl aufheben

Danach müssen Sie lediglich noch die Ameisen-Linien loswerden, indem Sie `Strg`+`D` drücken oder aus dem Menü AUSWAHL • AUSWAHL AUFHEBEN einstellen. Die Champs Elysées präsentiert sich jetzt ohne Himmel – die zuvor mit dem Zauberstab selektierten Bereiche sind nicht mehr Bestandteil der Ebene.

Transparenzansicht

Dieses unschöne Karo-Muster weist lediglich darauf hin, dass es sich um transparente, also inhaltlose Bereiche handelt und dient lediglich zur Visualisierung dieses Umstandes. Sie müssen also nicht befürchten, dass die Karos, beispielsweise im Druck, mit ausgegeben werden.

5.3 Ebenen

Jetzt machen wir uns an dem neuen Himmel zu schaffen. Dazu wählen Sie zunächst einmal eine passende Farbe aus. Klicken Sie in der Werkzeugleiste auf den Button für die Vordergrundfarbe.

Natürlich wäre ein strahlend blauer Himmel ganz nett. Der würde aber nicht zur Dämmerung passen. Geben Sie deshalb folgende Werte in die RGB-Eingabefelder ein: R = 90, G = 100, B = 155, indem Sie das erste Eingabefeld doppelklicken und jeweils nach einer Eingabe ⤶ drücken, ehe Sie den nächsten Wert eingeben. Anschließend bestätigen Sie mit OK.

7. Farbe für den Himmel einstellen

Widmen Sie sich jetzt noch einmal der Ebenen-Palette und aktivieren Sie die Transparenzebene (Ebene 1). Drücken Sie K, um das Füllwerkzeug zu aktivieren und klicken Sie damit einmal auf das Bild. Nicht verzagen, wenn jetzt alles einheitlich blau ist. Das ist kein Grund zur Besorgnis.

8. Himmel-Ebene mit Farbe füllen

Jetzt werden Sie Ihren ersten Photoshop-Filter zum Einsatz bringen. Ich sagte ja: Sie erfahren in diesem Workshop eine Menge Neues.

9. Wolken-Filter integrieren

129

5 Auswahlen und Ebenen

Entscheiden Sie sich in der Menüleiste der Anwendung jetzt für FILTER • RENDERFILTER • WOLKEN.

10. Ebenen vertauschen

Aktivieren Sie das Verschieben-Werkzeug (V drücken!) und wählen Sie aus der Liste ANORDNEN den Eintrag NACH HINTEN STELLEN. (Für Fans der Ebenen-Palette: Ziehen Sie mit gedrückter Maustaste Ebene 1 in der Ebenen-Palette »unter« die Bildebene. Im Anschluss an diesen Workshop wird diese Technik noch einmal genauer erklärt.)

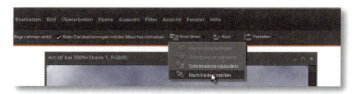

11. Optional: Filter erneut anwenden

Nun ist es so, dass der Wolken-Filter nach einem Zufallsprinzip arbeitet, welches natürlich stets für unterschiedliche Wolkenstrukturen sorgt. Gefällt Ihnen die aktuelle Struktur nicht, können Sie durch Druck der Tastenkombination Strg+F den letzten Filter wiederholen. Dadurch wird dann ein anderes, vielleicht schöneres Muster erzeugt.

12. Optional: Ebene strecken

Eine weitere Möglichkeit, das Muster zu verändern: Maximieren Sie die Ansicht (Maximieren-Button in der Kopfleiste des Bildes) und ziehen Sie mit gedrückter Maustaste die Rahmen der Bildebene nach Wunsch in Form. Wenn Sie zufrieden sind mit dem Ergebnis, bestätigen Sie mit ↵. Denken Sie bitte auch hier daran, dass Sie die Größe der Ansicht jederzeit ändern können, indem Sie Strg+[+] bzw. Strg+[-] drücken.

Ende

Das fertige Bild finden Sie zum Vergleich im Ordner ERGEBNISSE, Dateiname Arc_fertig.tif.

5.4 Weitere Ebenenoptionen

Nun hat eine Ebenen-Palette noch weit mehr zu bieten. Und auch auf diese Funktionen sollten Sie natürlich nicht verzichten. Die Ebenen-Palette ist das Herzstück Ihrer Bildbearbeitungssoftware. Je besser Sie mit ihr arbeiten, desto besser werden auch Ihre Bildergebnisse sein.

Ebenen verschieben und ausrichten
Wie Sie Ebenen verschieben können, haben Sie ja bereits im vorangegangenen Workshop erfahren. Allerdings gibt es noch weitere, ebenfalls effektive Möglichkeiten. Zum Verschieben einer Ebene wählen Sie diese zunächst an und ziehen sie mittels Drag & Drop an die gewünschte Stelle. Auf diese Weise lassen sich die unterschiedlichen »Folien« Ihres Bildes anordnen. Eine Alternative zur manuellen Verschiebung ist übrigens das Menü. Wählen Sie EBENE • ANORDNEN. Entscheiden Sie sich für einen der vier Untereinträge.

Mehrere Ebenen gleichzeitig verschieben Sie, indem Sie diese mit [Strg] markieren und dann mit gedrückter Maustaste verschieben. Ein horizontaler schwarzer Balken zeigt an, wo Sie eine Ebene fallenlassen können. Zudem können Sie die zu verschiebenden Ebenen zwischen zwei vorhandenen, oberhalb der obersten oder unterhalb der untersten anordnen. Letzteres gilt allerdings nur, sofern es sich bei der untersten Ebene nicht um einen gesperrten Hintergrund handelt. Wenn Sie Ebenen markieren, während Sie ⇧ gedrückt halten, werden im Übrigen alle dazwischenliegenden Ebenen mit ausgewählt.

Abbildung 5.18 ▶
Mit Strg bzw. ⇧ können mehrere Ebenen gleichzeitig markiert werden.

▲ **Abbildung 5.19**
Bereits nach vorne gestellte Objekte können nur weiter bzw. ganz nach hinten gestellt werden.

▲ **Abbildung 5.20**
Die Symbole vor den Bezeichnungen verdeutlichen, wie die Objekte zueinander ausgerichtet werden.

Ich schulde Ihnen ja noch Erklärungen über die weiteren Funktionen der Verschieben-Steuerelementleiste. Mit diesen haben Sie nämlich die Möglichkeit, ebenenübergreifend zu arbeiten:

▶ BEIM DARÜBERBEWEGEN MIT DER MAUS HERVORHEBEN – Wenn Sie mit der Maus über ein Ebenenobjekt fahren, wird es optisch herausgestellt. Das ist im Prinzip die gleiche Funktion, die oftmals für Schaltflächen einer Webseite verwendet wird. Beim Überfahren eines Ebenenobjektes mit der Maus werden einzelne Elemente hervorgehoben (Highlight-Funktion). Sie sehen dann schnell, ob Sie sich mit dem Mauszeiger auf einem Objekt befinden, das sich nicht auf der aktuell selektierten Ebene befindet. Bereits ausgewählte Ebenen werden beim Überfahren nämlich nicht markiert.

▶ ANORDNEN – Hier können Sie die Ebenen-Reihenfolge durch einen Klick auf ANORDNEN ändern. Markieren Sie ein Objekt und ändern Sie die Reihenfolge innerhalb des Bildes. Funktionen, die aktuell nicht anwendbar sind, werden innerhalb der Liste ausgegraut angezeigt (z. B: Das Objekt befindet sich bereits ganz vorne bzw. zuoberst und kann somit nicht mehr höher bzw. weiter nach vorne angeordnet werden).

▶ AUSRICHTEN – Markieren Sie, während Sie ⇧ gedrückt halten, mehrere Objekte auf unterschiedlichen Ebenen, um diese in Abhängigkeit zueinander auszurichten. (Auch hier ste-

hen die Steuerelemente nur dann zur Verfügung, wenn zuvor mindestens zwei Objekte selektiert worden sind.)
▶ VERTEILEN – Hier können Sie mehrere Objekte gleichmäßig auf der Bildfläche verteilen. Das gewährleistet eine saubere Ausrichtung der Objekte zueinander. Auch diese Funktionen stehen nur dann zur Verfügung, wenn zuvor mindestens zwei Objekte auf unterschiedlichen Ebenen selektiert worden sind.

Ebenen verknüpfen
Ebenen lassen sich aber auch miteinander verknüpfen. Der wesentliche Unterschied zur Selektion: Die verknüpften Ebenen bleiben auch dann noch miteinander verbunden, wenn Sie bereits andere Ebenen markiert haben. Wählen Sie eine verknüpfte Ebene an, werden automatisch alle dazugehörigen mit ausgewählt. Bitte beachten Sie auch hier: Das Verknüpfen-Symbol steht nur dann zur Wahl, wenn zuvor mindestens zwei Ebenen markiert worden sind.

▲ **Abbildung 5.21**
Mehrere markierte Ebenen können miteinander verknüpft werden.

Und was ist nun der Zweck des Ganzen? Nun, wenn Sie ein Bild mit vielen Ebenen haben (und das wird schon bald der Fall sein), können Sie die Ebenen gemeinsam markieren und deren Inhalte z. B. mit dem Verschieben-Werkzeug gemeinsam verschieben. Stellen Sie sich vor, Sie müssten das alles einzeln machen!

Welche Ebenen miteinander verknüpft sind, sehen Sie (sofern eine der Ebenen markiert ist) an den Ketten-Symbolen ganz rechts. Ich vermute stark, dass jetzt doch noch eine Frage offengeblieben ist: »Und wie werde ich die Verknüpfung wieder los?« Ganz einfach, indem Sie eine der verketteten Ebenen anwählen und danach abermals auf EBENEN VERKNÜPFEN klicken.

▲ **Abbildung 5.22**
Die markierte Ebene kann jetzt gelöscht werden.

Ebene löschen
Natürlich können Ebenen auch wieder gelöscht werden, wenn Sie diese nicht mehr benötigen. Ein Klick auf das Papierkorb-Symbol ruft einen Kontrolldialog auf, über den Sie die Löschung bestätigen müssen ■.

Hintergründe lassen sich grundsätzlich nicht löschen. Möchten Sie einen Hintergrund aus Ihrer Bildkomposition entfernen, ist dieser zunächst in eine Ebene umzuwandeln.

> **Kontrollabfrage umgehen**
> Möchten Sie den Kontrolldialog übergehen? Dann halten Sie [Alt] gedrückt, wenn Sie auf den Papierkorb klicken. Die Ebene wird dann ohne zusätzliche Abfrage entfernt. Sollten Sie versehentlich die falsche Ebene gelöscht haben, ist diese keineswegs verloren. Mit [Strg]+[Z] machen Sie deren Entfernung rückgängig.

Transparente Pixel schützen

Schützen Sie transparente Bereiche Ihrer Ebene, indem Sie TRANSPARENTE PIXEL FIXIEREN wählen. Damit lassen sich dann lediglich Bereiche innerhalb der Ebene bearbeiten, die über Objekte verfügen oder entsprechend gefüllt sind. Leere Pixel bleiben geschützt.

Ebenen schützen

Auch ganze Ebenen können gegen unbeabsichtigte Veränderungen geschützt werden. Markieren Sie zuvor die Zielebene und klicken Sie dann auf das SCHLOSS. Ein erneuter Klick auf das Symbol öffnet die Ebene wieder und macht sie somit auch wieder editierbar.

Ebenen-Deckkraft

Über den Deckkraftregler lässt sich die Sichtbarkeit der Ebene verringern. Dazu klicken Sie entweder doppelt in das Eingabefeld und geben den gewünschten Wert über die Tastatur ein oder markieren die kleine Pfeil-Schaltfläche rechts davon, um den Schieber zu öffnen. Verstellen Sie diesen anschließend nach Wunsch. Noch einfacher funktioniert die Verstellung über das *Hot-Text-Steuerelement* ■. Bei Reduktion der Deckkraft bleiben alle Ebeneninhalte komplett erhalten. Sie können also jederzeit die Deckkraft wieder heraufsetzen und müssen nicht befürchten, Inhalte der Ebene verloren zu haben.

> **Hot-Text-Steuerelemente**
>
> Der Deckkraftregler ist ein so genanntes Hot-Text-Steuerelement. Zeigen Sie mit dem Mauszeiger auf das Wort **Deckkraft** in der Ebenen-Palette, mutiert dieser zu einem Zeigefinger mit Doppelpfeil. Mit gedrückter Maustaste verschieben Sie das Zeigegerät nun nach links oder rechts, um den Wert zu verändern. Lassen Sie die Maustaste los, wenn der gewünschte Wert erreicht ist. Das hatten wir zwar schon, aber ich erwähne es gern noch einmal für diejenigen Leser, die das Buch nicht kontinuierlich durcharbeiten. Das ist ein Service, oder?

▲ **Abbildung 5.23**
Auch die Sichtbarkeit einer Ebene lässt sich über die Palette verändern.

5.5 Füllmethoden

Links neben der DECKKRAFT befindet sich ein Pulldown-Menü, das die Füllmethode für die aktuelle Ebene regelt. Spätestens hier zeigt sich Elements von seiner »aufgemotzten« Seite.

Füllmethoden werden grundsätzlich dann verwendet, wenn sich übereinander liegende Ebenen als Komposition ergänzen sollen. So lassen sich beispielsweise die Farben der oberen Ebene zur darunter befindlichen hinzurechnen. Das Resultat ist ein zwar verfremdetes, aber stimmungsvolles Bild. Auch in Sachen Bildkorrektur wird die eine oder andere Füllmethode ein verbessertes Ergebnis bringen. Zunächst ist all dies noch ziemlich verwirrend, aber mit der Zeit werden Sie die Methoden besser kennen lernen. In folgenden Workshops werden immer wieder solche Effekte eingesetzt.

Leider kann nicht generell gesagt werden, welche Methode sich für welches Bild eignet ■. Je nach Beschaffenheit der einzelnen Ebenen ergeben sich andere Kompositionen.

Zu guter Letzt: Farben und Kontraste aufwerten
Gute Aufwertungen von Farben und Kontrasten erreichen Sie, indem Sie die betreffende Ebene duplizieren (Menü: EBENE • EBENE DUPLIZIEREN, oder die Ebene in der Ebenen-Palette auf das Blatt-Symbol ziehen und dort fallenlassen) und mit der darunter liegenden mit der Füllmethode INEINANDER KOPIEREN versehen. Duplizieren Sie bei Bedarf die Kopie (nicht die Ausgangsebene) erneut. Sollte die Darstellung jetzt etwas zu stark sein, reduzieren Sie die Deckkraft entsprechend. So lässt sich ein Effekt stets stufenlos regeln.

▲ **Abbildung 5.24**
Das Füllmethoden-Menü bietet Optionen ohne Ende.

Mehr zu den Füllmethoden

Sie finden ergänzende Informationen zu den Füllmethoden in unserem Zusatzangebot unter www.galileodesign.de auf der Website zum Buch. Dort zeigen wir, was »technisch« gesehen bei Anwendung der jeweiligen Füllmethode geschieht.

6 Bildbereiche eingrenzen und freistellen

Bildinhalte gezielt herausstellen

- Welche Besonderheiten haben Lasso, Zauberstab und Auswahlpinsel?
- Wie funktioniert das Freistellungswerkzeug?
- Welche Freistellungstechniken gibt es?
- Wie werden symmetrische und asymmetrische Objekte freigestellt?
- Wie funktioniert »Magisches Extrahieren«?
- Wie werden Bilder auf Maß freigestellt?
- Wie kann ich eine ansprechende Postkarte erstellen?

Eine grundlegende, aber äußerst effektive Methode, ansprechende Bildkompositionen zu erzeugen, ist der Einsatz von Auswahlen. Mit dieser Technik haben Sie ja bereits einen tristen Himmel auswechseln können. Doch jetzt gehen wir noch einen Schritt weiter – denn nicht immer sind die Hintergründe so ebenmäßig und schnell einzukreisen, wie das beim Arc-Bild der Fall gewesen ist.

6.1 Werkzeuge zum Freistellen

Lasso-Werkzeuge

Wenn Sie beim Wort »Lasso« assoziieren, dass sich damit für gewöhnlich etwas einfangen lässt, liegen Sie goldrichtig. In der Tat werden auch damit Auswahlbereiche selektiert – allerdings auf andere Art und Weise, als Sie es von den anderen Auswahl-Tools her kennen.

▲ **Abbildung 6.1**
Das Flyout-Menü mit den drei Lasso-Tools

Leider ist das erste der drei Tools nur mit **Lasso-Werkzeug** betitelt. Das trifft es nicht ganz, denn eigentlich handelt es sich um ein Freihand-Lasso. Klicken Sie auf einen beliebigen Bereich der Arbeitsfläche und ziehen Sie die Linie mit gedrückt gehaltener Maustaste. Sobald Sie die Taste loslassen, wird der Kreis geschlossen. Das Werkzeug eignet sich besonders für nicht symmetrische Auswahlkanten, also Bereiche, die nicht so ohne Weiteres mit Rechtecken, Quadraten, Kreisen oder Ellipsen erzeugt werden können.

Mit dem **Polygon-Lasso** werden Geraden bzw. mehr oder weniger regelmäßige Objekte eingekreist und zur Auswahl umgewandelt. Wenn Sie eine Richtungsänderung vornehmen möchten, setzen Sie durch Mausklick einen sogenannten *Ankerpunkt*. Das Ziel einer Polygon-Lasso-Auswahl ist stets der Ausgangspunkt. Kehren Sie zum ersten Punkt zurück. Wenn Sie an der richtigen Position angelangt sind, wird das Maussymbol um einen kleinen Kreis erweitert. Dies ist Indiz dafür, dass der Kreis geschlossen werden kann. Klicken Sie ein weiteres Mal, und die Auswahl ist erzeugt.

Mithilfe des **Magnetischen Lassos** sucht die Anwendung selbstständig nach kontrastierenden Kanten (z. B. dunkle Bereiche auf hellem Hintergrund). Klicken Sie zum Starten einer Magnetischen Lasso-Auswahl auf einen Grenzbereich und führen Sie das Werkzeug langsam (ohne Maustaste) möglichst dicht entlang der Kanten, bis Sie wieder am Ausgangspunkt angelangt sind. Klicken Sie dort erneut oder führen Sie an einer anderen Stelle einen Doppelklick aus, um die Auswahl zu schließen.

◄ **Abbildung 6.2**
Das Objekt befindet sich auf einem nicht einheitlichen Hintergrund.

◄ **Abbildung 6.3**
Mit dem Magnetischen Lasso erzeugte Auswahl

Bei diesem Lasso-Typ ist besonders die Optionsleiste erwähnenswert. Neben der zu berücksichtigenden Auswahlbreite, die als Fläche zum Vergleich herangezogen wird, kann hier auch ein KANTENKONTRAST eingegeben werden. Falls Sie also einen Bereich eingrenzen möchten, der im Verhältnis zum Hintergrund keinen hohen Kontrast darstellt, kann dieser Wert verringert werden.

◄ **Abbildung 6.4**
Verändern Sie bei Bedarf den Kantenkontrast.

Somit kann festgehalten werden: Je geringer die Helligkeitsunterschiede zwischen Objekt und Hintergrund, desto geringer muss auch der KANTENKONTRAST eingestellt werden, um einen möglichst sauberen Ausschnitt zu erreichen. Mit FREQUENZ wird das Intervall bestimmt, mit dem Photoshop Elements automatisch Ankerpunkte hinzufügt.

Nur wenn Sie mit einem Pen (Zeichentablett) arbeiten, spielt das letzte Steuerelement eine Rolle. Ist dieses aktiviert, reagiert die Auswahl empfindlicher in Bezug auf die Kante, je stärker Sie mit dem Pen aufdrücken.

Leider geht nicht immer alles glatt, wenn Sie die Lasso-Tools einsetzen. Gerade bei kontrastarmen Hintergründen passiert es leicht, dass **Lassopunkte falsch gesetzt** werden – sie rutschen in den Objektbereich oder sind zu weit von der Kante entfernt. Drücken Sie in diesem Fall [Entf]. Nach jedem Auslösen dieser Taste wird der jeweils letzte Punkt editiert.

Lasso wechseln
Während Sie mit dem Freihand-Lasso arbeiten, können Sie auf das Polygon-Lasso umschalten, indem Sie [Alt] drücken und die Maustaste anschließend kurz loslassen.

Zauberstab

Das Zauberstab-Werkzeug ist Ihnen ja bereits bestens bekannt. Wenn sich die Gitarre auf einem Hintergrund mit Farbverlauf befindet, bietet sich das Lasso geradezu an. Handelt es sich jedoch um einen einfarbigen Bereich, der zur Auswahl gemacht werden soll, ist der Zauberstab erste Wahl. Klicken Sie auf einen Farbbereich, wandelt Photoshop Elements diesen Bereich in eine Auswahl um.

Abbildung 6.5 ▶
Ein Bild mit derartigen Farbanordnungen eignet sich bestens für die Farbaufnahme mit dem Zauberstab.

Wollen Sie dennoch mehrfarbige Bereiche mithilfe des Zauberstabes auswählen, müssen Sie auch mehrfach klicken, um die unterschiedlichen Farben aufnehmen zu können. Leider legt der Zauberstab aber in der Standard-Einstellung nach jedem Klick eine neue Auswahl an (die vorhandene wird aufgehoben).

Damit Sie aber im Bedarfsfall auch eine Mehrfach-Anwahl vornehmen können, lässt sich das Tool in der Optionsleiste über verschiedene Schaltflächen individuell einstellen. Die ersten vier Buttons sind in diesem Zusammenhang besonders wichtig.

Abbildung 6.6 ▶
Die Zauberstab-Optionsleiste

❶ Neue Auswahl
❷ Der Auswahl hinzufügen
❸ Von Auswahl abziehen
❹ Schnittmenge bilden

Die Funktionen sind mit denen des Auswahlwerkzeugs identisch. Nähere Hinweise entnehmen Sie bitte dem Abschnitt 5.2, »Auswahloptionen«.

Der Wert TOLERANZ gibt an, wie groß der farbliche Unterschied zwischen aufgenommener Objektfarbe und nicht aufzunehmendem Grenzbereich sein darf. Das heißt: Je höher der Wert, desto größer der Farbbereich der Aufnahme. Für Abbildung 6.5 wäre eine Toleranz von 1 absolut ausreichend, da der Farbwert auf der gesamten Fläche keinerlei Unterschiede aufweist. Wäre der Hintergrund jedoch nicht durchgängig gehalten, müsste die Toleranz entsprechend erhöht werden.

◀ **Abbildung 6.7**
Farbunterschiede im Hintergrundbereich machen eine Erhöhung der Toleranz erforderlich.

Wählen Sie BENACHBART ab, wenn alle Pixel des Bildes, die dem gleichen Farbspektrum entsprechen, ausgewählt werden sollen. Möchten Sie hingegen, dass nur ein räumlich zusammengehörender Bereich selektiert werden darf, muss BENACHBART angewählt bleiben. Wählen Sie ALLE EBENEN EINBEZIEHEN ab, wenn die Farbe nur aus der aktuellen Ebene aufgenommen werden soll.

ALLE EBENEN schalten Sie dann ein, wenn Sie die Auswahl aus dem gesamten Bild und nicht nur aus der gerade aktiven erzeugen möchten. (Weitere Hinweise zum Thema Ebenen finden Sie in Kapitel 5.)

Mithilfe der Taste KANTE VERBESSERN, die im Übrigen erst dann aktiv ist, wenn Sie bereits eine Auswahl erzeugt haben, können Sie auf weitere Schieberegler zugreifen, die das genauere Anpassen der Auswahlkante zulassen. Diese Funktionen sind vor allem dann sinnvoll, wenn die Trennung von Vordergrund und Hintergrund ein unzureichendes Ergebnis liefert. (Einen Workshop dazu finden Sie in Abschnitt 6.2.)

Mitunter ist es einfacher, das Objekt selbst aufzunehmen. Auch das können Sie natürlich machen – selbst dann, wenn Sie eigentlich Bereiche jenseits des Objekts auswählen wollen; denn über AUSWAHL • AUSWAHL UMKEHREN oder [Strg]+[⇧]+[I] lassen sich alle »nicht« ausgewählten Bereiche in ausgewählte wandeln – und umgekehrt, natürlich.

Auswahlpinsel

Dieses gute Stück befindet sich standardmäßig in einer Gruppe mit dem Schnellauswahl-Werkzeug (in Versionen vor Photoshop

▲ **Abbildung 6.8**
Die beiden vorhandenen Auswahlpinsel bilden eine Werkzeuggruppe.

Elements 6: Magischer Auswahlpinsel) und kann zudem schlicht über A aktiviert werden. Und wie funktioniert das? Ganz einfach: Pinseln Sie Ihre Auswahl mit gedrückter Maustaste auf. Wie dabei die Auswahl selbst beschaffen sein soll, regelt einmal mehr die Optionsleiste.

Abbildung 6.9 ▶
Die Auswahlpinsel-Optionen

Im ersten Feld wird die Pinselspitze selbst gewählt. Öffnen Sie die Pull-down-Liste über das kleine Dreieck ❶. Das aktive Tool wird durch eine schwarze Umrandung ❷ gekennzeichnet. Markieren Sie eine andere Spitze (die Grafik ❸ zeigt an, wie die jeweilige Spitze zeichnet), indem Sie einen Mausklick darauf ausführen.

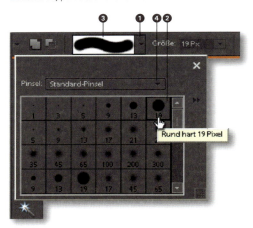

Abbildung 6.10 ▶
Selektion einer Pinselspitze

Zunächst werden Ihnen Standardpinsel angeboten. Wenn Sie aber aus dem reichhaltigen Sortiment andere Pinselspitzen einstellen möchten, öffnen Sie die Pinselliste ❹. Das Sortiment ist schier unerschöpflich (Abbildung 6.11).

Vorher sollten Sie jedoch die Auswahl treffen, ob eine weiche oder harte Spitze zum Einsatz kommen soll. Anhand der abgebildeten Umrisse im Flyout-Menü sehen Sie, wie ein Pinselstrich aussehen wird – und ob die Kanten mit dieser Spitze hart oder weich werden.

GRÖSSE gibt an, wie groß die Pinselspitze sein soll, mit der die Auswahl letztendlich gezeichnet werden soll. Über die kleine Schaltfläche neben dem Eingabefeld kann die Größe der Spitze

Größenänderung über Tastatur

Noch schneller gelingt die Größenänderung mithilfe der Raute-Taste. Sie müssen dann noch nicht einmal die Maus auf die Optionsleiste bewegen. Drücken Sie zum Verkleinern der Spitze # und zum Vergrößern ⇧+#.

eingestellt werden. Sie können war auch auf das kleine nach rechts weisende Dreieck klicken und damit einen Schieber erreichen, jedoch empfiehlt es sich auch hier, die Hot-Text-Eigenschaft des Steuerelements zu nutzen und die Bezeichnung GRÖSSE anzuklicken. Halten Sie die Maustaste gedrückt und schieben Sie das Zeigegerät nach links (die Spitze wird kleiner) oder nach rechts (die Spitze wird größer). Dabei geht übrigens die Beschaffenheit der Spitze (hart oder weich) nicht verloren. Wenn Sie während des Ziehens ⎕ gedrückt halten, werden die Werte zusätzlich noch in größeren Schritten verändert ■. Einfach schön, wenn alles um einen herum interaktiv ist, oder?

◄ **Abbildung 6.11**
Eine wirklich beeindruckende Pinselsammlung

Die **Kantenschärfe** legt fest, wie groß die Schärfe prozentual im Verhältnis zur Pinselgröße ist. Bei 100 % Kantenschärfe wird ein absolut scharfer Pinselrand erzeugt. Je geringer die Kantenschärfe, desto größer werden die Übergänge zwischen maskiertem und nicht maskiertem Bereich.

Wenn Sie den **Modus** auf AUSWAHL stehen lassen, wird wie gewohnt ein Auswahlbereich erzeugt, der mit einer gestrichelten Linie angezeigt wird. Stellen Sie hingegen auf MASKIERUNG um, kann mit dem Pinsel-Werkzeug ein **Maskenbereich** aufgezeichnet werden.

Der maskierte Bereich wird als rötliche Fläche dargestellt. Der Vorteil: Das darunter liegende Motiv bleibt noch sichtbar. Zur Ansicht eignet sich der Maskierungsmodus ebenfalls besser. Fertigen Sie hier Ihre Auswahl und schalten Sie anschließend um auf MODUS • AUSWAHL, um maskierte Bereiche mit der Auswahlkante zu versehen.

Auswahlmaske korrigieren

Wenn Sie einmal mehr ausgewählt haben, als in die Auswahl gehört, halten Sie Alt gedrückt. Jetzt lassen sich zu viel ausgewählte Bereiche wegmalen. Lassen Sie die Taste los, wenn Sie der Auswahl wieder Bereiche hinzufügen möchten.

Abbildung 6.12 ▼
Wer »Rot« nicht mag, wechselt die Farbe.

Wenn Sie sich im Modus MASKIERUNG befinden, ergänzt sich die Optionsleiste des Auswahlpinsels um zwei weitere Einträge: OVERLAY-DECKKRAFT und OVERLAY-FARBE.

Bestimmen Sie mit OVERLAY-DECKKRAFT, wie stark die rötliche Farbe sein soll, die als maskierter Bereich aufgetragen werden soll. Auf die eigentliche Auswahl hat diese Funktion keine Auswirkungen. Bei 100 % OVERLAY tragen Sie komplett deckende Farbe auf.

Mit OVERLAY-FARBE wird letztendlich festgelegt, welche Farbe für den Maskierungsmodus verwendet wird. Klicken Sie auf das Farbfeld und selektieren Sie, falls gewünscht, eine andere Farbe als das voreingestellte Rot. Die Farbe selbst hat ebenfalls keine Auswirkungen auf die Maskierung, sondern nur auf die Darstellung. Bei Maskierung rötlicher Objekte ist eine andere Maskenfarbe als Rot ja mit Sicherheit besser geeignet.

Schnellauswahl-Werkzeug

Das Schnellauswahl-Werkzeug wird prinzipiell genauso bedient, wie der Auswahlpinsel. Im Gegensatz zum Auswahlpinsel liegt seine große Stärke aber in der Fähigkeit, die Kanten selbst aufzuspüren. Wenn Sie es also mit Objekten zu tun haben, die sich nur schwer vom Hintergrund abheben, ist das Schnellauswahl-Werkzeug allererste Wahl.

6.2 Auswahl- und Freistelltechniken

Bevor Sie sich mit dem Schnellauswahl-Werkzeug intensiver beschäftigen, sollten Sie sich zunächst mit grundsätzlichen Auswahltechniken vertraut machen.

Schritt für Schritt: Eine Medaille mit dem Auswahlwerkzeug freistellen

1. Aufgabe

Dieser Workshop steht ganz unter dem Motto: Go for Gold! Es gilt, eine Medaille freizustellen. Öffnen Sie die Datei Medaille.tif.

6.2 Auswahl- und Freistelltechniken

Störend ist neben der weißen Umrandung, dass Schatten den Einsatz des Zauberstabes verhindern. Würden Sie nämlich mit dem Zauberstab auf den weißen Bereich des Bildes klicken, würde je nach Einstellung der TOLERANZ entweder der Schatten ausgegrenzt, oder Teile der Münze würden ausgewählt. Auch das magnetische Lasso würde hier nicht zum gewünschten Ergebnis führen. Versuchen Sie es!

2. Problem

Aktivieren Sie stattdessen die Auswahlellipse. Stellen Sie das Kreuz des Mauszeigers auf die Mitte der Münze und klicken Sie. Halten Sie die Maustaste gedrückt. Nun gesellen Sie noch ⌈Alt⌋+⌈⇧⌋ dazu und ziehen anschließend den Kreis auf. Versuchen Sie, die Kanten links und rechts in Deckung zum Rand der Münze zu bringen.

3. Auswahlkreis anlegen

Derzeit sind nur die Auswahlkanten links und rechts entscheidend. Dass diese oben und unten möglicherweise überstehen, tut noch nichts zur Sache. Vielleicht ist Ihre Auswahl zu groß oder zu klein. Vielleicht ist sie auch nicht zentriert auf der Münze ausgerichtet. Wechseln Sie nicht das Werkzeug! Mit den Pfeiltasten der Tastatur können Sie die Auswahl verschieben.

4. Auswahl korrigieren

5. Auswahl verkleinern

Sollte sie insgesamt zu groß sein, wählen Sie AUSWAHL • AUSWAHL VERÄNDERN • VERKLEINERN. Verringern Sie die Auswahl durch Klick auf OK.

Ein Pixel reicht in vielen Fällen schon. Verändern Sie daher den Wert für VERKLEINERN UM nicht. Falls dies noch nicht reicht, wiederholen Sie den Vorgang so oft, bis die Auswahl passt.

6. Auswahl vergrößern

Falls Ihre Auswahl zu klein war, gehen Sie über AUSWAHL • AUSWAHL VERÄNDERN • ERWEITERN. Belassen Sie auch hier VERKLEINERN UM bei 1 Pixel. Wiederholen Sie den Vorgang, bis die Auswahl groß genug ist.

Auch nach einer Skalierung der Auswahl lässt sich diese über die Pfeiltasten verschieben. So sollte es auf jeden Fall gelingen, den Rahmen links und rechts sauber anzupassen.

7. Hintergrund umwandeln

Wandeln Sie jetzt den Hintergrund in eine Ebene um, indem Sie EBENE • NEU • EBENE AUS HINTERGRUND einstellen. Alternativ reicht auch ein Doppelklick in einen Bereich der Ebenen-Palette zwischen dem Wort HINTERGRUND und dem SCHLOSS-Symbol. Den folgenden Dialog verlassen Sie mit OK.

8. Unterkante anpassen

Manövrieren Sie nun mit ↑ die Auswahl so weit hoch, dass sie auch mit dem unteren Ende der Münze identisch ist. Wenn Sie diesen Punkt erreicht haben, wandeln Sie die Auswahl um. Mit Auswahl • Auswahl umkehren bzw. über Strg+⇧+I werden die ausgewählten und nicht ausgewählten Bereiche miteinander vertauscht.

Im nächsten Schritt stellen Sie Bearbeiten • Löschen ein. Tippen Sie im Anschluss daran auf die ↓-Taste, bis der obere Rand der Münze mit dem Auswahlrand übereinstimmt. Wiederholen Sie den Löschvorgang (Bearbeiten • Löschen), und entfernen Sie zuletzt die Auswahl über Strg+D bzw. Auswahl • Auswahl aufheben.

9. Auswahlbereich entfernen

Die grau-weiß karierte Fläche verdeutlicht, wie Sie ja wissen, dass es sich um eine Transparenz handelt. Über Ebene • Auf Hintergrundebene reduzieren erhalten Sie den weißen Hintergrund zurück – der sich jetzt aber ohne den störenden Kopierschatten präsentiert.

Ende

Schritt für Schritt: Eine Orange mit dem Zauberstab freistellen

Manchmal bietet sich ein Werkzeugwechsel an, um zum gewünschten Ziel zu gelangen. Für diese Übung benötigen Sie das Bild Orange.tif. Nach dem Öffnen wandeln Sie den Hintergrund in eine Ebene um (EBENE • NEU • EBENE AUS HINTERGRUND).

1. Zauberstab-Auswahl erstellen

Aktivieren Sie den Zauberstab, dessen Modus Sie auf DER AUSWAHL HINZUFÜGEN setzen. Die TOLERANZ legen Sie auf 30 fest. Wählen Sie BENACHBART unbedingt an, da die Technik andernfalls nicht funktioniert. Klicken Sie oberhalb der Orange in das Bild.

Führen Sie links und rechts weitere Mausklicks aus, um ständig mehr Bereiche außerhalb der Orange mit einzubeziehen. Lassen Sie bitte dabei den Schatten außer Betracht, da dieser sich mit dem Zauberstab nicht problemlos eingrenzen lässt. Klicken Sie also ausschließlich auf Bereiche des hellen Hintergrundes.

Für die weitere Vorgehensweise bieten sich zwei Alternativen an.

2. Möglichkeit I

Drücken Sie A, um den Auswahlpinsel zu aktivieren, dessen Modus Sie auf MASKIEREN setzen. Sollte statt des Auswahlpinsels das Schnellauswahl-Werkzeug aktiviert worden sein, drücken Sie zusätzlich noch einmal ⇧+A. Die ausgewählte Fläche ist nun rot eingefärbt und lässt sich weiterbearbeiten. Falls die rote Maskierung zu kräftig oder zu durchsichtig ist, ändern Sie die OVERLAY-DECKKRAFT in der Optionsleiste. Dies beeinflusst nicht die Maskierung selbst, sondern lediglich deren Darstellung auf dem Monitor.

Stellen Sie eine harte Pinselspitze von etwa 50 px Durchmesser ein und fahren Sie, während Sie [Alt] gedrückt halten, mit ebenfalls gedrückter Maustaste über den Schattenbereich. Wenn Sie versehentlich zu viel weggenommen haben, lassen Sie [Alt] los und korrigieren die Auswahl, indem Sie über die Orange pinseln. Vergrößern Sie die Darstellung.

3. Möglichkeit II

Drücken Sie [A], um den Auswahlpinsel zu aktivieren, dessen MODUS Sie auf AUSWAHL setzen. Jetzt wird die Auswahlkante angezeigt, die im Weiteren editierbar ist. Auf Ihrem Monitor sehen Sie zunächst keine Veränderung.

Fahren Sie über den Schatten und bringen Sie so die Auswahlkante an die Orange heran. Falls Sie versehentlich Teile der Frucht selektiert haben, halten Sie [Alt] gedrückt und zeichnen Sie über die fehlerhaften Auswahlbereiche. Versuchen Sie, die Kanten der Orange einzugrenzen.

6 Bildbereiche eingrenzen und freistellen

4. Objekt freistellen   Welche der beiden Möglichkeiten Ihnen mehr liegt, kann nur der Versuch bringen. Falls Sie sich für Möglichkeit 1 entschieden haben, ändern Sie den Modus von MASKIEREN auf AUSWAHL. Um die eigentliche Freistellung zu erreichen, wählen Sie BEARBEITEN • LÖSCHEN. Heben Sie die Auswahl auf (Strg+D) oder AUSWAHL • AUSWAHL AUFHEBEN).

Ende

Magischer Auswahlpinsel

Umsteiger von Photoshop Elements 5 werden möglicherweise den Magischen Auswahlpinsel vermissen. Dieser ist in der Version Elements 6 dem wesentlich effektiveren Schnellauswahl-Werkzeug zum Opfer gefallen.

Auswahlen mit dem Schnellauswahl-Werkzeug

Mit dem Auswahlpinsel, dessen Funktionen Sie ja bereits kennengelernt haben, kann man also eine ganze Menge anstellen. Aber in Sachen Schnelligkeit und Anwenderkomfort kann dieser nicht im Geringsten mit dem Schnellauswahl-Werkzeug mithalten ■.

Nein, ich habe Ihnen das nicht bewusst verschwiegen und Ihnen in der vorangegangenen Übung ein vollkommen nutzloses Auswahl-Tool vorgestellt. Denn eines muss von vornherein klar sein: Das Schnellauswahl-Werkzeug ist nur dann wirklich gefahrlos anzuwenden, wenn die Unterschiede zwischen Objekt und Hintergrund gut zu erkennen sind. Wenn Sie beispielsweise zwei fast identische Blautöne voneinander trennen wollen, werden Sie an der manuellen Freistellung meist nicht vorbeikommen.

 Schritt für Schritt: Ein Porträt freistellen

Sie benötigen jetzt Saengerin.tif. Wenn Sie die Kontur der Person mühevoll mit dem Auswahlpinsel nacharbeiten wollten, würde das wohl ewig dauern – und wäre am Ende wahrscheinlich nicht allzu sauber gelungen. Der Zauberstab wäre zwar zur Aufnahme des Hin-

6.2 Auswahl- und Freistelltechniken

tergrundes schon besser geeignet, würde jedoch aufgrund der starken Unterschiede im Hintergrund kein anständiges Ergebnis zutage fördern.

Suchen Sie aus der Toolbox das Schnellauswahl-Werkzeug [A] aus und wählen Sie einen DURCHMESSER ❶ von etwa 13 Px. Sie können das einstellen, nachdem Sie das entsprechende Pulldown-Menü ❷ geöffnet haben. Zudem sollten Sie darauf achten, dass die Pinselspitze recht hart ist. Kontrollieren Sie, ob die KANTENSCHÄRFE ❸ auf 100 % steht.

1. Werkzeug einstellen

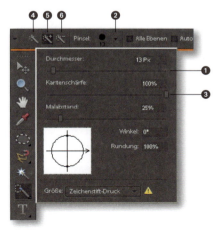

151

2. Schnellauswahl treffen

Aktivieren Sie, falls nicht bereits geschehen, NEUE AUSWAHL ❹ in der Optionsleiste. Jetzt setzen Sie den Pinsel auf Gesicht und Hut der jungen Dame und wischen kräftig darüber. Nehmen Sie im gleichen Wisch auch die Kleidung mit auf. Falls erforderlich, können Sie natürlich auch absetzen und einen erneuten Wisch folgen lassen. Dabei müssen Sie aber zuvor darauf achten, dass der Pinsel auf DER AUSWAHL HINZUFÜGEN ❺ gestellt ist.

3. Optional: Aufgenommene Bereiche entfernen

Sollten Sie dadurch Teile des Hintergrundes mit aufgenommen haben, reparieren Sie das, indem Sie kurzzeitig VON AUSWAHL ABZIEHEN ❻ einschalten und die zu viel aufgenommenen Bereiche abermals übermalen. Danach müssen Sie dann aber wieder DER AUSWAHL HINZUFÜGEN ❺ aktivieren. Alternativ dazu können Sie übrigens auch hier kurzzeitig [Alt] gedrückt halten. Das bringt, solange Sie die Taste gedrückt halten, VON AUSWAHL ABZIEHEN auf die Tagesordnung. Zum Schluss sollte die Person schon recht zufriedenstellend ausgewählt sein.

4. Haare freistellen

Kümmern Sie sich jetzt noch um die Haare, die auf der linken Schulter hängen. Dazu ist es sinnvoll, vorab die Werkzeugspitze zu verkleinern.

Die obere, kleine Strähne ist recht problematisch. Aber wenn Sie gewissenhaft vorgehen, sollten Sie auch diese einkreisen können. Denken Sie daran, dass sich die Pinselspitze mit [#] verkleinern bzw. mit [⇧]+[#] vergrößern lässt. Außerdem können Sie zu viel aufgenommene Bereiche entfernen, so lange Sie [Alt] gedrückt halten. Mit diesen Funktionen sollte die Aufnahme der Haare gelingen.

Jetzt müssen Sie sich für eine Hintergrundfarbe entscheiden, vor der Sie die Sängerin platzieren wollen. Klicken Sie deshalb auf den Button HINTERGRUNDFARBE EINSTELLEN ❶ in der Toolbox.

Vergeben Sie die gewünschte Farbe, indem Sie zunächst mit den Schiebereglern ❷ eine grobe Auswahl treffen und anschließend einmal in das große Farbfeld klicken ❸, ehe Sie mit OK bestätigen.

5. Hintergrundfarbe einstellen

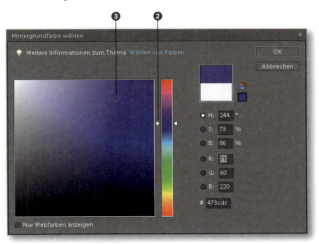

6. Hintergrund entfernen

Sie könnten jetzt das Verschieben-Werkzeug [V] aktivieren und den ausgewählten Bereich auf ein anderes Bild ziehen.

Wenn es Ihnen aber nur darum geht, den Hintergrund zu verändern, erreichen Sie das, indem Sie [Strg]+[⇧]+[I] drücken. Die Alternative wäre AUSWAHL • AUSWAHL UMKEHREN. Das vertauscht den ausgewählten Bereich mit dem nicht ausgewählten; also mit dem Hintergrund.

Jetzt drücken Sie schlicht [Entf], und der Hintergrund wird in die Zielfarbe konvertiert, die Sie zuvor festgelegt hatten. Heben Sie die Auswahl auf, indem Sie [Strg]+[D] drücken bzw. AUSWAHL • AUSWAHL AUFHEBEN einstellen.

7. Kanten begutachten

Das ist ja schon ganz nett. Wenn Sie jedoch die Kante einmal etwas genauer betrachten, werden Sie feststellen, dass diese nicht wirklich sauber gelungen ist. Aktivieren Sie einmal das Zoom-Werkzeug [Z].

Ende

Deshalb ist es jetzt erforderlich, die Auswahl zu säubern. Und damit auch das ohne Probleme gelingt, gibt es einen weiteren Workshop dazu.

Schritt für Schritt: Kanten verbessern

1. Optional: Auswahl laden

Als Grundlage für diesen Workshop benötigen Sie die Auswahlbereiche des vorangegangenen Workshops. Sollten Sie diesen nicht gemacht haben, laden Sie jetzt bitte »Portraet mit Auswahl.tif« und entscheiden sich anschließend für AUSWAHL • AUSWAHL LADEN. Bestätigen Sie mit OK. Die Auswahl ist im Vorfeld zusammen mit der TIFF-Datei abgesichert worden (AUSWAHL • AUSWAHL SPEICHERN). Fahren Sie bitte anschließend mit dem Schritt »Kante verbessern« fort.

Sollten Sie den vorangegangenen Workshop durchgeführt haben, müssen Sie lediglich noch die letzten Schritte ungeschehen machen. Dazu gibt es wieder einmal mehrere Möglichkeiten. Entweder Sie drücken insgesamt dreimal [Strg]+[Z] oder Sie öffnen das Rückgängig-Protokoll (über das Menü FENSTER) und editieren alle Schritte, die dem Schnellauswahl-Werkzeug gefolgt sind. Klicken Sie dazu einfach den untersten aller Schnellauswahl-Einträge an.

2. Letzte Schritte rückgängig machen

Vergrößern Sie die Ansicht so, dass Sie die Kontur gut einsehen können. Jetzt kommt ein Dialog ins Spiel, der das Anpassen einer Auswahlkante wirklich zum Erlebnis macht. Klicken Sie in der Options-

3. Kante verbessern

leiste auf KANTE VERBESSERN. (Sie wissen ja, dass nicht jedes Auswahl-Werkzeug über einen entsprechenden Button verfügt. Sollte die Schaltfläche nicht angezeigt werden, wechseln Sie zuvor das Werkzeug. Wählen Sie z. B. das Schnellauswahl-Werkzeug.)

Zunächst einmal finden Sie drei Schieberegler, mit denen Sie die Auswahl angleichen können. Bevor Sie das aber tun, sollten Sie einmal auf die Maske umschalten. Der Button ist mit BENUTZERDEFINIERTE ÜBERLAGERUNGSFARBE ❶ bezeichnet.

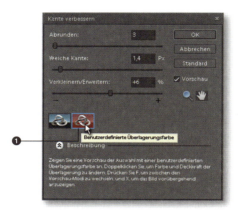

Alles das, was ausgewählt ist, sehen Sie nun rot eingefärbt. Das fördert bei genauer Betrachtung auch die unsaubere Kante entlang des Gesichtes zutage. Aber genau die kann jetzt individuell angepasst werden.

4. Auswahl erweitern Ziehen Sie den Schieberegler VERKLEINERN/ERWEITERN ❹ so weit nach links, bis Sie bei etwa –15 angelangt sind. Das sorgt dafür, dass die Auswahl insgesamt verkleinert wird. Wenn Sie kurzzeitig statt der Rotfärbung der Auswahl lieber die Linien sehen wollen, klicken Sie auf STANDARD ❺. Mit einem erneuten Klick auf BENUTZERDEFINIERTE ÜBERLAGERUNGSFARBE kommen Sie ja jederzeit zur Maskierungsansicht zurück. Des Weiteren sollten Sie die Auswahlkante selbst jetzt noch etwas weicher gestalten. Ziehen Sie dazu den Regler WEICHE KANTE ❸ vorsichtig bis auf 0,2 oder 0,3 Px. Zuletzt stellen Sie ABRUNDEN ❷ noch auf 3, was zur Folge hat, dass die Treppchenbildung in der Auswahlkante etwas geglättet, sprich: begradigt wird. Jetzt klicken Sie auf OK.

Wie der Hintergrund eingefärbt wird, haben Sie ja im vorangegangenen Workshop bereits erfahren. Mit [Strg]+[⇧]+[I] kehren Sie die Auswahl um, und mit [Entf] eliminieren Sie den Originalhintergrund zugunsten der eingestellten Hintergrundfarbe.

5. Hintergrund färben

Ende

Kanten bewusst überzeichnen

Sie sehen, dass die Kante nun wesentlich glatter und sauberer ist. In der Praxis werden Sie eine solche Freistellung in maximal einer Minute realisiert haben. Der Geschwindigkeitsvorteil beim Schnellauswahl-Werkzeug ist also nicht zu verachten – und für eine wirklich saubere Auswahl sorgt die Funktion KANTE VERBESSERN.

Bedenken Sie aber auch, dass sich mit diesem Dialog eine bewusste Überzeichnung der Auswahl einstellen lässt. Wenn Sie die Werte drastisch verändern (im Beispiel ABRUNDEN auf 20, WEICHE KANTE auf 8,0 und VERKLEINERN/ERWEITERN auf +6), erhalten Sie einen deutlich sichtbaren Rand. Das wirkt subtil und stellt einen interessanten Effekt dar.

Abbildung 6.13 ▶
Mit übertrieben weicher Kante entsteht ein interessanter Effekt.

6.3 Freistellungen auf Maß

Bislang haben wir bestimmte Bereiche eines Bildes bearbeitet, während andere unangetastet blieben. Im zweiten Teil dieses Kapitels erfahren Sie nun, wie Sie die Größen einzelner oder mehrerer Bilder individuell anpassen können.

So kann es (gerade für eine Diashow oder die Verwendung von Bildern auf einer Homepage) angesagt sein, allen Bildern die gleiche Größe bzw. das gleiche Seitenverhältnis zu geben. Photoshop Elements unterstützt Sie auch dabei nach Kräften.

Schritt für Schritt: Gleiche Abmessungen für mehrere Bilder

Öffnen Sie zunächst ein Bild, mit dem Sie die gewünschten Seitenmaße festlegen. Das muss keines der Bilder sein, die Sie später verwenden wollen, sondern dient lediglich als »Master«.

1. Freistellungsmaße für die Bilder festlegen

Drücken Sie [C], um das Freistellungswerkzeug zu aktivieren, und achten Sie darauf, dass in der Optionsleiste KEINE BESCHRÄNKUNG für das SEITENVERHÄLTNIS angegeben ist.

Geben Sie im Eingabefeld BREITE der Optionsleiste das Maß ein. Wenn Sie Zentimeter verwenden wollen, können Sie die Maßeinheit weglassen. Für alle anderen Fälle gehört die Maßeinheit zwingend dazu, da Photoshop Elements sonst immer von Zentimetern ausgeht. Im Anschluss an diesen Workshop erhalten Sie weitere Infos zu diesem Thema.

Springen Sie mit [⇆] in das Feld HÖHE, und legen Sie auch dort den gewünschten Wert fest. Falls Sie die Auflösung ebenfalls ändern wollen, drücken Sie erneut [⇆] und geben die relevante Auflösung ein.

Stellen Sie anschließend den Cursor auf das Bild und ziehen Sie wie gewohnt einen Rahmen auf. Alles, was sich innerhalb dieses Rahmens befindet, wird nun in der angegebenen Auflösung auf die vorgegebenen Maße gebracht. Der Rahmen lässt sich nun noch verschieben. Allerdings (und das konnten Sie ja bereits beim Aufziehen des Rahmens feststellen) lässt sich das Seitenverhältnis nicht beeinflussen. Gut so, denn schließlich ist es ja auch das Ziel, als Ergebnis ein Bild im angegebenen Seitenmaß zu erhalten. Nach Fertigstellung drücken Sie [↵] oder bestätigen Sie mit dem Häkchen unterhalb des Freistellungsrahmens.

2. Master freistellen

6 Bildbereiche eingrenzen und freistellen

3. Weitere Bilder freistellen

Stellen Sie nun, ohne Änderungen in der Optionsleiste vorzunehmen, alle gewünschten Bilder frei, indem Sie entsprechende Freistellungsrahmen aufziehen.

Nach Beenden der Aktion müssen Sie aber daran denken, die Werte zu entfernen. Anderenfalls könnten Sie nie wieder irgendwelche anderen Maße freistellen. Selektieren Sie dazu schlicht den Eintrag KEINE BESCHRÄNKUNG im Flyout-Menü SEITENVERHÄLTNIS. Die Einträge der anderen Steuerelemente werden daraufhin gelöscht. Bislang verfügt nämlich leider nur Photoshop CS3, die Profivariante der Bildbearbeitungssoftware, über einen Löschen-Button.

4. Freistellungsgröße löschen

Ende

Individuelle Maßeinheiten

Tragen Sie in jedes Eingabefeld hinter dem Zahlenwert auch die zugehörige Maßeinheit ein. Dabei sind mm = Millimeter, px = Pixel, pt = Punkt. Wenn Sie Ihrer Zahleneingabe keine Maßeinheit folgen lassen, geht Photoshop Elements automatisch von Zentimeter (cm) aus. Das bedeutet: wenn Sie nur die Zahl fünf eingeben, wird der Wert als 5 cm interpretiert.

Wenn Sie jedoch lieber hätten, dass beim Fehlen der Bemaßung eine andere Einheit interpretiert wird, beispielsweise Millimeter, müssen Sie das in den Voreinstellungen ändern. Über BEARBEITEN • VOREINSTELLUNGEN • MASSEINHEITEN UND LINEALE öffnen Sie das Pulldown-Menü LINEALE und selektieren dort den Wert »mm«. Bestätigen Sie mit OK. Alle Werte, die Sie fortan ohne Maßeinheit eingeben, werden daraufhin in Millimeter umgesetzt.

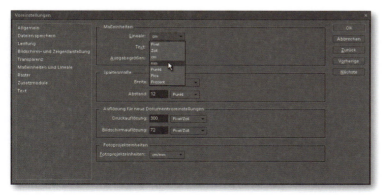

◀ **Abbildung 6.14**
Über die Voreinstellungen legen Sie Ihre bevorzugte Maßeinheit fest.

Fotoverhältnis verwenden

Eine weitere interessante Option bei der Freistellung ist folgende: Stellen Sie sich vor, Sie wollen zwar einen Teil der Ränder abschneiden, jedoch sowohl die ursprüngliche Größe des Bildes als auch dessen Seitenverhältnis erhalten. Dazu gehen Sie dann folgendermaßen vor:

Schritt für Schritt: Freistellen ohne Änderung der Abmessungen

Für diesen Mini-Workshop benötigen Sie Metro.tif. Ziel soll es sein, die Häuser im Hintergrund auszugrenzen. Das Ergebnis soll aber genauso groß sein wie das Ursprungsbild.

1. Maße übernehmen

Drücken Sie jetzt , um das Freistellungswerkzeug zu aktivieren. In der Optionsleiste entscheiden Sie sich beim SEITENVERHÄLTNIS für den Listeneintrag FOTOVERHÄLTNIS VERWENDEN. Achten Sie auf die rechts daneben befindlichen Eingabefelder, die sich daraufhin automatisch mit den gewählten Abmessungen füllen.

2. Bild freistellen

Jetzt können Sie das Bild wie gewohnt freistellen. Aber bitte den Freistellungsvorgang noch nicht bestätigen! Ziehen Sie zunächst einen Rahmen auf. Versuchen Sie zusätzlich noch, diesen zu drehen. Dabei sollten Sie sich am Pfahl der Laterne orientieren und versuchen, ihn in etwa lotrecht anzuordnen. Sie müssten den Rahmen also etwas nach links drehen. Der Grund für die Drehung: Der fertige Bildausschnitt wirkt dann etwas ruhiger und harmonischer. Erst danach sollten Sie mit ⏎ oder dem grünen Häkchen bestätigen.

Das Foto ist jetzt nicht nur freigestellt, sondern hat Abmessungen und Seitenverhältnis beibehalten. Werfen Sie einen Blick auf die unveränderten Werte in der Optionsleiste. Denken Sie bei einer solchen Aktion aber stets daran, dass Sie zum Schluss das Seitenverhältnis in der Optionsleiste wieder auf KEINE BESCHRÄNKUNG zurückstellen. Wenn Sie das vergessen, werden nämlich alle künftigen Freistellungen mit diesen Abmessungen vollzogen.

3. Beschränkung aufheben

6.4 Bildgröße und Arbeitsfläche ändern

Bildgröße ändern

Ich vermute, dass Sie noch immer nicht restlos überzeugt sind. Wie sollten Sie auch, wenn die Frage nicht geklärt ist: »Wie kann ich die Bildgröße ändern **ohne** etwas abzuschneiden?«

Die Antwort: Über BILD • SKALIEREN • BILDGRÖSSE können Sie alle erdenklichen Abmessungen und Auflösungen eingeben. Allerdings setzt eine Änderung der Bildgröße voraus, dass Sie die unterste Checkbox BILD NEU BERECHNEN MIT ❺ aktiviert haben. Danach lassen sich dann neue Abmessungen über die Eingabefelder BREITE ❶ und HÖHE ❷ festlegen.

Auch die AUFLÖSUNG (Pixel pro Zoll) lässt sich ändern. Benutzen Sie dazu das Eingabefeld ❸. Wenn Sie mögen, können Sie dabei das Bild sogar verzerren. Wenn Sie nämlich die Checkbox PROPORTIONEN ERHALTEN ❹ deaktivieren, stehen Breite und Höhe nicht mehr in Abhängigkeit zueinander und das Bild kann unproportional skaliert werden.

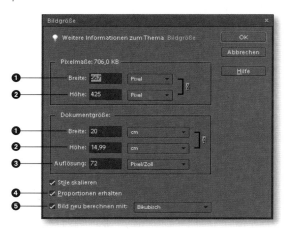

Abbildung 6.15 ▶
Neue Bildgrößen lassen sich über diesen Dialog vergeben.

Größe der Arbeitsfläche ändern

Beim Skalieren müssen Sie grundsätzlich unterscheiden, ob Sie die Bildgröße oder die Arbeitsfläche skalieren wollen. Bei der Änderung der Bildgröße wird das Bild größer oder kleiner. Bei der Änderung der Arbeitsfläche verändert sich die Größe der zur Verfügung stehenden Bildfläche, nicht aber die Größe des Bildes selbst.

Kompliziert? Nein, eigentlich gar nicht. Wie wäre es mit einem kleinen Workshop dazu? Genauer gesagt, brauchen wir zwei

Workshops. Einen zur Vorarbeit und einen weiteren zur Vergrößerung der Arbeitsfläche. Dabei werden Sie natürlich wieder einige zusätzliche Features kennenlernen. Sollten Sie sich zum jetzigen Zeitpunkt nicht für weitere Features interessieren, können Sie den nächsten Workshop überspringen und mit der Datei Postkarte_WS1.tif weitermachen.

Schritt für Schritt: Eine Postkarte erstellen

Trotz neuester Handy-Technologien ist das Versenden von Postkarten ungebrochen aktuell. Da mancherorts der Postverkehr aber ebenso exotisch ist wie das Land selbst, empfiehlt es sich, die Karte per E-Mail zu versenden. Schnell wird ein Foto vom Strand gemacht und am eigenen Notebook (das Sie ja logischerweise auch im Urlaub ständig dabei haben) zur Postkarte umgearbeitet.

Erzeugen Sie zunächst eine neue Datei, indem Sie [Strg]+[N] drücken, oder Datei • Neu • Leere Datei einstellen. Ich schlage vor, die Abmessungen auf 640×480 Pixel zu setzen. Möglicherweise wollen Sie die Karte ja per E-Mail verschicken, und da sollten die Abmessungen möglichst nicht zu hoch sein. Öffnen Sie das Pulldown-Menü Vorgabe und entscheiden Sie sich in der Liste für den Eintrag Web. Im unterhalb befindlichen Menü werden zudem verschiedene Abmessungen geliefert. Sie sehen auch, dass die Auflösung bei 72 Pixel/Zoll liegt (geeignet für die Darstellung am Monitor) und der Modus mit RGB (Farbe) angegeben ist. Anschließend klicken Sie sanft den OK-Button an.

1. Neue Datei erzeugen

6 Bildbereiche eingrenzen und freistellen

2. Effektstil einstellen   Als Nächstes verwenden wir einen vordefinierten Effektstil. Dazu widmen Sie sich im Palettenbereich der Registerkarte ERSTELLEN. Schalten Sie anschließend gleich unterhalb um auf BILDMATERIAL.

Anschließend widmen Sie sich der Palette INHALT. Hier finden Sie zunächst zwei Pulldown-Menüs vor. Das erste stellen Sie auf NACH ART, das zweite auf THEMEN.

3. Thema zuweisen

Scrollen Sie jetzt in der Liste der Miniaturen ganz nach unten und entscheiden Sie sich für das Thema STRANDURLAUB. Um dieses Thema der Bilddatei zuzuweisen, können Sie die Miniatur entweder doppelklicken oder diese per einfachem Mausklick markieren und anschließend auf ANWENDEN klicken.

Das alleine macht aber noch nicht wirklich viel her, oder? Was jetzt noch fehlt, ist das eigentliche Foto. Sollten Sie gerade keines zur Hand haben, kann ich Ihnen Postkarte.tif aus dem Ordner BILDER der Buch-DVD anbieten, die Sie über DATEI • ÖFFNEN bereitstellen. Die Costa Calma auf Fuerteventura lässt grüßen.

4. Foto bereitstellen

Aktivieren Sie jetzt das Verschieben-Werkzeug [V], klicken Sie damit auf das Strandbild, halten Sie die Maustaste gedrückt und ziehen Sie das Strandbild auf die weiße Fläche des soeben selbst erzeugten Bildes. Wenn Sie dort angekommen sind, lassen Sie die Maustaste wieder los.

5. Bilder vereinen

Achten Sie einmal auf die kleine Steuerelementleiste links über dem Bild. Hier könnten Sie es jetzt noch skalieren ❶, drehen ❷, oder, falls

6. Optional: Strandbild bearbeiten

Sie an dieser Stelle doch lieber ein anderes Bild hätten, ganz einfach austauschen ❸.

7. Datei speichern

Da Sie eine komplett neue Datei kreiert haben, müssen Sie diese nun noch abspeichern, indem Sie DATEI • SPEICHERN UNTER oder [Strg]+[⇧]+[S] drücken. Da das Bild im nächsten Workshop noch weiterbearbeitet werden muss, ist es hier ratsam, sich für das Dateiformat TIF oder PSD zu entscheiden.

8. Optional: Steuerelementleiste deaktivieren/aktivieren

Die Steuerelementleiste bleibt aktiv, bis Sie eine andere Ebene wählen (indem Sie z. B. auf den Hintergrund des Bildes klicken). Was aber nun, wenn Sie nach Entfernung der Bedienelemente »doch« noch Änderungen vornehmen wollen? Dann sollten Sie ganz einfach das Strandbild doppelklicken. (Die fertige Datei finden Sie im Ordner BILDER der Buch-DVD unter dem Namen Postkarte_WS1.tif.)

Ende

 Schritt für Schritt: Arbeitsfläche der Postkarte erweitern

Natürlich wollen wir es uns nicht nehmen lassen, den Daheimgebliebenen noch kurz mitzuteilen, wo wir uns gerade befinden. Deshalb soll unser Bild nach unten ausgedehnt werden, damit dort noch etwas Text untergebracht werden kann. Falls Sie den vorangegangenen Workshop ausgelassen haben, öffnen Sie die Datei Postkarte_WS1.tif.

Zuerst müssen Sie aus der aktuellen Ansicht wieder in die Standard-Ansicht wechseln. Das erreichen Sie, indem Sie oben rechts auf das Register BEARBEITEN klicken. Damit Sie dem Bild eine farbige Fläche hinzufügen können, müssen Sie es zudem reduzieren. Bislang nämlich besteht es aus zwei Smart-Ebenen – und die eignen sich leider gar nicht zur Aufnahme von Farbflächen.

Entscheiden Sie sich deshalb im Menü für EBENE • AUF HINTERGRUNDEBENE REDUZIEREN.

1. Auf Hintergrund reduzieren

Achten Sie jetzt bitte darauf, dass die Steuerelemente oberhalb der Fotografie nicht mehr sichtbar sind. Andernfalls steht der folgende Befehl nämlich nicht zur Disposition. Zur Deaktivierung können Sie einfach den Hintergrund markieren (Verschieben-Werkzeug). Über das Menü BILD • SKALIEREN • ARBEITSFLÄCHE gelangen Sie in jenen Dialog, der das Vergrößern der Bildfläche möglich macht, ohne dass dabei vorhandene Elemente mitskaliert werden.

2. Arbeitsflächen-Dialog öffnen

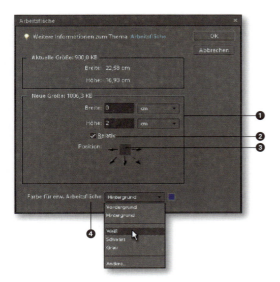

Die aktuellen Maße der Datei werden unter BREITE und HÖHE angezeigt. Unsere Aufgabe besteht nun darin, die Arbeitsfläche nach unten hin um 2 cm zu vergrößern, damit hier Text platziert werden kann. Entsprechend muss also der Wert HÖHE ❶ um genau diese 2 cm erhöht werden. Dazu gibt es nun zwei Möglichkeiten. Entweder Sie überschreiben das vorhandene Maß (16,93) mit 18,93 oder Sie

3. Neues Maß eingeben

wählen zunächst die Checkbox RELATIV ❷ an. Dann nämlich ersparen Sie sich das Rechnen und können direkt die 2 eintippen. Achten Sie aber darauf, dass im Selektionsfeld rechts daneben cm gelistet ist.

4. Ausdehnungsrichtung festlegen

Mit dieser Aktion alleine würde die Arbeitsfläche aber gleichmäßig nach oben und unten vergrößert (um jeweils 1 cm). Deshalb müssen Sie der Anwendung noch mitteilen, in welche Richtung die Ausdehnung erfolgen soll. Und das regeln Sie über das Steuerelement POSITION. Klicken Sie auf den mittleren Button der obersten Reihe ❸. Dadurch, dass die Pfeile jetzt nach unten weisen, wird symbolisiert, dass die Ausdehnung nicht mehr nach oben erfolgen kann.

5. Farbe einstellen

Würden Sie jetzt mit OK bestätigen, würde die Erweiterung der Arbeitsfläche mit der aktuellen Hintergrundfarbe (Werkzeugleiste) gefüllt. Die Fläche soll jedoch weiß werden, weshalb Sie das Pulldown-Menü FARBE FÜR ERW. ARBEITSFLÄCHE ❹ öffnen und dort WEISS einstellen sollten. Danach können Sie auf OK klicken.

6. Text einfügen

Aktivieren Sie das Horizontale Textwerkzeug und geben Sie auf der neu hinzugewonnenen Fläche einen Text Ihrer Wahl ein. Bestätigen Sie nach der Eingabe mit dem Häkchen in der Steuerelementleiste oder drücken Sie [Strg]+[↵]. (Die Eingabetaste alleine würde lediglich eine Zeilenschaltung hervorrufen.) Die weiteren Textparameter wie Größe Schrift, Farbe usw. können Sie über die Optionsleiste einstellen, solange Sie das Textwerkzeug noch angewählt haben.

Ende

Eine weiche Kante nachträglich erzeugen

Noch ein Tipp für den Fall, dass Sie eine Freistellung mit Auswahlen erreichen wollen: Es passiert nämlich öfter, als man denkt, dass statt der harten Auswahlkante, die soeben erzeugt worden ist, doch besser eine weiche verwendet worden wäre. Die Änderung des Wertes im Steuerelement WEICHE KANTE (in der Optionsleiste) kann zu diesem Zeitpunkt allerdings nichts mehr ausrichten.

Die Lösung: Belassen Sie die Auswahl so, wie sie ist, und stellen Sie AUSWAHL • WEICHE AUSWAHLKANTE ein. Die gleiche Funktion lässt sich übrigens auch mit [Strg]+[Alt]+[D] aktivieren. Wenden Sie jetzt über RADIUS eine beliebig weiche Kante auf die Auswahl an, die dann auch bei einer anschließenden Freistellung berücksichtigt wird.

◀ **Abbildung 6.16**
Auswahlkanten lassen sich auch nach deren Erstellung noch »absoften«.

Zu guter Letzt: Snapping deaktivieren

Sicher haben Sie bereits bemerkt, dass sich Freistellungsrahmen und Auswahlkanten an Bildrändern und Rastern orientieren. Das bedeutet: Wenn Sie sich mit dem Rahmen dicht am Bildrand oder einer Rasterlinie befinden (ANSICHT • RASTER), springt dieser automatisch herüber. Das ist zwar oft ganz praktisch, aber leider mitunter auch hinderlich. Wenn Sie zum Beispiel nur eine oder zwei Pixelreihen eines Bildes abschneiden wollen, kann dieses sogenannte »Snapping« gewaltig stören.

Und so schalten Sie es ab: Gehen Sie auf den Menüeintrag ANSICHT und wählen Sie AUSRICHTEN AN. Markieren Sie einen der Einträge, denen ein Häkchen vorangestellt ist, und wiederholen Sie den Vorgang, falls Sie es denn wünschen, für den zweiten Eintrag. Zur erneuten Snapping-Aktivierung müssen Sie beide Einträge dann auch erneut markieren. Achten Sie stets auf das vorangestellte Häkchen, das Ihnen verrät, ob die Funktion gerade aktiv ist oder nicht. Übrigens: Wenn Sie sich näher für die Arbeit mit Rastern interessieren, sollten Sie sich wagemutig ins folgende Kapitel stürzen. Im Abschnitt 7.2, »Perspektive korrigieren«, wird die Raster-Methode eingehend behandelt.

7 Bilder ausrichten und Verzerrungen korrigieren

Was tun, wenn die Geometrie des Bildes nicht stimmt?

▶ Wie werden Fotos gerade ausgerichtet?
▶ Wie wird die Perspektive korrigiert?
▶ Wie gleiche ich eine perspektivische Verzerrung aus?
▶ Wie korrigiere ich eine Linsenverzerrung?
▶ Wie werden Panoramabilder erzeugt und montiert?
▶ Wie werden Gruppenbilder optimiert?

Manchmal sind Fotos ja im wahrsten Sinne des Wortes richtig »schräg«. Das ist auch in Ordnung, wenn es dem Bild einen entsprechenden Ausdruck verleihen soll. Doch was ist, wenn die Perspektive nicht stimmt? Was das Auge in der freien Natur niemals als störend empfinden würde, sieht auf dem zweidimensionalen Foto leider schief aus. Und das sollten Sie korrigieren.

7.1 Bilder gerade ausrichten I

Praxis ist Trumpf! Also wollen wir gleich loslegen und dabei eine überaus interessante Funktion kennenlernen. Das horizontale oder vertikale Ausrichten eines Fotos ist wirklich ein Kinderspiel. Was Sie dazu benötigen? Einen Mausklick – eine Mausbewegung – und schon stimmt die Sache. Einfacher geht es wirklich nicht.

Schritt für Schritt: Ein Bild gerade ausrichten

Für diesen Turbo-Workshop benötigen Sie die Datei Schloss.tif. Nettes Häuschen, wäre es doch nur nicht so »windschief«.

7.1 Bilder gerade ausrichten I

Was für ein Name: Gerade-ausrichten-Werkzeug. Sie aktivieren es durch [P] auf Ihrer Tastatur – oder natürlich durch Anwahl in der Werkzeugleiste.

1. Gerade-ausrichten-Werkzeug aktivieren

In der Optionsleiste stellen Sie die Arbeitsflächenoptionen auf FREI-STELLEN ZUM ENTFERNEN DES HINTERGRUNDS. Warum das die beste Einstellung ist? Das verrate ich Ihnen im Anschluss an diesen Workshop, okay?

2. Werkzeug einstellen

Nun haben Sie nichts weiter zu tun, als dort eine Linie zu erzeugen, wo das Bild auf jeden Fall horizontal ausgerichtet sein soll. Die Stufen, die Treppen, das Dach – alles würde sich dazu eignen. Ich habe mich für die Oberkante der Fensterreihe entschieden. So etwas ist immer Garant für Geraden. Klicken Sie im Bild auf Punkt ❶ und ziehen Sie mit gehaltener Maustaste bis ❷ herüber. Dort lassen Sie los.

3. Ausrichten

Das macht doch Spaß, oder? Nur schade, dass man nicht noch mehr schiefe Fotos hat.

Die Arbeitsflächenoptionen

Wie jedes Werkzeug müssen Sie auch das Gerade-ausrichten-Werkzeug vor seiner Anwendung in der Optionsleiste einstellen. Aber das wissen Sie ja längst. Je nachdem, welche Arbeitsflächenoptionen Sie hier festlegen, differiert das Ergebnis aber ganz gewaltig.

- GRÖSSE DER ARBEITSFLÄCHE ANPASSEN – Photoshop Elements vergrößert beim Ausrichten auch die Arbeitsfläche. Dadurch wird kein Detail des Bildes entfernt.
- FREISTELLEN ZUM ENTFERNEN DES HINTERGRUNDS – Nach dem Ausrichten des Bildes werden die Randbereiche teilweise abgeschnitten. Hintergrundbereiche werden komplett entfernt.

▲ **Abbildung 7.1**
Vom Original wird nichts abgeschnitten.

▲ **Abbildung 7.2**
Ein sauberes Bild, das jedoch an den Rändern abgeschnitten worden ist

▶ FREISTELLEN AUF ORIGINALGRÖSSE – Die Abmessungen des Bildes werden nicht verändert. Das Bild wird teilweise beschnitten. Des Weiteren bleiben Hintergrundflächen erhalten. Hier entsteht gewissermaßen eine Mischung aus den beiden zuvor genannten Methoden.

◀ Abbildung 7.3
Ein Kompromiss aus beiden zuvor genannten Methoden

▶ ALLE EBENEN DREHEN – Wenn das Bild aus mehreren Ebenen besteht, werden diese alle gedreht. Deaktivieren Sie die Checkbox, wenn Sie nur die aktive Ebene drehen und alle anderen im ursprünglichen Zustand belassen wollen.

7.2 Perspektive korrigieren

Sicher haben Sie schon selbst des Öfteren an Bauwerken hochgeschaut und beeindruckt festgestellt, was die Architektur doch so alles hervorbringt. Die Enttäuschung folgte dann aber auf dem Fuße, als die Ablichtungen der Gebilde vor Ihnen lagen. Das war ja gar kein Vergleich mehr mit dem Original; entweder gewann man den Eindruck, als kippe das pompöse Gebäude jeden Moment nach hinten, oder aber die Mauern wirkten verzerrt und irgendwie aneinandergestellt. Wieder einmal dürfen wir bei solchen Gelegenheiten feststellen, wie unterschiedlich doch die Ansichtsweisen einer Kamera im Vergleich zum menschlichen Auge sind. Die Elektronik, so ausgereift sie auch sein mag, sieht letztendlich doch nur zweidimensional; und das wenig befriedigende Ergebnis wird alsdann schonungslos präsentiert.

7 Bilder ausrichten und Verzerrungen korrigieren

Abbildung 7.4 ▶
Hier wurde von unten nach oben fotografiert. Das Ganze bei leicht zur Seite versetzter Kameraposition. Die Folge: Stürzende Linien.

Bilder durch Verzerrung korrigieren

Doch unsere widerborstige Kamera mit ihrer unqualifizierten Sichtweise hat die Rechnung ohne unseren ständigen Wegbegleiter, Photoshop Elements, gemacht. Die Technik, die wir in solchen Fällen anwenden wollen, nennt sich PERSPEKTIVISCHE VERZERRUNG, und mit ihrer Hilfe werden wir unser schiefes Häuschen wieder in ein imposantes Bauwerk verwandeln; ohne schiefes Gemäuer (aber leider auch ohne Zinne). Wir werden sogenannte »stürzende Kanten« bzw. »stürzende Linien« begradigen.

Am Beispiel des augenfälligen Rathauses, im Herzen der Düsseldorfer Altstadt, wollen wir das Beispiel zu dieser Übung nachvollziehen. Öffnen Sie dazu die Bilddatei Rathaus.tif.

Aus Sicht der Kamera sind die unteren Etagen des Gebäudes noch recht nah, während die oberen Stockwerke hingegen etliche Meter vom Objektiv entfernt sind. Das bedeutet für die Kamera: Diese sind »weiter weg«, also kleiner! Dies gilt es nun auszugleichen.

 Schritt für Schritt: Perspektive durch Verzerren korrigieren

Ziel der Aufgabe ist es, die Perspektive ins rechte Licht zu rücken und die stürzenden Kanten optisch auszugleichen. Mit Hintergrundebenen, die ja fixiert sind, ist eine solche Umwandlung nicht möglich. Daher muss der Hintergrund zunächst in eine Ebene umgewandelt werden.

Klicken Sie doppelt auf einen freien Bereich der Ebene innerhalb der Ebenen-Palette, oder entscheiden Sie sich für EBENE • NEU • EBENE AUS HINTERGRUND. Natürlich will ich nicht verheimlichen, dass Sie auf die Umwandlung auch verzichten könnten, wie Sie im folgenden Schritt sehen werden. Aber dann gäben Sie Photoshop Elements die Gelegenheit, mit einer altklugen Info zu reagieren – und das wollen Sie doch sicher nicht.

1. Hintergrund in eine Ebene umwandeln

Hintergrund in Ebene wandeln

Viele Funktionen stehen nur auf Ebenen zur Verfügung, nicht jedoch auf Hintergründen. Es lassen sich zwar beispielsweise Farben auftragen, jedoch keine Änderungen am Hintergrund selbst vornehmen. Wandeln Sie Hintergründe deshalb immer vorab in eine Ebene um.

Im Dialogfeld NEUE EBENE vergeben Sie, falls gewünscht, einen Namen und verlassen das Fenster mit OK. Es handelt sich nun um eine bearbeitbare Ebene und nicht mehr um einen Hintergrund.

Falls Sie den Hintergrund nicht umwandeln und eine Funktion anwenden, die aber eine Umwandlung erforderlich macht (wie z. B. das Verzerren), meldet sich Photoshop Elements mit einem Dialogfeld. Bestätigen Sie hier auf jeden Fall mit OK, da der Hintergrund sonst erhalten bleibt. Auch den darauf folgenden Dialog können Sie mit OK übergehen, sofern Sie die Ebene nicht noch benennen wollen. Bestätigen Sie zum Schluss mit der Eingabetaste.

2. Optional: Hintergrund nicht in eine Ebene umwandeln

Nicht mehr anzeigen

Falls Sie wünschen, dass der nebenstehende Dialog in Zukunft unterdrückt wird, setzen Sie das Häkchen vor NICHT MEHR ANZEIGEN. Fortan wird gleich das Fenster zur Benennung der Ebene angezeigt.

Zur besseren Beurteilung des Bildes werden nun Raster benötigt, die Sie über ANSICHT • RASTER ein- und auch wieder ausschalten können. Die Rasterweite ist übrigens vorgegeben und beträgt standardmäßig 2 cm. Im Anschluss an die Steps erfahren Sie, wie die Rasterweite geändert werden kann.

3. Raster

7 Bilder ausrichten und Verzerrungen korrigieren

4. Ansicht optimieren Zur folgenden Bearbeitung benötigen wir ausreichend Platz um das gesamte Bild herum. Das Bild soll so groß wie möglich dargestellt werden, ohne dass Ausschnitte auf der Arbeitsfläche vernachlässigt werden.

Zwei Möglichkeiten bieten sich dort an: Entweder Sie drücken zunächst [Strg]+[0] (= Null), oder Sie maximieren das Bild selbst über den Maximieren-Button in der Kopfleiste. Aktivieren Sie nun das Zoom-Werkzeug und klicken Sie mit der Lupe auf das Bild, wobei Sie [Alt] gedrückt halten. So zoomen Sie aus dem Bild aus. Sie sollten nun über ausreichend graue Fläche um das Bild herum verfügen.

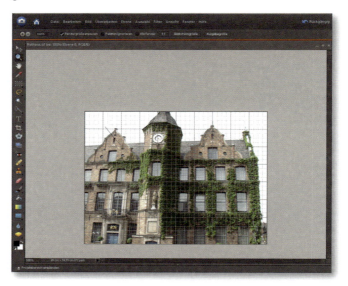

5. Verzerren Wählen Sie BILD • TRANSFORMIEREN • VERZERREN, worauf ein kleiner Rahmen mit den bereits bekannten, quadratischen Anfasser-Punkten am Rand des Bildes entsteht. Ebenso tauchen am unteren rechten Ende die beiden Steuerelemente zum Bestätigen bzw. Abbrechen des Vorgangs auf.

Klicken Sie auf einen der Anfasser oben links und ziehen Sie diesen noch weiter nach links in den das Bild umgebenden Graubereich. Orientieren Sie sich bei den Verzerrungen an den Außenkanten der Gebäude und versuchen Sie, diese mit den Rasterlinien ins Lot zu bringen. Wiederholen Sie den Schritt nun mit dem Anfasser oben rechts und ziehen Sie diesen weiter nach rechts. Beachten Sie aber,

7.2 Perspektive korrigieren

dass sich bei einer einseitigen Verzerrung die gegenüberliegende Seite ebenfalls wieder etwas neigt. Gleichen Sie das durch wechselweises Verziehen aus ■.

Falls das Bild nun gestaucht erscheint, können Sie es am oberen mittleren Anfasser noch etwas nach oben schieben. Dadurch wird es auch vertikal wieder in Form gebracht. Nach erfolgter Verzerrung beider Seiten bestätigen Sie mit dem überlagernden Häkchen unten rechts im Bild oder mit ⏎.

> **Verzerrung in eine Richtung**
> Um unbeabsichtigte Bewegungen in vertikaler Richtung zu verhindern, können Sie während des Ziehens ⇧ gedrückt halten.

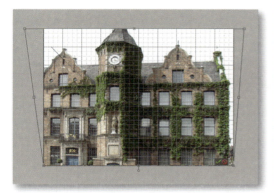
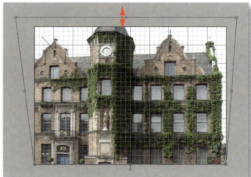

Schalten Sie das Raster über Ansicht • Raster wieder aus. Über Bild • Skalieren • Alles einblenden erhalten Sie die Gesamtansicht. Jetzt müssen Sie nur noch, wie bereits beschrieben, die unschönen Transparenzen entfernen. Das machen Sie mit dem Freistellen-Werkzeug C.

6. Ganzes Bild anzeigen

Ende

Perspektivische Verzerrung

Sicher ist Ihnen der Menüeintrag PERSPEKTIVISCH VERZERREN aufgefallen, der sich ebenfalls hinter BILD • TRANSFORMIEREN verbirgt. Bei der perspektivischen Verzerrung werden sogar beide Seiten gleichzeitig in einem einzigen Arbeitsgang verzerrt. Das ist zwar eine Arbeitserleichterung, jedoch nur dann geeignet, wenn beide Seiten zu gleichen Teilen gezogen werden müssen.

In unserem Bild war das leider nicht der Fall; beide Seiten mussten unterschiedlich stark ausgeglichen werden.

Rasterweite ändern

Sie haben gesehen, wie hilfreich das Raster sein kann, das Sie über ANSICHT • RASTER erreichen. Falls Ihnen die vorgegebenen Werte nicht zusagen, können diese in den Voreinstellungen geändert werden. Wählen Sie dazu BEARBEITEN • VOREINSTELLUNGEN • RASTER und ändern Sie im Eingabefeld ABSTAND die Parameter entsprechend Ihren Wünschen.

Die Funktion RASTER ist eine übergreifende Funktion. Einmal eingeschaltet, taucht sie in jedem Bild auf, das Sie in Photoshop Elements öffnen. Des Weiteren wirkt das Raster lediglich als Hilfsfunktion. Keine Sorge also, dass es etwa beim Druck mit ausgegeben würde.

Kameraverzerrungen ausgleichen

Im vorstehenden Beispiel wurde ein verzerrtes Bild durch eine erneute Verzerrung wieder in Form gebracht. Allerdings mussten Sie dabei sicher auch feststellen, dass diese Vorgehensweise nicht ganz ohne ist. So passiert es leicht, dass man zu viel des Guten macht. Außerdem beeinflusst die Verzerrung eines Eckpunktes auch immer den gegenüber liegenden. Photoshop Elements kommt daher mit einem Feature, das etwas einfacher zu handhaben ist – die Korrektur der Kameraverzerrung.

Wohl gemerkt: Bei schwierigen und vor allem bei stark einseitigen Verzerrungen, wie im Fall Rathaus.tif, sind Sie mit der vorstehenden Methode meist besser beraten. Wenn die Verzerrungen jedoch nicht so stark einseitig sind, und vordergründig die nicht axiale Positionierung der Kamera ausgeglichen werden soll, geht es auch so wie im folgenden Workshop gezeigt.

Voreinstellungsparameter

Bedenken Sie, dass sämtliche Voreinstellungen grundsätzlich nicht in die Protokoll-Palette aufgenommen werden. Änderungen an den Voreinstellungen können nicht im herkömmlichen Sinne rückgängig gemacht werden. Ändern Sie die Einstellungen manuell, indem Sie die alten Parameter wieder in Anwendung bringen.

Schritt für Schritt: Perspektive durch Verzerrungsfilter korrigieren

Betrachten Sie das Bild Fassade.tif. Eigentlich ganz nett, oder? Aufgrund der starken Neigung der Kamera musste es hier aber unweigerlich zu stürzenden Linien kommen – das ist halt immer das Pech, wenn man gerade keinen Aufnahmekran dabei gehabt hat.

Nachdem Sie FILTER • KAMERAVERZERRUNG KORRIGIEREN eingestellt haben, wartet ein netter Dialog auf Bearbeitung. Das Raster wird hier übrigens standardmäßig angezeigt – ganz gleich, ob Sie es zuvor über das Menü ANSICHT aktiviert haben oder nicht. Wenn es Sie stört, schalten Sie es in der Fußleiste des Dialogs ab, indem Sie das Häkchen vor RASTER EINBLENDEN ❶ (siehe die Abbildung auf der nächsten Seite) entfernen. Ach, ja: Auf Dauer ist das allerdings nicht ratsam, wie Sie gleich sehen werden.

1. Filter-Dialog öffnen

Schieben Sie den Regler VERTIKALE PERSPEKTIVE ❷ nun nach links. Es kann sofort festgestellt werden, dass sich die stürzenden Linien entsprechend ausgleichen. Ein Wert um –35 sollte für dieses Bild optimal sein. Beim Ausrichten sollten Sie ausschließlich auf die Senkrechten achten und dabei das Raster im Auge halten.

2. Vertikale Perspektive korrigieren

7 Bilder ausrichten und Verzerrungen korrigieren

3. Horizontale Perspektive korrigieren

Die Horizontale ist fast schon in Ordnung, weshalb Sie es bei einer minimalen Korrektur bewenden lassen können. Verschieben Sie den Regler HORIZONTALE PERSPEKTIVE. Bereits bei –3 macht das Bild einen guten Eindruck, finden Sie nicht auch? Sorgen Sie, wenn Sie ein Bild nicht absichtlich verzerren, sondern ausrichten wollen, generell dafür, dass es im Bild aussieht, als sei die Position der Kamera mittig vor dem Objekt gewesen.

4. Optional: Bild drehen

Die Kamera ist zum Zeitpunkt der Aufnahme waagerecht gehalten worden. Ein Glück, denn sonst hätten Sie jetzt auch noch das kleine Rädchen mit der Bezeichnung WINKEL ❸ verdrehen müssen. Bedenken Sie, dass Sie hierbei immer das gesamte Bild drehen. Und die Bedienbarkeit des Steuerelements wird nicht gerade dadurch erleichtert, dass die Auswirkungen auch bei minimaler Verstellung gleich drastisch ausfallen. Ich möchte Ihnen deshalb empfehlen, bei derartigem Korrekturbedarf lieber das nebenstehende Eingabefeld ❹ zu benutzen. Hier ist ein 360°-Kreis zugrunde gelegt, wobei der Wert 1 das Bild um 1° gegen den Uhrzeigersinn verlagert. Wenn Sie um 1° nach rechts neigen wollen, müssen Sie demzufolge 359 eingeben.

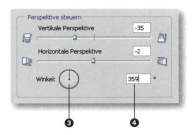

Wenn eine Aufnahme leicht bauchig wirkt, gewissermaßen wie auf die Außenhülle einer Kugel aufgebracht (Kissenverzerrung), können Sie noch den Schieber VERZERRUNG ENTFERNEN nach rechts bewegen. Umgekehrt ließe sich eine Verzerrung nach innen (Tonnenverzerrung) durch Verstellung nach links ausgleichen. Bei der Übersetzung der Software vom Amerikanischen ins Deutsche ist der Name dieses Steuerelements sicher nicht ganz glücklich ausgefallen, da der Eindruck entsteht, man könne die gesamte Verzerrung korrigieren. Das ist jedoch nicht der Fall. Doch zurück zum Beispielbild. Eine Korrektur von +3 sollte hier für ein optimales Ergebnis sorgen – andernfalls könnte die Fassade am Ende leicht bauchig aussehen ■.

5. Linsenverzerrung korrigieren

Vignette entfernen

Der Vignetten-Effekt (auch Vignettierung genannt) rührt daher, dass die Kanten meist weniger belichtet sind als der Rest des Bildes. Mit dem Regler VIGNETTE können Sie die Ecken aufhellen (nach rechts) oder abdunkeln (nach links). Der darunter befindliche Regler erlaubt zudem eine Ausrichtung des Effektes, gemessen vom Bildmittelpunkt aus.

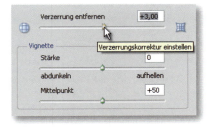

Nun entstehen an den Rändern die bereits bekannten Transparenzen, was es erforderlich macht, das Bild freizustellen. Keine Frage: Das könnten Sie gleich hier im Dialog erledigen. Doch dann stehen Sie vor einem Problem: Über das Steuerelement SKALIEREN im Bereich KANTENERWEITERUNG (der unterste Schieberegler) können Sie den Bildausschnitt so weit vergrößern, bis die Transparenzanteile verschwunden sind. Doch das hätte zur Folge, dass Sie oben viel zu viel abschneiden würden. Es ist nämlich so, dass die Skalierung stets von der Mitte aus zu allen Seiten gleichzeitig erfolgt – und mitunter ist genau das nicht gewünscht – es sei denn, Sie legen Wert darauf, dass die Abmessungen und Seitenverhältnisse des Bildes strikt erhalten bleiben. Dann (und nur dann) ist dem Regler der Vorzug zu geben. In allen anderen Fällen, und wenn Ihnen die Erhaltung mög-

6. Bild freistellen

lichst vieler Bildbereiche wichtiger ist, sollten Sie das Freistellen erst im Anschluss machen. Bestätigen Sie also mit OK.

7. Bild freistellen   Drücken Sie [C], um das Freistellungswerkzeug zu aktivieren, und ziehen Sie einen Rahmen auf, der alle transparenten Pixel ausgrenzt. Wie das geht, haben Sie ja bereits in Kapitel 3 erfahren. Bestätigen Sie den Freistellungsvorgang mit dem grünen Häkchen oder über die Eingabetaste. Sie sehen, dass Sie mit der Freistellung bis an den obersten Bildrand gehen können. Diesen Bereich hätten Sie bei einer Skalierung aus der Bildmitte heraus jedoch verloren. Dafür lohnt es sich doch, einen zweiten Arbeitsgang anzuhängen, sind Sie nicht auch dieser Meinung?

7.3 Bilder gerade ausrichten II

In Photoshop Elements bietet sich noch eine weitere Möglichkeit an, Bilder auszurichten. Die Anwendung kann selbstständig analysieren, wie ein Bild gedreht werden muss. Ich weiß schon, was Sie sagen wollen: »Das hätte der Klaßen ja auch gleich zu Anfang des Kapitels schreiben können!« Recht haben Sie. Nur bleibt dabei der etwas bittere Beigeschmack, dass die Anwendung klare Konturen finden muss, die horizontal oder vertikal ausgerichtet werden können. Dass sich bei perspektivisch verzerrten Bildern zudem nicht immer der gewünschte Erfolg einstellt, versteht sich von selbst, oder? Aber ansehen sollten Sie sie dennoch:

Schritt für Schritt: Bilder gerade ausrichten (und freistellen)

Wenn Sie die Datei Trocadero.tif in Augenschein nehmen, werden Sie schnell feststellen, dass das gesamte Bild etwas gegen den Uhrzeigersinn gedreht werden müsste. Aber wie viel? Diese Aufgabe überlassen wir Photoshop Elements.

Entscheiden Sie sich für BILD • DREHEN • BILD GERADE AUSRICHTEN. Achten Sie auf die Vertikalen (z. B. die Säulen). Das sieht doch schon ganz gut aus, oder nicht? Zumindest auf der rechten Seite, denn verzerren kann diese Funktion nicht. Leider wird das Foto jetzt aber von einem unschönen Rand umgeben, der die aktuelle Hintergrundfarbe repräsentiert (das kann also bei Ihnen jetzt eine ganz andere Farbe sein als die hier abgebildete).

1. Bild ausrichten

2. Bild ausrichten und freistellen

So etwas wollen wir natürlich nicht haben. Deshalb sollten Sie jetzt [Strg]+[Z] drücken, um den letzten Schritt rückgängig zu machen. Danach gehen Sie abermals in das Menü BILD und stellen jetzt DREHEN • BILD GERADE AUSRICHTEN UND FREISTELLEN ein. Besser, oder?

Keine Frage: Die Datei müsste zusätzlich noch verzerrt werden (BILD • TRANSFORMIEREN • VERZERREN), damit auch die linke Säulenreihe passt. Sie sehen also, dass diese Methode schnell an ihre Grenzen stößt. Dennoch wollte ich Sie Ihnen nicht vorenthalten.

Wie wäre es, wenn Sie das Ergebnis in einem weiteren Arbeitsgang noch verzerren würden? Ein sicher recht passables Resultat finden Sie unter Trocadero_fertig.tif im Ergebnis-Ordner.

7.4 Photomerge

Eine weitere interessante Art, bei der mehrere Dateien gemeinsam verarbeitet werden, ist Photomerge. Mit dieser Funktion wird eine Technik realisiert, die sich zunehmender Beliebtheit erfreut: die Panoramabilder.

Panoramabilder erstellen
Zwar gibt es Photomerge auch in Photoshop Elements schon länger, doch ist der zugehörige Dialog komplett verändert worden.

Auf der Buch-DVD finden Sie eine Video-Lektion zum Thema »Photomerge«.

Schritt für Schritt: Panoramabild eines Sees erstellen

In diesem Workshop werden wir ein Panorama montieren, dessen beiliegende Dateien so beschaffen sind, dass alles glattgehen sollte. Wenn Sie selbst Panoramafotos schießen wollen, beherzigen Sie bitte die nebenstehenden Regeln, da es andernfalls bei der Montage zu Problemen kommen kann ■.

Schließen Sie bitte zunächst alle geöffneten Dateien. Im Ordner Panorama der beiliegenden Buch-DVD finden Sie fünf Dateien (001. jpg bis 005.jpg), die im Gesamtbild die zu montierende Skyline ergeben. Sie können bereits jetzt alle fünf Bilder öffnen – müssen das aber nicht unbedingt tun, wie die folgenden Steps zeigen werden.

1. Dateien bereitstellen

Nachbearbeitungsoptionen
Oftmals sorgen unterschiedliche Lichtverhältnisse dafür, dass die Bilder nicht wirklich zusammenpassen. Das sollten Sie vorab versuchen, auszugleichen. Die besten Korrekturergebnisse erreichen Sie über die Tonwertkorrektur.

189

2. Quelldateien hinzufügen

Wählen Sie nun DATEI • NEU • PHOTOMERGE-PANORAMA. Im folgenden Dialog widmen Sie sich bitte zunächst dem mittleren Frame, QUELL-DATEIEN. Hier haben Sie nämlich jetzt die Möglichkeit, Fotos hinzuzufügen.

> **Hinweise zur Erstellung von Panoramafotos**
>
> Fotografieren Sie immer vom Stativ! Verändern Sie nicht die Position der Kamera, während Sie die Bilder einfangen! Fotografieren Sie zügig! Die Lichtverhältnisse ändern sich sehr schnell. Schalten Sie automatische Belichtungsfunktionen aus! Lassen Sie die Bildbereiche 15 bis 40 % überlappen! Zoomen Sie niemals zwischen zwei Aufnahmen! Verwenden Sie keine Verzerrungslinsen!

Wenn Sie die Beispielfotos noch nicht geöffnet haben, klicken Sie auf DURCHSUCHEN und navigieren zum Ordner PANORAMA im BILDER-Ordner der Buch-DVD. Markieren Sie alle fünf Bilder und klicken Sie auf ÖFFNEN.

Sollten Sie vorab bereits die Bilder in Photoshop Elements bereitgestellt haben, reicht sogar ein Klick auf GEÖFFNETE DATEIEN HINZUFÜGEN. Voraussetzung ist hier allerdings, dass wirklich keine anderen Dateien als die benötigten mehr im Editor geöffnet sind. Anderenfalls müssten Sie diese in der nebenstehenden Liste markieren und auf ENTFERNEN klicken.

3. Layout auswählen

Nun können Sie bestimmen, wie die einzelnen Bilder angeordnet werden sollen. Schauen Sie sich dazu die Miniaturen im Bereich LAYOUT einmal etwas genauer an. Sie erklären sehr gut, welches Ergebnis Sie bei Anwahl des jeweiligen Radiobuttons erwartet. In unserem Beispiel reicht es, wenn Sie den obersten Knopf, AUTOMATISCH, angewählt lassen, ehe Sie auf OK klicken.

Damit haben Sie eine ziemlich umfangreiche Rechenoperation in Gang gesetzt. Aber kurze Zeit später sollte Photoshop Elements ein bereits recht ansprechendes Ergebnis abgeliefert haben.

Jetzt müssen Sie das Bild lediglich noch freistellen. Die Freistellungstechnik kennen Sie ja bereits. Versuchen Sie, alle transparenten Bereiche (karierte Flächen) beim Freistellen auszuklammern. Des Weiteren müssen Sie das Foto natürlich noch speichern. Immerhin ist ja aus den fünf Einzelfotos eine komplett neue Datei erzeugt worden. Sie sehen das auch anhand des Namens in der Kopfleiste des Bildes. Das Ergebnis ist übrigens mit »Panorama_fertig.tif« bezeichnet und befindet sich im Ergebnis-Ordner.

4. Bild freistellen

Fotokompositionen erstellen

Nicht nur, dass die Photomergetechnik in Bezug auf Panoramafotos grundlegend geändert worden ist; nein, die gesamte Photomerge-Abteilung hat rasanten Zuwachs bekommen. In diesem Abschnitt soll es jetzt darum gehen, aus mehreren Gruppenbildern die jeweils besten Eindrücke herauszuholen. In der Praxis könnte das in etwa so aussehen: Auf Foto 1 hat Onkel Eberhard so lustig ausgesehen, auf Foto 2 war der Gesichtsausdruck von Tante Sieglinde aber wesentlich freundlicher. Bringen Sie nun beide Elemente zusammen und präsentieren Sie ein Foto, das alle zufriedenstellt – sowohl Onkel Eberhard als auch Tante Sieglinde.

Schritt für Schritt: Ein Gesicht austauschen

Stellen Sie die beiden Dateien Kinder_01.tif und Kinder_02.tif bereit. Schauen Sie sich beide Fotos an. Ziel dieses Workshops ist es nun, das querformatige Foto (01) als Grundlage zu nehmen, wobei aber das Gesicht des Jungen aus Foto 02 Verwendung finden soll. Das Gesicht des Mädchens bleibt aber sehr wohl erhalten. Viel zu tun? Nein, nicht wirklich …

Abbildung 7.5 ▶
Aus zwei mach eins – mit Photomerge …
(Quelle: www.pixelio.de)

1. Kompositionsdialog öffnen

Widmen Sie sich nach dem Öffnen der Bilder dem Projektbereich. Schließen Sie alle Fotos mit Ausnahme der beiden Kinderbilder. Markieren Sie beide im Projektbereich, indem Sie [Strg] gedrückt halten und die Miniaturen anklicken. Daraufhin werden die Vorschaubilder umrandet.

Jetzt wählen Sie aus dem Menü Datei • Neu • Photomerge-Gruppenbild.

2. Grundbild festlegen

Nun müssen Sie festlegen, auf welchem Foto das Endergebnis basieren soll. Das ist im konkreten Fall das querformatige Foto, dessen Miniatur Sie nun mit gedrückter Maustaste auf die leere Fläche in die Mitte des Dialogs ziehen.

Auf der linken Seite muss nun das Quellbild liegen, welches in das Zielbild »hineinmontiert« werden soll. Kontrollieren Sie, ob das der Fall ist. Hier gehört jetzt das hochformatige Foto hinein. Sollte das im linken Rahmen nicht angezeigt werden, markieren Sie es im Projektbereich. Grundsätzlich wird dort das Quellbild (auf der linken Seite der Arbeitsfläche) und das Zielbild (rechts) umrandet. Grundsätzlich gilt: Quelle = blau, Ziel = gelb!

3. Quellbild festlegen

Nun haben Sie nichts weiter zu tun, als im linken Bild grob die Bereiche zu markieren, die im rechten Bild überblendet werden sollen – also das Gesicht des Jungen. Ziehen Sie mit gedrückter Maustaste einmal quer über diesen Bildbereich. Kurze Zeit später sollte das rechte Bild entsprechend aktualisiert worden sein.

4. Bilder überblenden

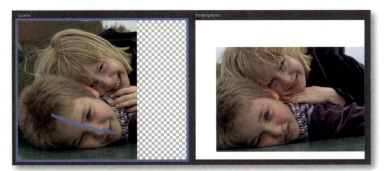

193

5. Ergebnis optimieren

Eine einzelne Markierung auf dem Quellbild wird aber kaum reichen. Das Gesicht des Jungen ist nämlich jetzt nicht vielmehr als ein »Mischmasch« aus Bild 1 und 2. Deshalb müssen Sie weitere Bereiche einfangen. Zeichnen Sie im linken Bild weitere Linien auf, und versuchen Sie so, das Ergebnis auf der rechten Seite zu optimieren. Nicht vergessen: Wenn eine Linie zu einem unerwünschten Resultat führt, einfach [Strg]+[Z] drücken. Dann wird der letzte Schritt wieder verworfen, und Sie können es abermals probieren.

Achten Sie im Ergebnisbild auch einmal auf den grünen Untergrund. Bevor Sie nämlich jetzt unten rechts mit FERTIG bestätigen, müssen Sie diesen auch noch angleichen. Aber das sollte recht gut klappen.

6. Bild freistellen

Zurück in der Editor-Ansicht, kann es Ihnen passieren, dass Sie das Ergebnisbild gar nicht sehen. Schließen Sie in dem Fall die beiden Originalbilder oder stellen Sie diese zur Seite. Das Ergebnisbild wird nämlich nicht automatisch nach vorne gestellt. Aber ich bin sicher: Sie werden es finden. Und sicher wissen Sie auch, was jetzt noch zu tun

Ende

ist. Sie müssen die Datei noch freistellen – und speichern natürlich.

Photomerge sucht bei der Ausrichtung der Bilder selbsttätig nach Gemeinsamkeiten. Aber nicht immer klappt das Ausrichten der Bilder von alleine. Wenn sich die relevanten Bildausschnitte nämlich nicht so schön deckungsgleich übereinander legen, wie das im vorangegangenen Beispiel der Fall gewesen ist, müssen Sie selbst Hand anlegen – mit den Ausrichten-Funktionen.

Dazu müssen Sie auf der rechten Seite des Dialogs ERWEITERTE OPTIONEN ❶ öffnen. Markieren Sie danach das Ausrichtungswerkzeug ❷. Wenn Sie jetzt mit der Maus auf das Quell- oder Zielbild gehen, finden Sie jeweils drei Ausrichtpunkte ❹. Diese können Sie per Drag & Drop verschieben. So wäre es durchaus möglich, markante Punkte im Quellclip zu suchen und die Ausrichter darauf zu platzieren.

▼ **Abbildung 7.6**
Die Ausrichtungspunkte des Quellbildes sind neu platziert worden.

Danach bringen Sie die Punkte auf dem rechten Bild an die identische Position und klicken auf FOTOS AUSRICHTEN ❸. Achten Sie aber bitte unbedingt auf die kleinen Ziffern, die an den Fadenkreuzen angebracht sind. Wenn Sie beispielsweise Kreuz Nr. 1 im Quellbild auf den Mundwinkel gesetzt haben, dürfen Sie auch im Zielbild (rechts) keine andere Marke als Kreuz Nr. 1 dort platzieren.

Wenn Sie danach weiter überblenden wollen, ist es erforderlich, den *Buntstift* ❺ explizit wieder per Mausklick zu aktivieren. So lange Sie das nicht machen, bleibt nämlich das Ausrichtungswerkzeug aktiv. Bereits gezogene Striche auf dem Quellbild können Sie prima mit dem Radiergummi ❻ wieder entfernen. Und falls Sie einmal nicht sicher sind, welche Quellbereiche bereits im Zielbild überblendet worden sind, sollten Sie die Checkbox REGIONEN ANZEIGEN ❼ aktivieren. Dann präsentiert das Zielbild alle bereits aus der Quelle aufgenommenen Regionen mit einer teiltransparenten, blauen Färbung. Sie wissen ja: Quelle = blau, Ziel = gelb!

◀ **Abbildung 7.7**
Bereits überblendete Regionen werden blau dargestellt, während unveränderte Originalbereiche gelb bleiben.

Gesichter kombinieren
Die Kombination von Gesichtern stellt sicher eine noch recht exotische Variante bei der Bildbearbeitung in Photoshop Elements dar. Leider kommt dieses neuartige Tool auch recht schnell an seine Grenzen – und es bleibt abzuwarten, ob es in Folgeversionen noch weiter ausgebaut wird. Dennoch wollen wir einen kurzen Blick auf die dritte Photomergevariante werfen.

Schritt für Schritt: Augen »transplantieren«

Die beiden Bilder des vorangegangenen Workshops kinder_01.tif und kinder_02.tif stellen auch für diesen Workshop das Ausgangsmaterial dar. Wir werden jetzt allerdings nur die Mundpartie des Mädchens austauschen. Na, dann schaun mer mal …

1. Optional: Bilder spiegeln

Prinzipiell sollten Sie immer die Möglichkeit in Erwägung ziehen, Bilder zunächst zu drehen, damit die abgebildeten Personen in die gleiche Richtung blicken. Das ist hier nicht nötig, wobei ich Ihnen die Alternative aber an dieser Stelle nicht vorenthalten will. Wenn Sie es also mit Bildern zu tun haben, auf denen die Personen in unterschiedliche Richtungen blicken, können Sie die Bilder oft besser aufeinander abstimmen, indem Sie eines drehen. Das machen Sie über BILD • DREHEN • HORIZONTAL SPIEGELN.

Markieren Sie beide Fotos im Projektbereich und wählen Sie DATEI • NEU • PHOTOMERGE-GESICHTER. Falls das Hochformatfoto jetzt auf der linken Seite angezeigt wird, markieren Sie einfach die andere Miniatur im Projektbereich. Ziehen Sie das Hochformat anschließend mit gedrückter Maustaste auf die rechte Seite, die mit ENDERGEBNIS überschrieben ist.

2. Photomerge öffnen

Aktivieren Sie jetzt das Ausrichtungswerkzeug per Mausklick und widmen Sie sich der linken Bilddatei. Ziehen Sie die Punkte mit den Nummern 1, 2 und 3 nacheinander auf das von Ihnen aus gesehen linke Auge des Mädchens, dann auf das rechte und zuletzt auf die Mitte des Mundes.

3. Quellbild ausrichten

Wiederholen Sie den Vorgang in der gleichen Reihenfolge beim Zielbild auf der rechten Seite. Zuerst das von Ihnen aus gesehen linke, dann das rechte Auge und zum Schluss die Mitte des Mundes.

4. Zielbild ausrichten

Klicken Sie anschließend auf FOTOS AUSRICHTEN. Damit sollte die Geometrie, genauer gesagt, die Position beider Gesichter ganz gut aneinander angepasst worden sein.

5. Quellinhalte übertragen

Jetzt schalten Sie auf den Buntstift um und übermalen den Mund des Mädchens auf dem Quellbild. Sie müssen das nicht sonderlich exakt machen. Es reicht, wenn ein oder zwei Striche den Mund grob markiert haben.

Wenn Sie die Ausrichtung zuvor gewissenhaft gemacht haben, werden Sie jetzt sicher ein insgesamt zufriedenstellendes Ergebnis erzielen. Anschließend bestätigen Sie mit einem Klick auf FERTIG.

Ende   Das Ergebnis ist mit »Lachen_fertig.tif« bezeichnet und befindet sich, wie gewohnt, im Ordner »Ergebnisse«.

7.4 Photomerge

Das Problem bei Photomerge-Gesichter ist, dass Sie die Ergebnisse nur bis zu einem gewissen Grad beeinflussen können. Das Werkzeug könnte weitaus interessanter sein, wenn sich Teile der aufgenommenen Bereiche, nach Zuschaltung von REGIONEN ANZEIGEN, mit dem Radiergummi wieder entfernen ließen. Doch das ist leider nicht möglich. Wenn Sie es versuchen, erhalten Sie eine Fehlermeldung.

◀ **Abbildung 7.8**
Auf der Endergebnisseite kann »noch« nicht radiert werden.

Zu guter Letzt: Ebenen bleiben in Photomerge erhalten
Sicher ist Ihnen schon aufgefallen, dass die einzelnen Ebenen bei Photomerge-Panoramabildern erhalten bleiben. Das ist auch von Vorteil. So können Sie nämlich Farb- oder Beleuchtungsunterschiede noch prima angleichen, nachdem Sie das Panorama »zusammengeschraubt« haben. Wenn Sie eine derartige Nacharbeit

jedoch nicht mehr benötigen, empfiehlt es sich, die Ebenen auf eine einzige zu reduzieren. Andernfalls haben Sie es nämlich mit nicht zu verachtenden Dateigrößen zu tun. Das Reduzieren auf »eine« Ebene können Sie im Übrigen ruck, zuck! erledigen, indem Sie innerhalb der Ebenen-Palette auf ERWEITERT klicken und dann den Eintrag AUF HINTERGRUNDEBENE REDUZIEREN einstellen. Zumindest sollten Sie derart vorgehen, wenn Sie die Datei als TIFF oder PSD speichern wollen. Wenn Sie lieber ein JPEG daraus machen wollen, entfällt dieser Arbeitsgang, da JPEG eh keine Ebenen unterstützt.

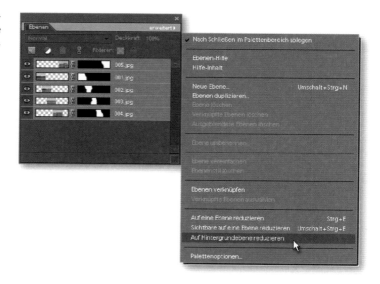

Abbildung 7.9 ▶
Reduzieren Sie mehrere Ebenen auf den Hintergrund.

8 Farben eindrucksvoll nachbearbeiten

Bilder farbig aufwerten oder verfremden

- ▶ Wie funktionieren Farbwerkzeuge und -paletten?
- ▶ Was ist das Additive Farbsystem?
- ▶ Wie kann ich ein Bild mit den Farbvariationen verfremden?
- ▶ Wie kann ich die Farben verbessern und einen Farbstich entfernen?
- ▶ Wie können Farbton und Sättigung verbessert werden?
- ▶ Wie ändere ich die Augenfarbe im Porträt?
- ▶ Wie arbeite ich mit Einstellungsebenen?
- ▶ Wie können Farben ersetzt werden?
- ▶ Wie lassen sich Farbfehler im Bild beheben?
- ▶ Wie werden Hauttöne korrigiert?
- ▶ Wie werden Schwarzweißbilder erstellt und konvertiert?

8 Farben eindrucksvoll nachbearbeiten

Photoshop Elements ist keinesfalls nur Bildbearbeitung. Mit Mal- und Zeichenfunktionen bringen Sie noch mehr Individualität in Ihre Bilder. Dabei sind der Wahl von Farben ebenso wenig Grenzen gesetzt wie der Beschaffenheit der Werkzeuge. Farben sorgen aber auch für ansprechende Korrekturergebnisse. »Farbe anpassen« heißt das Zauberwort, das dem Bildgestalter effektiv unter die Arme greift. Die »Variationen« sind Fundgrube und Ideenschmiede zugleich.

8.1 Farbfelder

Sie haben ja in Kapitel 5 bereits so einiges über Farben in Erfahrung gebracht. Jetzt sollen die Farbfelder hinzukommen. Die Palette öffnen Sie über FENSTER • FARBFELDER. Über das Palettenmenü ERWEITERT können Sie sich entscheiden, ob die dort gelisteten Auswahlfarben in Form von MINIATUREN oder als LISTE angezeigt werden sollen ■.

▲ **Abbildung 8.1**
Die Farbfelder-Symbole in Miniaturform (rechts) und als Liste (links)

Farbfelder im Palettenbereich

Falls Sie die Farbfelder öfter benötigen, wählen Sie doch im Fenstermenü ERWEITERT die Funktion IM PALETTENBEREICH ABLEGEN an. Der Eintrag wird mit einem Häkchen versehen. Wenn Sie daraufhin die Farbfelder-Palette schließen, wandert sie nach rechts in den Palettenbereich. Dort kann sie bis zu ihrer weiteren Verwendung über das vorangestellte Dreieck-Symbol in der Registerkarte minimiert werden.

Die Anzeige der Farbfelder entspricht dabei einem vorgegebenen Standard. Weitere Listen stehen in der Combobox unterhalb der Registerkarte zur Verfügung.

Zunächst einmal muss gesagt werden, dass Sie mit der Selektion eines anderen Farbsatzes keinerlei Änderung an Ihren Bildern vornehmen. Jeder Farbsatz bietet lediglich einige repräsentativ ausgewählte Farben an, die Ihnen dann für den Einsatz bei der Bildbearbeitung (z. B. beim Auftragen mit dem Pinsel oder Färben von Schrift) zur Verfügung stehen. Grundsätzlich sollten Sie die Einstellung STANDARD beibehalten.

Die Farbsätze MAC OS und WINDOWS enthalten jeweils 256 Farben, die als Standard für das jeweilige Betriebssystem definiert worden sind. Das bedeutet aber keinesfalls, dass Sie hier gleich vom Betriebssystem abhängige Umstellungen vornehmen müssen. Stellen Sie sich die einzelnen Farbsätze als eine repräsentative Auswahl der insgesamt zur Verfügung stehenden Farben vor.

Allerdings: Wenn Sie sicher sein wollen, dass nur Farben zum Einsatz kommen, die auch in jedem Internetbrowser korrekt angezeigt werden, wählen Sie bitte WEBSICHERE FARBEN. Damit ist dann aber auch das Spektrum auf 216 verschiedene Möglichkeiten beschränkt. Sie sollten sich in diesem Fall konsequenterweise nur aus der Farbpalette bedienen, statt Farben aus dem Farbwähler zusammenzustellen.

Auch der Satz der FOTOFILTERFARBEN besteht nicht, wie man annehmen könnte, aus Filtern, sondern aus Farben, die denen der Fotofilter weitgehend entsprechen ■.

Farbfeld anlegen

Der Farbwähler in der Werkzeugleiste und die Farbfelder arbeiten eng zusammen. So ist es einerseits möglich, dem Farbwähler eine Farbe aus der Palette mittels Mausklick zu übergeben; andererseits können Sie im Farbwähler eine Farbe einstellen, sodass sie in der Werkzeugleiste sichtbar wird, und diese dann mit Klick auf NEUES FARBFELD FÜR VORDERGRUNDFARBE ERSTELLEN in die Riege der Farbfelder einreihen ■.

Was passiert, wenn ich den falschen Farbsatz anwende?
Nicht wirklich viel – denn wenn Sie beispielsweise für den Schriftzug Ihrer Homepage eine Farbe verwenden, die nicht im Umfang der websicheren Farben liegt, wird diese später im Browser durch die ähnlichste Webfarbe ersetzt. Das ist in den meisten Fällen optisch gar nicht bis kaum wahrnehmbar.

Vorder- und Hintergrundfarbe über Farbfelder bestimmen
Über die Palette FARBFELDER lässt sich bequem die aktuelle Vorder- bzw. Hintergrundfarbe zuweisen, die dann in der Toolbox angezeigt wird. Um die Vordergrundfarbe zu bestimmen, klicken Sie einfach das gewünschte Farbfeld an. Zur Selektion der Hintergrundfarbe halten Sie zusätzlich [Strg] gedrückt.

Farbfelder benennen
Bitte vergeben Sie dem Farbfeld stets einen aussagekräftigeren Namen als die Vorgabe »Farbfeld 1«. Ähnliche Farben können Sie dann später besser auseinanderhalten. Klicken Sie mit rechts auf das Farbfeld und wählen Sie im Kontextmenü FARBFELD UMBENENNEN.

◀ **Abbildung 8.2**
Nach einem Klick wird die aktuelle Vordergrundfarbe in die Palette aufgenommen.

Löschen rückgängig machen

Sie haben ja bereits erfahren, dass Aktionen, die das Programm direkt betreffen, nicht protokolliert werden. Das bedeutet, dass auch das Löschen einer Farbe nicht ins Protokoll aufgenommen wird. Ärgerlich, wenn Sie versehentlich eine falsche Farbe aus der Palette verbannt haben. Hier hilft ein kleiner Trick weiter: Wechseln Sie einfach über das Flyout-Menü in eine andere Farbpalette. Welche das ist, spielt dabei keine Rolle. Elements fragt daraufhin nach, ob die Änderungen in der Farbpalette, die Sie gerade verlassen, übernommen werden sollen. Wählen Sie NICHT SPEICHERN, und die Farbe kehrt zurück.

▲ **Abbildung 8.3**
Der additive Farbkreis

Farbfeld löschen

Zu gegebener Zeit werden Sie den Wunsch verspüren, sich von der einen oder anderen Farbe zu trennen. Ziehen Sie das betreffende Farbfeld dazu einfach auf den Papierkorb unten rechts. Photoshop Elements gibt daraufhin eine Kontrollabfrage aus ■.

Falls Sie die Kontrollabfrage aussparen möchten, halten Sie [Alt] gedrückt und klicken anschließend auf das Farbfeld. Der Mauszeiger mutiert dabei zur Schere, und die Farbe wird ohne zusätzliche Abfrage gelöscht.

8.2 Das additive Farbsystem

Farben am Bildschirm

Am Monitor kommt stets der RGB-Modus zum Tragen. Das Bild setzt sich dort aus Anteilen von Rot, Grün und Blau zusammen. Jede einzelne dieser drei Grundfarben stellt einen *Farbkanal* dar. Nun kann wiederum jeder der drei Kanäle mit unterschiedlicher Intensität vorhanden sein. Bei einem Wert von null ist die jeweilige Farbe nicht existent. Der Maximalwert eines Kanals beträgt 255, wobei in diesem Fall die Farbe voll vorhanden ist. Daraus ist abzuleiten, dass jeder Kanal in 256 unterschiedlichen Farbabstufungen dargestellt werden kann (255 plus Farbe nicht vorhanden = 256 Möglichkeiten). Somit stehen Ihnen 16.777.216 Farbkombinationen (256×256×256) zur Verfügung. Eine ganze Menge, oder?

Alle drei Grundfarben ergeben, wenn sie zusammen in voller Intensität vorliegen, reines **Weiß**. Ist keine der drei Farben vorhanden, liegt reines **Schwarz** vor. Um diese Tatsache zu verinnerlichen, kann man sich eine effektive »Eselsbrücke« bauen: Nennen wir die RGB-Farben einfach *Bildschirmfarben*, da dieses Farbsystem ja dort, wie wir bereits wissen, zum Einsatz kommt. Stellen Sie sich also einen ausgeschalteten Bildschirm vor – er ist schwarz. Erst wenn wir ihn einschalten, zeigt er Farben ■.

Farben ausdrucken

Aber was ist nun mit dem Druck? Hier wird nicht das additive, sondern das *subtraktive Farbsystem* benutzt, bei dem (von Schmuckfarben einmal abgesehen) Cyan, Magenta, Gelb (= Yellow) und Schwarz (= Key) zum Einsatz kommen. Das Farbsystem heißt deshalb auch *CMYK*. Spätestens hier winkt Elements allerdings ab. Wenn Sie sich mit diesem Bereich intensiver befassen möchten, werden Sie letztendlich auch auf den »großen Bruder« umsatteln müssen. Für Sie als Elements-User gibt's dennoch eine gute Nachricht zum Schluss: Sie müssen sich um Farbraumwandlungen zum Druck keinerlei Gedanken machen. Das erledigt nämlich Ihr heimischer Drucker für Sie. Belassen Sie alle Bilder zum Druck in **RGB**. Das druckereigene Farbmanagement wandelt alles vorab in CMYK um.

8.3 Mit Buntstift und Pinsel arbeiten

Mit dem Buntstift und dem Pinsel B lassen sich Formen und Farben zu Papier bringen. Als Beispiel arbeiten wir mit dem Buntstift. Wählen Sie zunächst das Buntstift-Werkzeug in der Werkzeugleiste aus, oder drücken Sie N auf Ihrer Tastatur. Die vorgegebene Größe des Stiftes beträgt **1 Pixel**. Das dürfte manchmal zu wenig sein. Stellen Sie daher eine andere GRÖSSE über die Optionsleiste ein, oder entscheiden Sie sich für eine der vorgegebenen Werkzeugspitzen im Flyout-Menü links neben »Größe«.

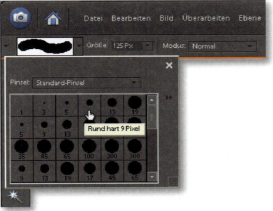

◄ **Abbildung 8.4**
Vordefinierte Pinselspitzen aus dem Flyout-Menü der Optionsleiste

Die einfachste Form des Malens mit dem Buntstift ist natürlich die, mit einer Mausbewegung und gleichzeitig gedrückter Maustaste eine Form zu ziehen. Lassen Sie die Taste los, wenn die gewünschte Form erreicht ist.

Die Umschalttaste spielt beim Zeichnen eine bedeutende Rolle. Klicken Sie zunächst auf die Arbeitsfläche, halten Sie dann die Maustaste gedrückt, ohne jedoch eine Bewegung auszuführen.

▲ **Abbildung 8.5**
Die Buntstift-Freiform

▲ **Abbildung 8.6**
Gerade Linien mit der Umschalttaste

8 Farben eindrucksvoll nachbearbeiten

▲ **Abbildung 8.7**
Linien lassen sich auch gerade miteinander verbinden.

▲ **Abbildung 8.8**
Weiche Spitzen sorgen für verblassende Konturen.

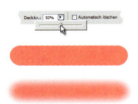

▲ **Abbildung 8.9**
Zeichnen Sie mit verringerter Deckkraft.

Nun halten Sie ⇧ gedrückt und bewegen die Maus. Damit erreichen Sie exakt horizontal oder vertikal angeordnete gerade **Linien**.

Halten Sie ⇧ während des gesamten Zeichenvorgangs gedrückt, und klicken Sie dann mehrmals kurz auf unterschiedliche Stellen der Arbeitsfläche, um **Verbindungen** zu erzeugen.

Wählen Sie eine weiche Werkzeugspitze, um die Konturen verwischen zu lassen. Dabei wird der weiche Bereich jedoch vom Durchmesser abgezogen. Die Abbildung zeigt eine harte und eine weiche Werkzeugspitze gleichen Durchmessers

Setzen Sie vor dem Zeichnen die DECKKRAFT über den Schieber in der Optionsleiste herunter, um mit verringerter Deckkraft malen zu können. Unterhalb befindliche Ebenen oder Objekte würden dadurch teilweise sichtbar bleiben.

8.4 Fotos farblich anpassen mit Farbvariationen

Fotos farblich verfremden

Ein interessanter Teil dieses Kapitels verbirgt sich hinter den FARB-VARIATIONEN. Hierbei muss aber grundsätzlich zwischen zwei möglichen Vorgehensweisen unterschieden werden:

▸ Sie können eine wirkungsvolle Korrektur vornehmen, oder
▸ Sie können gezielte Verfremdung bestehender Farben erreichen. Hier rangiert dann »Original« klar hinter »Originalität«.

Schritt für Schritt: Ein Bild mit den Farbvariationen verfremden

Um den Dialog Farbvariationen kennenzulernen, gehen wir im ersten Workshop den sicherlich einfacheren Teil an: Die Farbverfremdung. Dazu benötigen Sie das Bild Farbvari_01.tif.

Der gleichmäßige Hintergrund lädt wirklich dazu ein, Verfremdungen vorzunehmen. Allerdings werden Sie dabei feststellen, dass die Hautfarbe sehr schnell »kippt« und das Bild dadurch unnatürlich wirkt. Hier ist also Vorsicht geboten.

8.4 Fotos farblich anpassen mit Farbvariationen

Stellen Sie über das Menü ÜBERARBEITEN • FARBE ANPASSEN den untersten Eintrag FARBVARIATIONEN ein. Auf den ersten Blick mag man es dem Dialog gar nicht so recht ansehen, dass er so einige leistungsfähige Optionen zu bieten hat.

1. Farbvariationen-Dialog öffnen

Die beiden Bilder im oberen Bereich erlauben den direkten Vorhernachher-Vergleich, noch bevor die Änderungen letztendlich an die Datei weitergegeben werden. Das heißt: Sie können zunächst in aller Ruhe »ausprobieren«. Natürlich sind beide Miniaturen derzeit noch identisch, da Sie ja noch keine Änderungen vorgenommen haben.

Achten Sie einmal auf die Radio-Buttons im unteren, linken Bereich des Fensters. Hier sollten Sie nämlich vor der nächsten Veränderung

Bildbereiche

Während mit TIEFEN die dunklen Farbbereiche eines Bildes gemeint sind, spiegeln die LICHTER die hellen Töne wider. MITTELTÖNE hingegen beinhalten den Bereich zwischen dunklen und hellen Farbinformationen, also eher die nicht besonders hellen und dunklen Bereiche. Verwechseln Sie diese Tonwerte bitte nicht mit der Sättigung, die nämlich die **Intensität** der Farbe (die Leuchtkraft) verändert.

2. Bildbereich auswählen

207

8 Farben eindrucksvoll nachbearbeiten

stets zuerst festlegen, ob Sie die Mitteltöne, Tiefen, Lichter oder sogar die Sättigung bearbeiten wollen. Aktivieren Sie, sofern nicht bereits ausgewählt, den Bereich MITTELTÖNE ■.

3. Mitteltöne verändern

Die Miniaturen rechts neben den Radiobuttons präsentieren nicht nur eine kleine Vorauswahl dessen, was hier möglich ist, sondern fungieren obendrein noch als Schaltflächen. Per Mausklick auf eine der Miniaturen leiten Sie schrittweise die gewünschte Änderung ein. Wie stark die Veränderung je Mausklick letztendlich ist, regeln Sie mithilfe des kleinen Schiebers FARBINTENSITÄT unten links. Je mehr Sie den Regler nach rechts stellen, desto drastischer fallen die Veränderungen je Mausklick aus. Diesen Schieber sollten Sie jetzt aber mittig stehen lassen und danach zweimal auf GRÜN VERSTÄRKEN klicken – gefolgt von zweimaligem BLAU VERSTÄRKEN ■.

Rückgängig und Bild zurücksetzen

Falls Sie mit den Veränderungen nicht zufrieden sind, benutzen Sie den Button BILD ZURÜCKSETZEN auf der rechten Seite. Danach werden alle Veränderungen widerrufen, die Sie vorgenommen haben. Entscheiden Sie sich für RÜCKGÄNGIG, falls Sie nur den letzten Mausklick verwerfen wollen. WIEDERHERSTELLEN (nur verfügbar, wenn zuvor ein Schritt rückgängig gemacht worden ist) hebt den letzten Rückgängig-Schritt wieder auf.

Variationen widerrufen

Wenn Sie den Variationen-Dialog mit OK verlassen haben und anschließend einen Schritt rückgängig machen, werden alle Veränderungen, die Sie in den Variationen vorgenommen haben, mit diesem einen Rückgängig-schritt widerrufen.

8.4 Fotos farblich anpassen mit Farbvariationen

Nun ist die Veränderung schon ganz gut auszumachen. Allerdings verliert das Bild zunehmend an Kontrast. Diesen können Sie zwar im Farbvariationen-Dialog nicht korrigieren, doch wäre es empfehlenswert, den Radiobutton TIEFEN anzuwählen und danach dreimal auf ROT VERSTÄRKEN zu klicken. Dann werden nämlich nur die dunklen Rot-Anteile des Bildes angehoben. Warum? Weil die Gesichtsfarbe dann einfach besser aussieht, wie ich finde. Wenn Sie anderer Meinung sind, können Sie natürlich Ihre Farbvariation gerne anders ausfallen lassen. Sie wissen ja noch: Hier geht es nicht um Korrektur, sondern um Veränderung. Und dann trifft der Grundsatz umso mehr zu: Gestaltung ist frei! Außerdem sehen die Farben an Ihrem Monitor sicher ganz anders aus als an meinem.

4. Tiefen verändern

Mehrere Variationen
Falls Sie bereits einmal den Variationen-Dialog mit OK verlassen haben, wird nach einer erneuten Aktivierung unter VORHER nicht mehr das Ursprungsbild, sondern der Zustand »nach« der ersten Variation angezeigt.

Im letzten Schritt könnten Sie sich durch einmaligen Mausklick für die Vorschauminiatur ABDUNKELN unten rechts entscheiden. Das macht das Bild insgesamt dunkler. So sieht es doch ganz nett aus, finden Sie nicht auch ■?

5. Tiefen abdunkeln

Wenn Sie das Ergebnis speichern wollen, wählen Sie jetzt bitte unbedingt DATEI • SPEICHERN UNTER und vergeben Sie einen neuen Namen. Das Originalbild wird nämlich zu einem späteren Zeitpunkt noch einmal benötigt. (Farbvari_01_fertig.tif)

6. Datei als Kopie speichern

Fotos farblich korrigieren
Im folgenden Workshop werden Sie sehen, wie Sie die Farbwirkung von Fotos über den Farbvariationen-Dialog auf einfache

Art und Weise anpassen können. Hier steht dann auch eher der Korrekturgedanke im Vordergrund.

Schritt für Schritt: Farben verbessern durch Farbvariationen

Öffnen Sie das Bild Farbvari_02.tif und schätzen Sie die Farbgebung ein. Sie sind der Meinung, dass daran eigentlich nichts zu korrigieren wäre? Auf den erten Blick mag das stimmen. Aber wenn Sie einmal genau hinsehen, könnte ein Tick Grün entfernt werden, oder? Achten Sie auf die Haare, das Gesicht und den Oberarm.

1. Ebene duplizieren Bevor Sie sich um die Farbvariationen selbst kümmern, sollten Sie eine Ebenenkopie anlegen. Der Grund: Die Farbvariationen lassen sich nicht stufenlos, sondern leider nur in kleinen Schritten steuern. Um die Möglichkeit einer späteren Abgleichung durch die Ebenendeckkraft zu erhalten, duplizieren Sie bitte den Hintergrund. Was es damit genau auf sich hat, erfahren Sie am Ende dieses Workshops.

Zum Anlegen einer Ebenenkopie drücken Sie [Strg]+[J] oder wählen EBENE • EBENE DUPLIZIEREN. Drag&Drop-Fans sei empfohlen, die Ebene auf den Button NEUE EBENE ERSTELLEN zu ziehen und dort fallenzulassen.

8.4 Fotos farblich anpassen mit Farbvariationen

Ihr Bild besteht nun aus HINTERGRUND und HINTERGRUND-KOPIE (falls Sie die Tastaturkürzel-Methode gewählt haben, nennt sie sich allerdings EBENE 1).

Öffnen Sie jetzt den Farbvariationen-Dialog, indem Sie ÜBERARBEITEN • FARBE ANPASSEN • FARBVARIATIONEN wählen. Unter 1. stellen Sie TIEFEN ein. Den Regler unter 2. setzen Sie mittig. Im nächsten Schritt klicken Sie zweimal auf die Miniatur GRÜN REDUZIEREN. Verlassen Sie den Dialog noch nicht.

2. Grüne Tiefen reduzieren

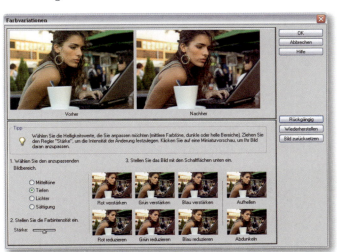

Schalten Sie jetzt unter 1. um auf MITTELTÖNE. Wiederholen Sie anschließend den Vorgang GRÜN REDUZIEREN zweimal. Sie sehen, dass sich eine ordentlichePortion Blau mit hineinmischt. Deshalb sollten Sie jetzt zusätzlich noch BLAU REDUZIEREN. Machen Sie aber nicht zu viel des Guten, denn sonst wird Grün wieder zu dominant. Ein bis zwei Mausklicks sollten reichen.

3. Grüne Mitteltöne reduzieren

Schalten Sie um auf LICHTER und stellen Sie den Regler FARBINTENSITÄT: STÄRKE eine Stufe zurück. Da wenig helles Grün vorhanden ist, dürfen sich die Korrekturen (je Mausklick) ruhig etwas stärker auswirken. Reduzieren Sie abermals Grün und, falls erforderlich, auch Blau, ehe Sie mit OK bestätigen.

4. Grüne Lichter reduzieren

Möglicherweise werden Sie den Effekt jetzt als zu stark empfinden. Der Rot-Kanal dominiert. Genau das war aber der Grund, weshalb

5. Deckkraft reduzieren

wir eingangs die Ebene dupliziert hatten. Jetzt können Sie nämlich die Deckkraft der obersten Ebene heruntersetzen und so beide Bildebenen miteinander mischen. Reduzieren Sie die Deckkraft der oberen (farblich veränderten) Ebene, um die Auswirkungen auf das gesamte Bild zu mindern. Ich denke, dass Sie bei einer Deckkraft von ca. 40 % ein ansprechendes Ergebnis erhalten.

6. Ebene reduzieren Da Bilder, die aus mehreren Ebenen bestehen, auch mehr Speicherplatz benötigen, können Sie beide Ebenen nun wieder zu einer verschmelzen. Klicken Sie dazu in der Ebenen-Palette auf ERWEITERT und entscheiden Sie sich für den Listeneintrag AUF HINTERGRUND-
Ende EBENE REDUZIEREN.

8.5 Farbton und Sättigung verändern

Der Dialog FARBTON/SÄTTIGUNG, der mit ÜBERARBEITEN • FARBE ANPASSEN • FARBTON/SÄTTIGUNG ANPASSEN oder [Strg]+[U] erreicht wird, erlaubt zunächst einmal schnelle Veränderungen innerhalb des Farbspektrums. Dabei »verschieben« sich quasi alle Farben entlang dieses Spektrums, das unten im Dialog angezeigt wird.

8.5 Farbton und Sättigung verändern

- Über FARBTON werden die Farben verändert.
- Bei Erhöhung der SÄTTIGUNG wird die Farbkraft verstärkt.
- Eine Erhöhung der LAB-HELLIGKEIT fügt dem Bild **Weiß** hinzu, während die Verringerung für mehr **Schwarz** sorgt.

◀ **Abbildung 8.10**
Der Dialog FARBTON/SÄTTIGUNG – eine wahre Fundgrube für Bildverfremdungen

Farbton/Sättigung insgesamt verändern
Nehmen Sie ein beliebiges Foto und lassen Sie sich den Dialog FARBTON/SÄTTIGUNG anzeigen. Belassen Sie zunächst BEARBEITEN bei STANDARD und bewegen Sie den Schieber FARBTON nach links und rechts. Beobachten Sie dabei, wie sich der untere Farbumfang ❶ gegenüber dem Standard-Spektralbereich ❷ verschiebt. Das gelingt mit »jedem« Farbfoto.

Schwarz und Weiß
Bei dieser Art der Bildmanipulation werden gewöhnlich rein weiße und schwarze Pixel ausgegrenzt. Geringste Farbanteile bewirken jedoch gleich eine Änderung. An den Augen ist das gut zu erkennen. Setzen Sie diese Technik also behutsam ein. Oft ist es ratsam, mit dem Schieber die Sättigung oder Lab-Helligkeit ebenfalls leicht zu korrigieren.

◀ **Abbildung 8.11**
Farbtöne oben: 60, 120, 180; unten: –60, –120, –180

213

Farbton/Sättigung in einzelnen Bereichen verändern
Natürlich werden bei dieser Vorgehensweise alle Bildbereiche verändert – zumindest solange Sie STANDARD im Pulldown-Menü BEARBEITEN stehen lassen. Das kann zwar zu netten Ergebnissen führen, wird jedoch in den seltensten Fällen das sein, was Sie sich wünschen. Wollen Sie einzelne Farbbereiche umwandeln, müssen Sie dies zuvor im erwähnten Pulldown-Menü wählen. Selektieren Sie dort beispielsweise GELB, wirken sich die anschließenden Veränderungen vorwiegend auf diesen Farbbereich aus. Der übernächste Workshop greift dieses Thema noch einmal auf.

Allerdings werden Sie so nie ganz vermeiden können, dass sich auch Farbbereiche verändern, die eigentlich nicht angetastet werden sollten. Oder doch? Na, klar! Sie müssten dann aber zunächst eine Auswahl erzeugen.

Schritt für Schritt: Die Augenfarbe ändern

Öffnen Sie doch einmal die Datei Augen.tif. Eigentlich ein perfektes Foto, oder? Selbst die Augenfarbe deckt sich weitgehend mit der Haarfarbe. Aber genau das soll jetzt geändert werden. Möchten Sie sich auch einmal davon überzeugen, wie sich blaue Augen machen würden?

Aktivieren Sie zunächst die Lupe [Z] und klicken Sie mehrfach auf das rechte Auge. Es sollte gut und gerne mit 1 200 % Vergrößerung dargestellt werden.

1. Ausschnitt vergrößern

Jetzt müssen die Augen mithilfe zweier Auswahlen eingegrenzt werden. Aktivieren Sie deshalb das Auswahlellipse-Werkzeug. Vergeben Sie dem Tool eine harte Kante, also genauer gesagt, eine WEICHE KANTE von 0 px, und wählen Sie den Modus NORMAL. Schalten Sie außerdem bereits jetzt die Funktion DER AUSWAHL HINZUFÜGEN ein. Wenn Sie nämlich NEUE AUSWAHL stehen ließen, würde die erste Auswahl bei Erzeugen der zweiten aufgehoben. Es wäre also nicht möglich, »beide Augen« einzugrenzen.

2. Ellipsen-Werkzeug einstellen

Setzen Sie das kleine Kreuz, welches jetzt das Ellipse-Werkzeug repräsentiert, genau auf die Mitte der Pupille. Führen Sie einen Mausklick aus und halten Sie die Maustaste gedrückt. Jetzt drücken Sie zusätzlich noch [Alt] und [⇧] ■ und halten auch diese beiden Tasten fest. Danach ziehen Sie die Maus vom Klickpunkt weg und lassen los, wenn Sie die Umrisse der Pupille erreicht haben. Danach dürfen Sie auch die Tastatur wieder freigeben.

3. Erste Auswahl erzeugen

Alt+Umschalt

Mit [Alt] erreichen Sie, dass sich die Auswahl beim Aufziehen zu allen Seiten gleichmäßig ausdehnt. Sie wird also aus der Mitte heraus erzeugt. [⇧] bewirkt, dass Sie anstelle einer Ellipse einen geometrisch exakten Kreis erzeugen.

Falls Sie die Auswahl im Umfang noch korrigieren müssen, entscheiden Sie sich für AUSWAHL • AUSWAHL VERÄNDERN und im folgenden Untermenü entweder für ERWEITERN oder VERKLEINERN. Im Dialog,

4. Optional: Auswahl korrigieren

der sich daraufhin öffnet, sollten Sie einen möglichst kleinen Wert angeben (1 px), da der Korrekturbedarf ja sicher nicht besonders groß sein wird. Diesen Befehl können Sie so oft wiederholen, bis der korrekte Durchmesser erreicht ist. Die Position der Auswahl verändern Sie über die Pfeiltasten Ihrer Tastatur.

5. Zweite Auswahl erzeugen

Halten Sie nun die Leertaste gedrückt (aktiviert das Hand-Werkzeug) und schieben Sie den Bildausschnitt mit gedrückter Maustaste so weit herüber, bis das andere Auge sichtbar wird. Lassen Sie die Leertaste los und ziehen Sie, wie zuvor beschrieben, die Auswahl für das zweite Auge auf. Hier müssen Sie allerdings recht genau arbeiten, da Sie diese zweite Auswahl nicht mehr separiert von der ersten verschieben können. Wenn Durchmesser oder Position noch nicht in Ordnung sind, drücken Sie [Strg]+[Z] (macht den letzten Schritt rückgängig) und versuchen Sie es erneut. Wenn Sie zufrieden sind, drücken Sie [Strg]+[-], um wieder etwas aus dem Bild auszuzoomen ■.

Die Tasten reagieren nicht wie gewünscht?

Die Tastenkombination [⇧]+[Alt] bewirkt leider nicht nur, dass ein exakter Kreis aus seiner Mitte heraus erzeugt wird, sondern führt unter Umständen auch eine Umschaltung von der deutschen auf die amerikanische Tastaturbelegung durch. Das bedeutet: Wenn die Tastatur nicht mehr auf Ihre Befehle reagiert, liegt es daran, dass jetzt die US-Shortcuts gültig sind. Da Sie aber damit bestimmt nicht weiterarbeiten wollen, drücken Sie abermals [⇧]+[Alt], und die Tastenkombis sollten wieder korrekt interpretiert werden.

6. Auswahl verfeinern

Nun sind die Auswahlen längst noch nicht so exakt, wie sie eigentlich sein sollten. Gerade oben an den Lidern müsste noch etwas entfernt werden. Aktivieren Sie dazu am besten das Lasso (weder das magnetische noch das Polygon-Lasso!) und grenzen Sie diesen Bereich mit gedrückter Maustaste aus. Dazu müssen Sie aber in der Optionsleiste vorher auf Von Auswahl abziehen umschalten. Kreisen Sie danach den Bereich ein, der ausgespart werden soll. (Zuvor können Sie übrigens mit [Strg]+[+] wieder auf die Augen zoomen und die Position des Ausschnitts abermals mit dem Hand-Werkzeug korrigieren.) Wenn der Lasso-Kreis geschlossen ist, lassen Sie die Maustaste los. Wiederholen Sie den Vorgang gegebenenfalls, und verfeinern Sie auf die gleiche Weise auch die andere Auswahl.

8.5 Farbton und Sättigung verändern

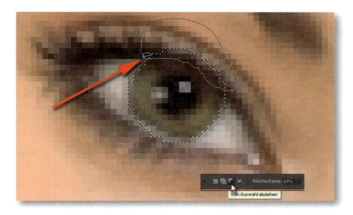

Der nächste Schritt besteht darin, die Auswahlkante etwas »abzusoften«, damit der Übergang zwischen Korrekturbereich und Original nicht so hart wird. Rufen Sie deshalb den Menübefehl AUSWAHL • WEICHE AUSWAHLKANTE auf und vergeben Sie einen Radius von 1 Pixel, bevor Sie den Dialog mit OK verlassen.

7. Weiche Auswahlkante erzeugen

Sie könnten gleich eine Veränderung des Farbtons vornehmen, da sich Änderungen jetzt nur auf den ausgewählten Bereich auswirken würden. Damit versperren Sie sich aber die Möglichkeit, nach Zugabe der Farbveränderungen noch weitere Korrekturen anwenden zu können. Deshalb sollten Sie vorab eine neue Ebene erzeugen, die sich dann auch separat bearbeiten lässt. Drücken Sie dazu [Strg]+[J]

8. Neue Ebene erzeugen

oder entscheiden sich für EBENE • NEU • EBENE DURCH KOPIE. Die Auswahl verschwindet, und in der Ebenen-Palette wird oberhalb von HINTERGRUND jetzt EBENE 1 angezeigt. Diese Ebene enthält nur das, was sich zuvor innerhalb der Auswahl befunden hat – also die Augen. Falls erforderlich, vergrößern Sie die Miniaturen über das Erweitert-Menü und die Palettenoptionen.

9. Farbton anpassen

Das bedeutet auch: Alle Veränderungen, die Sie jetzt auf Ebene 1 anwenden, werden auch nur dort wirksam; nicht aber auf dem Hintergrund. Na, dann mal los: Öffnen Sie den Dialog FARBTON/SÄTTIGUNG ANPASSEN (im Menü ÜBERARBEITEN • FARBE ANPASSEN) oder drücken Sie vergnügt [Strg]+[U]. Regeln Sie den Farbton auf etwa –160. Wenn Se wollen, können Sie auch die Sättigung (= Leuchtkraft, Intensität) noch etwas anheben. Hier sollten Sie allerdings gemäßigt vorgehen, da die Augenfarbe sonst schnell unnatürlich wird. Bestätigen Sie mit OK.

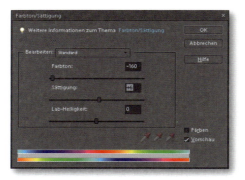

10. Optional: Deckkraft korrigieren

Sollte die Farbe noch zu intensiv sein, könnten Sie jetzt die Deckkraft von Ebene 1 noch etwas herabsetzen. Dadurch würde die Intensität der Augenfarbe natürlich abnehmen. Hätten Sie zuvor keine separate Ebene erzeugt, wäre diese Art der Korrektur jetzt nicht mehr möglich.

Ende

Nun könnten Sie einwerfen, dass der Pulli jetzt nicht mehr so richtig zur Augenfarbe passt. Stimmt! Aber, wie Sie den »umfärben« können, wissen Sie ja jetzt. Obwohl es für derartige Vorhaben auch einen wesentlich komfortableren Weg gibt. Den verrate ich Ihnen aber erst, wenn wir mit dem Farbton/Sättigung-Dialog durch sind.

Farbton/Sättigung mit Einstellungsebenen verändern
Informieren Sie Ihre Partnerin/Ihren Partner doch kurz, dass Friseurbesuche zwecks Färbung dank der überragenden Elements-Technik künftig der Vergangenheit angehören. Immerhin lassen sich so die entstandenen Kosten für den Kauf der Software prima kompensieren. (Oder: Dreimal pro Jahr zum Färben; das macht rund 150 Euro pro Jahr. Je nach Ansprüchen werden so alle zwei bis fünf Jahre Etats zum Kauf einer nagelneuen Digi-Cam frei.) Nun sagen Sie doch: Hat sich die Anschaffung dieses Buches nicht wirklich gelohnt?

Schritt für Schritt: Haare färben ohne H_2O_2

Im vorangegangenen Workshop war das Ziel, die Töne in Auswahlbereichen zu verändern. Jetzt ist es aber angezeigt, eine Verfrem-

8 Farben eindrucksvoll nachbearbeiten

dung der Farbe mithilfe der Ebenen-Palette herbeizuführen. Sie werden garantiert Spaß daran haben.

1. Bild vorbereiten Schauen Sie sich Haare.tif an. Keine Frage: An diesen Haaren ist nichts auszusetzen. Dennoch wollen wir sie jetzt rot färben. (In Photoshop Elements kann man so etwas ja glücklicherweise schneller wieder rückgängig machen als im Friseursalon.)

2. Einstellungsebene erstellen Klicken Sie in der Ebenen-Palette auf EINSTELLUNGSEBENE ERSTELLEN und wählen Sie den Eintrag FARBTON/SÄTTIGUNG. Daraufhin wird der Ebenen-Palette eine zweite Ebene hinzugefügt. Dazu später mehr.

Auswirkungen während der Eingabe vergleichen

Sie können sich einen Vorher-nachher-Vergleich gönnen, selbst wenn Sie sich noch im Farbton/Sättigung-Dialog befinden. Deaktivieren Se dazu vorübergehend die Checkbox VORSCHAU unten rechts.

Zunächst wollen wir uns um den ebenfalls zur Verfügung gestellten Dialog FARBTON/SÄTTIGUNG ANPASSEN kümmern. Hier können Sie nämlich über FARBTON die gewünschte Tönung für die Haare einstellen. Dabei sollten Sie zunächst vernachlässigen, dass sich das Gesicht unnatürlich verfärbt. Achten Sie nur auf die Haare. Wenn Sie einen Farbton um –35 einstellen, erhalten Sie ein geeignetes Rot. Erhöhen Sie auch die SÄTTIGUNG (auf etwa +35), damit das Rot leuchtender und kräftiger wird. Schließen Sie die Aktion mit OK ab ■.

Wie Sie bereits gesehen haben, ist ja die Ebenen-Palette um einen Bereich angewachsen. Dort befindet sich zusätzlich eine Ebene mit dem Namen Farbton/Sättigung. Dass es sich hierbei aber nicht um eine normale Ebene, sondern um eine Einstellungsebene handelt, verrät Ihnen die linke der beiden Miniaturen ❶. Rechts daneben taucht aber noch eine weitere Fläche auf ❷. Diese verdeutlicht, was von der gefärbten Ebene aktuell sichtbar ist und was nicht. Dabei steht Weiß für sichtbar und Schwarz für unsichtbar – im vorliegenden Fall ist also alles sichtbar.

3. Maske interpretieren

Sie benötigen also jetzt die Farbe Schwarz, um innerhalb der Maske Bereiche festzulegen, die im Bild nicht gefärbt dargestellt werden sollen. Dazu sind die in der Werkzeugleiste eingestellten Farben entscheidend. Drücken Sie deshalb [D] auf Ihrer Tastatur oder entscheiden Sie sich für den Button STANDARDFARBEN FÜR VORDERGRUND UND HINTERGRUND. Das setzt die Vordergrundfarbe auf Weiß und die Hintergrundfarbe auf Schwarz.

Nun könnten Sie aber nur mit Weiß malen. Da Sie zum Entfernen von Ebenenbereichen aber Schwarz benötigen, drücken Sie [X]. Damit werden Schwarz und Weiß in der Werkzeugleiste gegeneinander vertauscht. Auch hier kommen Sie alternativ mit der Maus zum Ziel, indem Sie auf den 90°-Doppelpfeil klicken.

4. Vorder- und Hintergrundfarbe einstellen

8 Farben eindrucksvoll nachbearbeiten

5. Pinsel-Werkzeug einstellen

Aktivieren Sie anschließend den Pinsel, indem Sie ⟨B⟩ drücken. Sollte daraufhin ein anderes Werkzeug derselben Gruppe angezeigt werden, beispielsweise der Impressionisten-Pinsel, drücken Sie so oft ⟨⇧⟩+⟨B⟩, bis der Pinsel angezeigt wird.

In der Optionsleiste stellen Sie dann eine weiche Pinselspitze mit einem Durchmesser von 65 px ein. Das sorgt später für weichere Übergänge zwischen maskiertem und unmaskiertem Bereich. Belassen Sie den Modus bei NORMAL und sorgen Sie dafür, dass der Pinsel mit 100 % DECKKRAFT arbeitet.

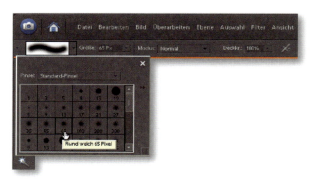

6. Einstellungsebene maskieren

Übermalen Sie jetzt alle Bereiche des Bildes, die keine Rotfärbung erfahren sollen. Achten Sie auch zwischendurch einmal darauf, wie sich die Maske innerhalb der Ebenen-Palette verändert.

7. Optional: Maske korrigieren

Aber was ist nun zu tun, wen Sie einmal zu viel übermalt haben? Dann drücken Sie ganz einfach ⟨X⟩ (das vertauscht ja Schwarz mit Weiß in der Werkzeugleiste) und malen abermals über die Stelle. Bei schwierig zu erreichenden Stellen können Sie auch kurzzeitig die Werkzeugspitze verkleinern, indem Sie einmal oder mehrfach ⟨#⟩ betätigen. Zum Vergrößern der Spitze drücken Sie ⟨⇧⟩+⟨#⟩.

Das klappt doch bestimmt schon richtig gut, oder? Aber das wirklich Herausragende an dieser Methode ist die Tatsache, dass Sie auch »nach« der Maskierung noch die Farbe ändern können. Doppelklicken Sie dazu einfach das linke Symbol der obersten Ebene (in der Ebenen-Palette) und Sie gelangen erneut in den Dialog FARBTON/SÄTTIGUNG. Dort lassen sich dann noch individuelle Farbkorrekturen vornehmen. Ist das nicht komfortabel?

Hier sehen Sie das Porträt im Vorher-nachher-Vergleich. Nur noch zwei Jahre bis zur neuen Kamera :-)

8. Optional: Farbe korrigieren

Noch ein Tipp zum Schluss: Wenn Sie lieber mit einer schwarzen Maske beginnen wollen (die obere Ebene ist dann zunächst komplett unsichtbar), drücken Sie nach Erzeugung der Einstellungsebene [Strg]+[I]. Das hat zur Folge, dass schwarze und weiße Bereiche innerhalb der Maske miteinander vertauscht werden. Danach können Sie dann mit weißer Vordergrundfarbe die Bereiche hinzumalen, die sichtbar sein sollen – also die Haare selbst. Das könnte, je nach Motiv, einfacher sein. Diese Vorgehensweise ist besonders dann zu empfehlen, wenn Sie keinen weißen Hintergrund im Bild vorfinden. Testen Sie auch diese Methode einmal an.

8 Farben eindrucksvoll nachbearbeiten

8.6 Bildbereich verändern über »Farbe ersetzen«

 Auf der Buch-DVD finden Sie eine Video-Lektion zum Thema »Farbe ersetzen«.

Eine weitere interessante Funktion, die Veränderungen auf bestimmte Farbbereiche beschränkt, ist FARBE ERSETZEN. Hier werden die zu korrigierenden Bereiche des Bildes nicht mit einer Einstellungsebene, sondern über die Farbe selbst bestimmt.

 Schritt für Schritt: Die Farbe der Kleidung ersetzen

Verwenden Sie die Datei Kleidung.tif als Grundlage. Gefällt Ihnen das rote Hemd? Falls ja, sind Sie bereits fertig mit dem Workshop. Glückwunsch! Das hat ja prima geklappt. Für alle anderen geht's jetzt los. Das Hemd muss eine andere Farbe bekommen.

1. Dialog »Farbe ersetzen« auswählen

Öffnen Sie den Dialog FARBE ERSETZEN (ÜBERARBEITEN • FARBE ANPASSEN). Ein Fenster mit einer Fülle von Steuerelementen wartet auf Ihre Aktionen.

2. Bildansicht einstellen

In der Mitte des Dialogfensters befindet sich eine Maskenansicht (die schwarze Fläche). Falls hier eine farbige Miniatur des Bildes angezeigt wird, befinden Sie sich im BILDMODUS. Schalten Sie in diesem Fall unterhalb der Ansicht auf den Radiobutton AUSWAHL um.

Aktivieren Sie die linke Pipette ❶ und klicken Sie im Bild selbst auf die gewünschte Stelle, deren Farbe verändert werden soll – also auf das Hemd. Wie wäre es mit dem linken Unterarm? Als Folge des Klicks sollte sich die schwarze Vorschau des Farbe ersetzen-Dialogs mit weißen Pixeln füllen. Weiße Stellen zeigen dabei auch hier die ausgewählten Bereiche an.

3. Zu verändernde Farbe auswählen

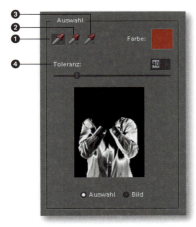

Stellen Sie die TOLERANZ ❹ über den Schieberegler auf etwa 100. Je höher der Toleranzwert ist, desto mehr Pixel mit ähnlichem Farbwert werden aufgenommen. Achten Sie jedoch immer darauf, dass keine Pixel mit in die Auswahl einbezogen werden, die nicht gefärbt werden sollen. Sie können nun Bereiche hinzufügen, wenn Sie auf die Hinzufügen-Pipette ❷ umschalten, die durch ein kleines Plus-Symbol gekennzeichnet ist. Setzen Sie doch damit einmal einen Mausklick auf die rechte Schulter des Herrn. Aber bevor Sie das tun: Machen Sie das in der Maske des Dialogs. Dort sehen Sie nämlich anhand der schwarzen Färbung genau, welche Bereiche noch nicht aufgenommen worden sind.

4. Toleranz einstellen

Falls Sie einen Bereich in unmittelbarer Nähe ausgewählt haben, den Sie nicht einfangen wollten (z. B. Hautpartien), aktivieren Sie die Entfernen-Pipette ❸ und klicken erneut auf diesen Bereich.

5. Farbe wieder aus der Auswahl entfernen

Es ist übrigens nicht sonderlich tragisch, wenn noch nicht alle Stellen des Hemdes vollständig umgefärbt worden sind. So ist der Bereich unterhalb des linken Ellenbogens zum Beispiel recht problematisch, weil er sehr dunkel ist. Lassen Sie diese Stellen zunächst einfach weg (sie bleiben in der Maske weiterhin schwarz).

6. Zielfarbe einstellen

Falls gewünscht, lässt sich der aufgenommene Bereich mit erneuter Anpassung des Toleranz-Schiebereglers noch weiter verbessern. Wenn die Auswahl Ihren Anforderungen genügt, stellen Sie über den Schieberegler FARBTON einen Ockerton ein. Das ist etwas dezenter als Rot, und passt darüber hinaus auch besser zum Hintergrund, finden Sie nicht auch? Wenn Sie den Regler auf etwa +30 stellen, dürfte sich die Kleidung wunschgemäß verfärben.

7. Optional: Sättigung und Helligkeit verändern

Falls Sie jetzt generell noch Änderungen an der Leuchtkraft oder der Helligkeit des aufgenommenen Bereiches vornehmen wollen, können Sie das mit den beiden unteren Schiebereglern (SÄTTIGUNG und HELLIGKEIT) machen. Für dieses Beispiel sollte es allerdings nicht erforderlich sein. Bestätigen Sie mit OK.

8. Optional: Farbe erneut ersetzen

Kümmern Sie sich jetzt um die Stellen, die noch nicht korrekt umgefärbt worden sind, und bringen Sie FARBE ERSETZEN erneut in Anwendung. Diesmal nehmen Sie jedoch nur die Problembereiche auf. Da Sie den Farbton jetzt nicht mehr so stark verändern müssen wie zuvor, ist es auch nicht weiter tragisch, wenn Bereiche mit einbezogen werden, die eigentlich nicht verfärbt werden sollen (z. B. am Haaransatz). Achten Sie aber auch weiterhin darauf, dass keine wesentlichen Farbbereiche des Gesichtes eingeschlossen werden, da das sofort zu unnatürlichen Ergebnissen beiträgt.

8.6 Bildbereich verändern über »Farbe ersetzen«

Bei der Funktion FARBE ERSETZEN müssen Sie darauf achten, dass auch wirklich alle Schattierungen des gewünschten Farbraums mit selektiert werden bzw. keine unerwünschten Nachbartöne mit hineinspielen. Hier sehen Sie unser Ergebnis.

Ende

8.7 Farbfehler beheben

Bislang hat die mehr oder weniger freie Interpretation eines Farbbereiches oder eines Auswahlbereiches im Vordergrund gestanden. Sinn und Zweck der Übungen war, die Bilder in irgendeiner Form zu verfremden. Jetzt soll es aber vielmehr um reine Korrekturen gehen. Die Farben, die im Bild verfälscht worden sind, müssen wiederhergestellt werden.

Farbstiche entfernen
Bei grellem Sonnenlicht oder Kunstlicht driften Ihre Fotos schnell ins Blaue ab. Hier ist gezielte Entfernung der Farbstiche angesagt. Und das ist viel einfacher, als es auf den ersten Blick scheinen mag. Photoshop Elements hält nämlich eine leicht anzuwendende Funktion bereit, die meist recht befriedigende Ergebnisse herbeizaubert.

Schritt für Schritt: Farbstich per Mausklick entfernen

Das Entfernen eines Farbstiches gelingt meist mit nur vier Mausklicks (dabei ist das Öffnen und Schließen des Dialogfeldes schon eingerechnet). Sie benötigen dazu die Datei Farbstich.tif. Stimmen Sie zu, dass das Foto etwas zu viel Blau aufweist?

8.7 Farbfehler beheben

Erster Klick: Markieren Sie in der Menüleiste den Eintrag ÜBERARBEI-TEN. Zweiter Klick: Gehen Sie über FARBE ANPASSEN und wählen Sie FARBSTICH ENTFERNEN.

1. Farbstich-Dialog öffnen

Nun müssen Sie einen Farbbereich innerhalb des Bildes finden, den Sie als Weiß interpretieren möchten. Für alle Fotografen: Sie machen jetzt eigentlich nichts anderes als einen nachträglichen Weißabgleich.

2. Farbstich entfernen

Wie wäre es, wenn Sie den hellen Lichtschein unterhalb der linken Orange dazu heranziehen würden? Klicken Sie einfach mit der jetzt automatisch aktivierten Pipette darauf und bestätigen Sie mit OK. Voilà, das Bild ist gerettet.

Ende

229

Technisch gesehen haben Sie jetzt einen Weißabgleich durchgeführt. Beim Mausklick mit der Pipette haben Sie der Anwendung mitgeteilt, dass dieser Punkt weiß dargestellt werden soll. Entsprechend muss Photoshop Elements nun die Werte für die vorhandenen Farbkanäle korrigieren. So bearbeiten Sie den Farbstich zwar indirekt; aber dafür mit beeindruckendem Ergebnis.

Hauttöne korrigieren
Mitunter werden Hauttöne im Foto wenig realistisch dargestellt. Die Kamerahersteller haben dieses Problem längst erkannt und sorgen mittlerweile dafür, dass die Aufnahmegeräte derartige Schwächen schon beim Ablichten beheben. Aber auch nach Drücken des Auslösers ist es noch nicht zu spät.

Schritt für Schritt: Hauttöne korrigieren

Meist werden die Hauttöne zu blass wiedergegeben. Diesen Mangel können Sie in Photoshop Elements beheben. Nicht mehr beheben (zumindest nicht ohne einigen Aufwand) können Sie hingegen »weiße« Haut. Wenn beispielsweise der Blitz direkt auf das Gesicht der Person gerichtet worden ist, und dem Teint jegliche Farbe abhandengekommen ist, kann auch Ihre Bildbearbeitungssoftware mit der folgenden Korrekturfunktion nichts mehr ausrichten.

1. Anpassen-Dialog öffnen

Das Bild Hautton.tif leidet zwar nicht unter akuter Farbarmut, jedoch könnte der Teint noch eine kleine Auffrischung vertragen, was meinen Sie? Deshalb sollte jetzt Ihr erster Schritt lauten: ÜBERARBEITEN • FARBE ANPASSEN • FARBE FÜR HAUTTON ANPASSEN.

2. Farbe aufnehmen

Bei den drei Farbbalken, die Sie im Folgedialog sehen (Bräunung, Rötung und Temperatur), handelt es sich in der Tat um Schieberegler. Aber wo sind die Anfasser? Diese kommen erst dann zum Vorschein, wenn Sie einmal auf das Bild geklickt haben. Das sollten Sie aber nicht willkürlich tun. Suchen Sie vielmehr einen recht hellen Bereich des Gesichtes und klicken Sie an dieser Stelle auf das Bild. (Ich habe mich für das Kinn entschieden.) Jetzt sollten Sie auch Regler sehen. Außerdem sollte bereits jetzt eine Farbveränderung im Bild sichtbar werden. Suchen Sie sich zur Farbaufnahme grundsätzlich eine recht helle Stelle des Teints, wobei Sie weiße, glänzende Stellen jedoch auslassen sollten.

8.7 Farbfehler beheben

Verstärken Sie jetzt die BRÄUNUNG des Gesichtes, indem Sie den gleichnamigen Regler nach rechts schieben. Ob hingegen die RÖTUNG angehoben werden sollte, ist fraglich. Immerhin hinterlässt so etwas ja meist Spuren eines unschönen Sonnenbrandes. Das sollten Sie nur dann machen, wenn das Gesicht kaum Farbe aufweist. Interessanter ist da schon, eine eventuell vorhandene Rötung des Gesichtes »herauszuregeln«, indem Sie den Schieber nach links bewegen. Aber das ist im Beispielbild nicht der Fall.

3. Bräunung anheben

Der Regler TEMPERATUR im Frame UMGEBUNGSLICHT dürfte Ihnen bereits aus Kapitel 3, »Fotos schnell korrigieren«, bekannt sein. Damit sorgen Sie insgesamt für wärmere (Rot) oder kältere Farben (Blau). Gehen Sie im Zusammenhang mit der Hauttönung bei diesem Regler sehr vorsichtig zu Werke, da er von allen drei Reglern den größten Einfluss auf das gesamte Bild nimmt – also auch auf den Hintergrund.

4. Temperatur verändern

Mitunter ist man geneigt, zu viel des Guten zu machen. Das liegt unter anderem daran, dass der Anwender jetzt das Original schon zu

5. Bilder vergleichen

lange nicht mehr gesehen hat. Wenn Sie jedoch vorübergehend die Vorschau deaktivieren, werden Sie gewaltige Veränderungen feststellen, da Sie dann das Bild wieder in der Vorher-Ansicht präsentiert bekommen.

Also auch bei der Hauttonanpassung gilt: Weniger ist mehr; und der OK-Button wartet auf Ihren finalen Klick!

Ende

Betrachten Sie das Bild noch einmal etwas genauer. Natürlich ist Photoshop Elements nicht wirklich imstande, das Gesicht separat zu bearbeiten. Sie sehen, dass auch die Haare eine Veränderung erfahren haben. Wenn Sie das nicht wollen, müssten Sie leider etwas mehr Arbeit in Kauf nehmen. Aber es macht Spaß, wie der folgende Workshop zeigt.

 ### Schritt für Schritt: Haut kolorieren

Jetzt werden Sie erfahren, wie Sie ausschließlich den Teint bearbeiten können, ohne dass andere Bildbereiche auch nur im Geringsten verändert werden. Außerdem können Sie viel freier bestimmen, wie die Färbung aussehen soll.

Sie brauchen Hautton.tif im Original. Machen Sie deshalb eventuell die letzten Schritte aus dem vorangegangenen Workshop rückgängig.

Erzeugen Sie danach eine neue Ebene über ⌈Strg⌉+⌈⇧⌉+⌈N⌉ oder EBENE • NEU • EBENE und klicken Sie in der Werkzeugleiste auf das Symbol für die Vordergrundfarbe. Im Folgedialog entscheiden Sie sich für die Farbe, die Sie dem Teint zuweisen wollen (im Buchbeispiel: R = 200, G = 125, B = 100). Verlassen Sie jetzt den Dialog mit OK.

1. Vorbereitungen treffen

Aktivieren Sie den Pinsel ⌈B⌉ und geben Sie ihm eine weiche Kante. Die Größe sollte etwa 40 px bei 100 % Deckkraft betragen. Malen Sie jetzt über alle Bereiche, die gefärbt werden sollen. Achten Sie aber darauf, dass Sie Haare, Augen, Wimpern und Mund nach Möglichkeit nicht übermalen.

2. Ebene färben

Sollte das doch geschehen, machen Sie entweder den letzten Schritt rückgängig oder aktivieren den Radiergummi ⌈E⌉, mit dessen Hilfe Sie dann die übermalten Stellen wieder entfernen. Auch der Radiergummi sollte eine weiche Kante haben, wobei der Durchmesser idealerweise kleiner ist als der des Pinsels.

3. Optional: Färbung korrigieren

Ändern Sie die Pinselgröße auf 10–20 px Durchmesser und verfeinern Sie den Farbauftrag. Sie müssen so dicht wie möglich an Augen, Mund usw. herankommen, ohne diese Bereiche jedoch zu übermalen.

4. Maske verfeinern

5. Modus und Deckkraft ändern

Gefällt es Ihnen? Noch nicht? Na, dann müssen wir noch einen Schritt weitergehen. Wenn Sie jetzt nämlich den Modus der oberen Ebene auf MULTIPLIZIEREN stellen und zudem noch die Ebenendeckkraft reduzieren (auf ca. 15–18 %), dürften Sie schon eher zufrieden sein.

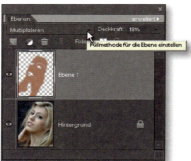

6. Optional: Hautfarbe erneut ändern

Wissen Sie, was das wirklich Gute an dieser Methode ist? Wenn Ihnen jetzt der Hautton noch nicht gefällt und Sie doch lieber eine andere Farbe zuweisen wollen, können Sie das auch jetzt noch machen.

Dazu klicken Sie einfach erneut auf das Symbol für die Vordergrundfarbe (in der Werkzeugleiste) und stellen den gewünschten Ton ein. Danach gehen Sie auf BEARBEITEN • EBENE FÜLLEN und stellen dort unter FÜLLEN MIT den Eintrag VORDERGRUNDFARBE ein. Achtung! Jetzt aktivieren Sie TRANSPARENTE BEREICHE SCHÜTZEN, damit nur die Bereiche der oberen Ebene mit Farbe gefüllt werden, die auch zuvor von Ihnen gefärbt worden sind, und bestätigen mit OK. Praktisch, oder?

8.7 Farbfehler beheben

Achten Sie auf Haare, Augen und Hintergrund. Hier hat sich nicht die geringste Veränderung ergeben. Und was außerdem wirklich von Nutzen ist: Selbst wenn Sie jetzt noch immer kleine Fehler in der Maskierung entdecken, können Sie diese noch mit Pinsel und Radiergummi korrigieren. Versuchen Sie es! Der Farbauftrag wird jetzt nämlich ebenfalls »multipliziert« und nicht, wie zuvor, in Vollton aufgetragen.

7. Optional: Maske noch einmal korrigieren

Sie finden das ebenenbasierte Resultat dieses Workshops im Ordner ERGEBNISSE. Die Datei heißt Hautton_color_fertig.tif.

Ende

8.8 Schwarzweißbilder erstellen

Bilder schnell entfärben

Im Menü-Listing ÜBERARBEITEN • FARBE ANPASSEN findet sich auch die Funktion FARBE ENTFERNEN. Hiermit weisen Sie allen Farbwerten schwarze, weiße oder graue Pixel zu. Klar, dass sich auf diese Art schnell aus einem Farbbild die Farbe entziehen lässt. Aber Vorsicht! Dabei müssen Sie eine Kleinigkeit beachten, wie der folgende Workshop zeigt.

Schritt für Schritt: Bilder entfärben und konvertieren

1. Bild entfärben

Nehmen Sie doch einmal die Datei Steg.tif. Entscheiden Sie sich für ÜBERARBEITEN • FARBE ANPASSEN • FARBE ENTFERNEN oder drücken Sie [Strg]+[⇧]+[U].

> **Schwarzweiß oder Graustufen?**
>
> Im Allgemeinen spricht man ja bei einem Bild, das ohne Farben auskommen muss, von Schwarzweiß-Aufnahmen. Genau genommen sind das aber Graustufenbilder, da neben Schwarz und Weiß ja auch graue Pixel enthalten sind. Echte Schwarzweißbilder bestehen tatsächlich nur aus schwarzen und weißen Pixeln (z. B. Strichzeichnungen).

2. Optional: Modus kontrollieren

Gehen Sie danach doch einmal auf BILD • MODUS und schauen Sie nach, wo das Häkchen angezeigt wird. Die Datei ist noch immer eine Farbdatei (RGB). Das bedeutet, Sie könnten jetzt auch wieder Farbe auftragen, beispielsweise um das Meer wieder einzufärben – übrigens sind Kombinationen aus Graustufen und Farbe immer sehr effektvoll. Bei einem Graustufenbild ginge das mit dem nachträglichen Farbauftrag nicht mehr.

Prinzipiell spricht auch nur ein Argument dagegen, die Datei in RGB zu belassen: Der Speicherplatz. Ein RGB-Bild benötigt nämlich fast dreimal so viel Platz wie ein Graustufenbild. Wenn Sie also Festplattenkapazität erhalten wollen, sollten Sie eine Modusänderung vornehmen (BILD • MODUS • GRAUSTUFEN).

3. Optional: Farbinformationen verwerfen

Den Folgedialog können Sie, nachdem Sie NICHT MEHR ANZEIGEN aktiviert haben, mit OK bestätigen. Die Meldung bleibt in diesem Fall künftig außen vor.

Ende

Bilder alternativ entfärben
Sie haben in Photoshop Elements die Möglichkeit, bei der Umwandlung in Graustufen individuelle Entscheidungen zu treffen. Diese Funktion ist wirklich sehr interessant, da die Wirkungsweise des Graustufenbildes direkt beeinflusst wird.

Schritt für Schritt: Bilder in Schwarzweiß konvertieren

Zunächst sollten Sie sämtliche Schritte des vorangegangenen Workshops wieder rückgängig machen. Danach geht es an die Entfärbung per Dialog.

Die Zauberformel heißt nämlich ÜBERARBEITEN • IN SCHWARZWEISS KONVERTIEREN. Die rasant wachsende Gemeinde der Tastenkombi-Befürworter lässt es sich natürlich nicht nehmen, an dieser Stelle ⌈Strg⌉+⌈Alt⌉+⌈B⌉ zu drücken.

1. Dialog öffnen

Zunächst einmal sollten Sie im Pulldown-Menü unten links festlegen, welcher STIL zu Ihrer Vorlage passt. Im konkreten Beispiel verwenden Sie SCHÖNE LANDSCHAFT. Legen Sie anschließend rechts daneben die INTENSITÄT fest; also, wie stark sich die Änderungen, die Sie im Anschluss anwenden, auf das Bild auswirken sollen.

2. Stil und Intensität festlegen

3. Kanäle bearbeiten

Verwundert es Sie, dass Sie in einem Graustufenbild Rot, Grün oder Blau einstellen sollen? Das hat aber den überragenden Vorteil, dass Sie einzelne Grundfarben noch anheben, also stärker darstellen können. Bei Porträts ist es zum Beispiel sinnvoll, den Rot-Kanal anzuheben, um so mehr Zeichnung in das Gesicht zu bekommen. In Landschaftsaufnahmen können Sie zudem Mehr Grün zugeben, um Bildbereiche heller erscheinen zu lassen. Beachten Sie aber, dass Grün besonders für helle Bildinformationen zuständig ist. Überzeichnen Sie die Datei nicht. Heben Sie Grün nur leicht an, indem Sie den Regler minimal nach rechts schieben.

4. Kontrast erhöhen

Überaus interessant ist hier auch, dass Sie die Kontraste anheben können. Gehen Sie dabei jedoch gemäßigt vor, und schieben Sie auch den Kontrastregler nur leicht nach rechts, bevor Sie mit OK bestätigen.

Die Unterschiede nach einer Kontrastanhebung (rechts) im Vergleich zu Farbe ersetzen (links) sind unverkennbar.

Ende

Zu guter Letzt: Graustufenmodus einstellen

Auch bei der zuletzt vorgestellten Methode In Schwarzweiss konvertieren bleibt das Bild als RGB-Datei erhalten. Die Bezeichnung »konvertieren« ist also in diesem Zusammenhang nicht ganz glücklich gewählt. Sie müssen somit zusätzlich abwägen, ob Sie das Bild real in Graustufen konvertieren wollen. Das spart Platz, wie Sie ja bereits erfahren haben. Und bei späteren Montagen gibt es auch keine Probleme; denn auch nach einer »echten« Konvertierung ist es durchaus legitim, ein Graustufenbild per Drag & Drop auf ein RGB-Bild zu ziehen. Versuchen Sie das aber in umgekehrter Richtung, wird das herübergezogene Farbbild in Graustufen umgewandelt. Außerdem können Sie ein echtes Graustufenbild jederzeit wieder in RGB umwandeln (Bild • Modus • RGB-Farbe) und dann wieder Farben ins Spiel bringen. Die Originalfarben bekommen Sie natürlich dadurch nicht mehr zurück.

9 Belichtung und Schärfe korrigieren

Tiefen/Lichter, Tonwerte & Co.

- ▶ Wie werden zu dunkle Bilder aufgehellt?
- ▶ Wie kann ich Bilder stellenweise abdunkeln und aufhellen?
- ▶ Wie kann ich zu helle Bilder abdunkeln?
- ▶ Wie wird der Teint im Porträt abgedunkelt?
- ▶ Wie funktionieren Abwedeln und Nachbelichten?
- ▶ Wie erzeuge ich eine Tonwertspreizung?
- ▶ Wie werden Bilder geschärft?
- ▶ Wie werden Bilder korrekt weichgezeichnet?
- ▶ Wie erzeuge ich eine geringere Tiefenschärfe?
- ▶ Wie erzeuge ich eine Bewegungsunschärfe?

Mitunter macht Ihnen die Kamera einen gewaltigen Strich durch die Rechnung. Da werden Bilder zu dunkel oder zu hell; andere sind leicht verwackelt, wieder andere haben nicht die richtige Tiefenschärfe. Aufnahmen mit diesen Mängeln sind aber durchaus noch zu retten – wenn Sie Tricks kennen, die auf beeindruckende Weise für Abhilfe sorgen ...

9.1 Dunkle Bilder aufhellen

Was tun Sie, wenn ein Bild zu dunkel ist? »Es aufhellen!« Vollkommen richtig. Doch wie wird das am effektivsten geregelt? Lassen Sie uns dazu ein wenig in die Vergangenheit blicken ...

In früheren Versionen (also vor Photoshop Elements 6) musste von der Benutzung der Helligkeit/Kontrast-Methode dringend abgeraten werden. Die Art der Kontrasterhöhung hat leider feine Details im Bild verschwinden lassen. Zur Profiversion Photoshop CS3 wurde eine komplett neuartige Umrechnungsmethode vorgestellt – und die ist jetzt auch in Elements 6 integriert worden.

Deshalb noch ein Tipp: Sollten Sie aktuell noch mit einer Vorgängerversion von Photoshop Elements 6 arbeiten, haben die folgenden Anweisungen keine Gültigkeit.

Helligkeit/Kontrast erhöhen

Öffnen Sie die Datei Les Halles.tif. Gehen Sie ins Menü und wählen Sie ÜBERARBEITEN • BELEUCHTUNG ANPASSEN • HELLIGKEIT/KONTRAST. Erhöhen Sie die HELLIGKEIT, indem Sie den Schieber bis auf etwa +60 stellen. Heben Sie zudem den KONTRAST etwas an. Wie wäre es mit einem Wert von 50?

Das Ergebnis ist doch recht ansprechend (wohlgemerkt: nur mit Elements 6). Ein Makel bleibt aber: Eigentlich wird das Motiv insgesamt recht plastisch. Helle Bereiche werden ebenfalls aufgehellt, was gar nicht nötig wäre. Das liegt daran, dass Sie mit den Reglern sehr stark nach rechts gehen mussten, um einen nennenswerten Unterschied herbeizuführen. Deshalb sollte für Sie gelten: Verwenden Sie Helligkeit/Kontrast nur dann, wenn die Unterschiede zwischen hellen und dunklen Bildbereichen nicht allzu hoch sind – also der Korrekturbedarf eher gering ist. Dann (und nur dann) ist die Helligkeit/Kontrast-Korrektur optimal.

9.1 Dunkle Bilder aufhellen

◀ **Abbildung 9.1**
Helligkeit und Kontrast müssen hier sehr stark angehoben werden.

Mit Tiefen/Lichter aufhellen
In Les Halles.tif ist festzustellen, dass die hellen Bildbereiche eigentlich vollkommen in Ordnung sind. Lediglich die dunklen Stellen müssten angehoben werden. Und wenn Sie es mit einem solchen Foto zu tun haben, dann ist die Tiefen/Lichter-Korrektur allererste Wahl.

Schritt für Schritt: Beleuchtung komplett korrigieren

Sollten Sie derzeit noch keinen unverbaubaren Blick auf den Eingang von Les Halles genießen, stellen Sie die gleichnamige Datei jetzt bitte bereit. Noch einmal zur Analyse: Nur Les Halles selbst ist zu dunkel. Der Hintergrund ist hingegen in Ordnung. Wir müssen also dunkle Pixel heller machen, während die hellen nicht verändert werden sollen.

Deshalb lautet jetzt der erste Schritt: ÜBERARBEITEN • BELEUCHTUNG ANPASSEN • TIEFEN/LICHTER. Schauen Sie einmal auf den Regler TIEFEN AUFHELLEN. Der steht bereits bei 25 %. Deshalb tritt auch gleich eine Veränderung in Kraft, sobald Sie den Dialog geöffnet haben. Das macht Photoshop Elements immer so. Für manche Bilder ist das jedoch bereits zu viel und Sie müssen wieder herunterregeln – wie bei

1. Dunkle Bildbereiche aufhellen

243

> **Mittelton-Kontrast**
>
> Mit Erhöhung des Mittelton-Kontrastes verändern Sie Pixel, die nicht eindeutig hell oder dunkel sind. Dieser Möglichkeit sollten Sie sich nur dann bedienen, wenn das Bild nach der Tiefen/Lichter-Veränderung flau wirkt. Begnügen Sie sich mit minimalen Veränderungen – besser noch, Sie benutzen ihn gar nicht.

Les Halles. Setzen Sie den obersten Schieber deshalb auf etwa 20 %.

2. Helle Bildbereiche abdunkeln

Bei Aufhellung der Tiefen passiert Folgendes: Je dunkler ein Pixel im Bild ursprünglich war, desto mehr wird es aufgehellt. Die hellen Pixel bleiben im Gegensatz zur Helligkeit/Kontrast-Methode unberührt. Genau umgekehrt funktioniert LICHTER ABDUNKELN. Deshalb sollten Sie den mittleren Schieber jetzt auf etwa 5 % stellen. Gestatten Sie sich einen Vorher-nachher-Vergleich, noch während der Dialog geöffnet ist, indem Sie die Checkbox VORSCHAU kurzzeitig deaktivieren .

Ende

Tiefen/Lichter ist eine wirklich feine Sache, oder? Aber es gibt noch eine zweite Methode, mit der Sie sogar noch schneller zum Ziel kommen.

Mit Füllmethoden aufhellen

Diese nachdenklich dreinschauende Statue sitzt tagein, tagaus auf einer Parkbank im schönen Roermond. Heute sitzt sie im Schatten,

9.1 Dunkle Bilder aufhellen

und die Kamera bekommt aus dieser Position sogar noch eine Menge Gegenlicht ab. Äußerst ungünstige Bedingungen, also.

◀ **Abbildung 9.2**
Das Gegenlicht erzeugt einen kräftigen Schatten.

Kopfsteinpflaster, Bäume und Hintergrund sind eigentlich ganz in Ordnung – nur nicht die linke Gesichtshälfte unseres Mr. Metal (oder wie immer er heißen mag). Ich möchte nicht verschweigen, dass auch hier die Tiefen/Lichter-Korrektur ein probates Mittel ist. Aber diesmal wollen wir ja auf einem anderen Weg zum Ziel gelangen.

Schritt für Schritt: Schatten aufhellen

Sollte Mr. Metal noch nicht auf Ihrer Arbeitsfläche thronen, stellen Sie bitte Kopf.tif bereit.

Grundsätzlich benötigen Sie für diese Technik eine deckungsgleich überlagernde Kopie des Hintergrundes. Das realisieren Sie ja ganz schnell, indem Sie die Ebene HINTERGRUND auf das Symbol NEUE EBENE ERSTELLEN ziehen und dort fallenlassen (wobei EBENE • NEU • EBENE DURCH KOPIE oder Strg+J natürlich auch funktionieren).

1. Ebene duplizieren

245

2. Füllmethode ändern   Jetzt müssen Sie den Modus der oberen Ebene ändern. Stellen Sie im Pulldown-Menü FÜLLMETHODE FÜR DIE EBENE EINSTELLEN (oben links) von NORMAL auf NEGATIV MULTIPLIZIEREN um. Kurz etwas zur Technik, die dahintersteckt: Die Farbinformationen der beiden überlagernden Ebenen (innerhalb der einzelnen Kanäle) werden jetzt miteinander verrechnet; und zwar so, dass im Resultat immer eine hellere Farbe herauskommt (im Gegensatz zu MULTIPLIZIEREN). Schwarz und Weiß werden dabei aber nicht verändert. Deshalb ist die Methode auch interessant für Bildkorrekturen. Die Zeichnung des Bildes mit seinen dunklen Elementen, Konturen und Schatten geht dabei trotz Aufhellung nicht zu sehr verloren.

3. Optional: Korrektur fortsetzen   Nach einer derartigen Korrektur gibt es nun grundsätzlich drei Möglichkeiten:
- Sie sind mit dem Bild zufrieden. Dann ist Ihre Arbeit an dieser Stelle beendet.

▶ Das Bild ist noch immer zu dunkel. In diesem Fall kopieren Sie die oberste Ebene noch einmal. Drücken Sie einfach [Strg]+[J]; gegebenenfalls mehrfach. (Durch das erneute negative Multiplizieren wird das Bild abermals aufgehellt.) Die Füllmethode muss in der neuen Ebenenkopie dann übrigens nicht mehr geändert werden, da sie ja beim Kopieren mit übernommen wird.
▶ Das Bild ist jetzt zu hell. Dann heißt es für Sie: Runter mit der Deckkraft der obersten Ebene (rechts neben dem Pulldown-Menü für die Füllmethodenänderung).

Zurück zum Beispiel: Ich finde, Mr. Metal kommt jetzt bereits etwas zu hell herüber. Deshalb wäre es sinnvoll, die Deckkraft der obersten Ebene etwas zu reduzieren (ca. 75 %). Vielleicht sieht das auf Ihrem Monitor anders aus. Deshalb können die hier aufgezeigten Werte allenfalls Anhaltspunkte sein.

Ende

Tiefen/Lichter- oder Füllmethoden-Korrektur?
Haben Sie schon eine Methode für sich entdeckt? Ich möchte Ihnen Folgendes empfehlen: Wenn Sie Licht und Schatten im Wesentlichen erhalten und nur das Licht insgesamt anheben wollen (so, wie im letzten Workshop), dann werden Sie mit der Füllmethodenänderung bestens zurechtkommen. Heißt allerdings das Ziel, eine Szene möglichst ebenmäßig auszuleuchten, ist Tiefen/Lichter allererste Wahl. Machen Sie doch einmal die Schritte des letzten Workshops rückgängig und versuchen Sie es mit Tiefen/Lichter. Das Ergebnis sehen Sie hier:

9 Belichtung und Schärfe korrigieren

◀ **Abbildung 9.3**
Tiefen/Lichter kann für gleichmäßigere Lichtverhältnisse sorgen.

Sie können beide Resultate miteinander vergleichen, indem Sie Kopf_fertig_TL.tif (Tiefen/Lichter-Korrektur) und Kopf_fertig_Ebenen.tif (Füllmethodenänderung) aus dem Ergebnis-Ordner ansehen.

Farbkurven einstellen

Sicher fragen Sie sich, warum das Thema »Farbkurven einstellen« nicht im Kapitel über die Farben zur Sprache gekommen ist. Aber da würde es nicht wirklich hingehören. Da Sie nämlich keinerlei Möglichkeit haben, Farbveränderungen im üblichen Sinne herbeizuführen, sondern hauptsächlich Tiefen, Mitteltöne und Lichter korrigieren können, passt es sicher besser in diesen Bereich.

Schritt für Schritt: Umgebung aufhellen

Der Dialog erlaubt eine schnelle Korrektur in verschiedenen Bereichen. Eigentlich können Sie damit auch zu helle (flaue) Bilder abdunkeln. Hier soll aber Schwan.tif aufgehellt werden.

1. Vorauswahl treffen

Machen Sie zunächst die Farbkurven zugänglich, indem Sie ÜBERARBEITEN • FARBE ANPASSEN • FARBKURVEN ANPASSEN aktivieren. Danach wählen Sie durch Auswahl des STILS unten links (Sie kennen das vom Schwarzweiß-Dialog), welche Bereiche schwerpunktmäßig aufge-

9.1 Dunkle Bilder aufhellen

hellt werden sollen. Hier sollten Sie sich für Tiefen aufhellen ❶ entscheiden.

Damit tritt bereits eine Veränderung ein. Bei näherer Betrachtung dürfte diese alles in allemaber als »unzureichend« eingestuft werden. Mithilfe des Stils greifen Sie nämlich lediglich auf einige Vorauswahlen zu – die allerdings für unseren Schwan viel zu dezent sind.

2. Stil wählen

Deshalb sollten Sie den Schieberegler Tiefen anpassen ❷ weit nach rechts ziehen. Die Änderungen werden sich übrigens auch auf das Diagramm auswirken. Der Tiefen-Punkt ❸ wandert nämlich im Diagramm nach oben. Tiefen Anpassen bewirkt: Nach rechts werden dunkle Bildinformationen heller, nach links würden die dunklen Bereiche noch mehr abgedunkelt.

3. Tiefen einstellen

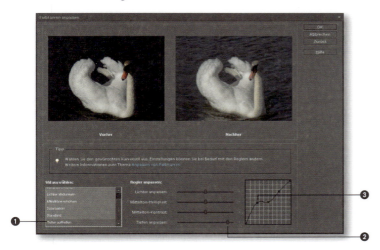

Das Wasser ist zwar merklich heller geworden, doch der Schwan selbst hat noch keine Veränderungen erfahren. Deshalb ist zu empfehlen, beide Schieber (Lichter anpassen und Mittelton-Helligkeit) noch etwas nach rechts zu ziehen. Gehen Sie hier aber bitte maßvoll vor.

4. Mitteltöne einstellen

Durch Anpassung der Mittelton-Helligkeit werden allgemein die Bereiche verändert, die weder besonders hell noch besonders dunkel sind; die Mitten eben.

Ende

Dass die Regler im vorangegangenen Workshop von unten nach oben »abgearbeitet« worden sind, ergab sich daraus, dass die Tiefen das Hauptproblem waren. Alle weiteren Regler dienten nur noch der Feinjustage. Wenn Sie hingegen zu helle Bilder korrigieren, sollten Sie lieber zunächst die Lichter einstellen.

Gegenlicht ausgleichen
Bedenken Sie, dass jede Auswahl des Stils (mit Ausnahme der Solarisation) lediglich eine Vorauswahl ist. Die Anpassungen werden stets nach dem gleichen Muster erarbeitet, und zwar über die Schieberegler.

9.2   Helle Bilder abdunkeln

Jetzt wird es wirklich spannend! Zwar ist das Abdunkeln eines Bildes an sich nichts Besonderes, doch werde ich Ihnen im weiteren Verlauf dieses Abschnitts eine Möglichkeit vorstellen, bei der Sie allein bestimmen können, »wo« eine Veränderung stattfinden soll und wo nicht. Hört sich das nicht gut an?

Mit Füllmethoden abdunkeln
Während Sie im letzten Abschnitt noch zu dunkle Bildbereiche mithilfe von NEGATIV MULTIPLIZIEREN oder über Farbkurven aufgehellt

9.2 Helle Bilder abdunkeln

haben, werden Sie nun ein Bild abdunkeln – und zwar mit der umgekehrten Methode.

Schritt für Schritt: Teint abdunkeln

Was Sie für diesen Workshop benötigen, ist ein zu helles Bild. Sie haben gerade keines zur Hand? Macht nichts – greifen Sie einfach auf Abdunkeln.tif zurück.

Kopieren Sie den Hintergrund, indem Sie [Strg]+[J] drücken. Wandeln Sie die Füllmethode in MULTIPLIZIEREN um. Da tut sich doch schon was. Dennoch schlage ich vor, noch ein weiteres Mal [Strg]+[J] zu drücken, damit das Bild noch dunkler wird.

1. Ebene kopieren

2. Deckkraft reduzieren

Ihnen reicht die Abdunklung des Teints noch nicht? Dann drücken Sie doch einfach abermals [Strg]+[J]. Jedes Mal wird nämlich die multiplizierte Ebene kopiert, die für eine zusätzliche Abdunklung sorgt. Reduzieren Sie anschließend die DECKKRAFT der obersten Ebene auf etwa 30 %. Dann kann man sicher von einem ansprechend abgedunkelten Teint sprechen.

Ende

Bis hierhin ganz nett. Aber durch die Multiplikation haben die Haare sehr gelitten, da sie jetzt eigentlich zu dunkel sind; vergleichen Sie mal. Auch der Hintergrund sollte wieder in alter Helligkeit zur Verfügung stehen. Spätestens an dieser Stelle wird es interessant, Bereiche zu maskieren. Und wie das geht, sollen Sie auch gleich in Erfahrung bringen. Zwar gibt es bereits einen Workshop in diesem Buch, der das Maskieren behandelt, aber hier kommen noch einige spezielle Dinge hinzu, die ich Ihnen keinesfalls vorenthalten möchte.

 ### *Schritt für Schritt: Teint abdunkeln, ohne die Haare zu verändern*

Als Grundlage benötigen Sie Abdunkeln.tif mit den drei im vorangegangenen Workshop multiplizierten Ebenen. Sie können also gleich weitermachen. Dennoch möchte ich Sie zuvor noch bitten, die folgenden Schritte mit voller Konzentration anzugehen – zumindest, wenn Sie noch keine Erfahrung mit Maskierungen gesammelt haben. Leider geht das in Photoshop Elements nicht ganz so einfach wie beim großen Bruder Photoshop. Aber Sie werden sehen, dass sich auch das letztendlich prima bewerkstelligen lässt.

Alle Ebenen oberhalb des Hintergrundes sind mit der Füllmethode MULTIPLIZIEREN versehen. Das bedeutet: Sie entfalten ihre Eigenschaft nur, wenn sich unterhalb eine Ebene befindet, mit der auch multipliziert werden kann (im Modus NORMAL). Ziel dieses Schrittes ist aber, zwei deckungsgleiche Ebenen übereinanderzulegen, die einmal das Original und einmal die verdunkelte Kopie darstellen – ohne Multiplikation. Andernfalls würde nämlich das Maskieren nicht gelingen. Markieren Sie deshalb HINTERGRUND in der Ebenen-Palette und duplizieren Sie ihn, indem Sie [Strg]+[J] drücken. Ihre Ebenen-Palette sollte jetzt so aussehen:

1. Ebene erneut duplizieren

Klicken Sie danach auf das Auge-Symbol der Ebene HINTERGRUND. Achten Sie aber darauf, dass die Ebene selbst dabei nicht markiert wird. HINTERGRUND KOPIE sollte weiter aktiv (= grau hinterlegt) bleiben, da die folgende Operation sonst nicht gelingt.

2. Ebenen verbinden

Öffnen Sie anschließend das Erweitert-Menü der Ebenen-Palette und entscheiden Sie sich für SICHTBARE AUF EINE EBENE REDUZIEREN (Alternativ: [Strg]+[⇧]+[E]). Der Befehl ist nur dann anwendbar, wenn eine der noch sichtbaren Ebenen aktiv ist. Deshalb durfte zuvor HINTERGRUND nicht ausgewählt sein. Schalten Sie jetzt die Sichtbarkeit der untersten Ebene (Hintergrund) über das Auge-Symbol wieder ein.

Die Ebenen-Palette besteht jetzt aus zwei Ebenen. Unten befindet sich das Original und darüber der Zusammenschluss aller multipli-

9 Belichtung und Schärfe korrigieren

zierten Ebenen – aber im Füllmodus NORMAL. Genau das ist die Vorarbeit, die Sie leisten mussten, um dieses Bild maskieren zu können.

3. Volltonebene erzeugen

Markieren Sie abermals die Ebene HINTERGRUND in der Ebenen-Palette (also die unterste). Danach gehen Sie auf EINSTELLUNGSEBENE ERSTELLEN ❶ im Kopf der Palette und erzeugen eine Ebene in VOLLTONFARBE. Den Farbwähler können Sie gleich mit OK verlassen, da es vollkommen egal ist, welche Farbe hier verwendet wird. Wenn Sie also eine andere Farbe als das hier gezeigte Rot haben – macht nix.

4. Ebenen gruppieren

Halten Sie jetzt [Alt] auf Ihrer Tastatur gedrückt und klicken Sie innerhalb der Ebenen-Palette genau zwischen die Ebene FARBFÜLLUNG und HINTERGRUND KOPIE ❷. Wenn Sie die richtige Position gefunden haben, tauchen zwei ineinander verschlungene Kreise auf. Machen Sie an dieser Stelle einen Mausklick. Das hat zur Folge, dass die oberste Ebene nach rechts eingerückt und mit der Ebene FARBFÜLLUNG gruppiert wird. Klicken Sie danach noch auf die EBENENMASKENMINIATUR, damit diese ausgewählt ist. (Es reicht nicht, die Ebene selbst zu markieren. Sie müssen auf das weiße Rechteck klicken!)

Es ist einfacher, die Bereiche nachzumalen, die dunkel dargestellt werden sollen. Wie Sie aber am Bild selbst erkennen können, ist derzeit alles dunkel. Deshalb wandeln Sie die Maske jetzt um, indem Sie Strg+I drücken. Erinnern Sie sich? Alles, was auf der Maske schwarz ist, bleibt unsichtbar, während weiße Bereiche sichtbar sind. Das Bild wird daraufhin übrigens wieder komplett hell, da die obere (die abgedunkelte) Ebene jetzt komplett maskiert, also unsichtbar, ist.

5. Maske umkehren

Sie müssen aber jetzt keinesfalls befürchten, dass Ihre gesamte bisherige Arbeit umsonst gewesen ist. Aktivieren Sie den PINSEL B und stellen Sie eine weiche Spitze mit einer Größe von etwa 80 px im Modus NORMAL bei 100 % Deckkraft ein.

6. Pinsel einstellen

Drücken Sie D auf Ihrer Tastatur. Das macht Weiß zur Vorder- und Schwarz zur Hintergrundfarbe. Jetzt malen Sie über das Gesicht der jungen Dame. Achten Sie darauf, dass Sie nicht die Haare erwischen. Sie sehen, dass die abgedunkelte Ebene dabei Stück für Stück zum Vorschein kommt – und zwar nur da, wo Sie mit weißer Farbe malen. Cool, oder?

7. Obere Ebene freilegen

9   Belichtung und Schärfe korrigieren

8. Optional: Maske korrigieren

Wenn Sie versehentlich die Haare mit übermalen, machen Sie den letzten Schritt mit ⌈Strg⌉+⌈Z⌉ rückgängig und versuchen es erneut. Noch galanter ist aber, wenn Sie kurzzeitig auf Schwarz umschalten, indem Sie ⌈X⌉ drücken. Danach können Sie nämlich bereits freigelegte Bereiche wieder maskieren; also die fälschlicherweise sichtbar gewordenen Stellen wieder unsichtbar machen. Wenn die Stelle korrigiert ist, drücken Sie abermals ⌈X⌉ und setzen die Demaskierung fort. Achten Sie stets auf die aktuelle Vordergrundfarbe. Weiß macht sichtbar, schwarz macht unsichtbar!

Wenn Sie mögen, können Sie ja auch die Blumen im Vordergrund noch freilegen. Hintergrund und Haare lassen Sie aber unangetastet. Hätten Sie gedacht, dass sich aus diesem Bild noch so viel herausholen lässt? Falls Sie die Datei im Vorher-nachher-Vergleich sehen wollen, reicht es, wenn Sie zwischenzeitlich das Auge der Ebene »Farbfüllung 1« deaktivieren.

Ende

Falls dieser Workshop nicht ganz so funktioniert hat, wie Sie es sich gewünscht hätten (immerhin war das ja auch eine ganze Menge), öffnen Sie doch einmal Abdunkeln_fertig.tif aus dem Ordner

ERGEBNISSE. In dieser Datei sind alle Ebenen erhalten geblieben. Sie können die Maskierung also auch hier noch einmal nachvollziehen.

Teilmaskierungen erzeugen
Für alle, die es noch genauer mögen: Sie können Bereiche auch zum Teil nachdunkeln. Dazu müssten Sie die betreffende Stelle also nicht ganz maskieren und auch nicht ganz freilegen. Vielleicht sagen Sie ja: »Ich möchte die Haare noch ein wenig abdunkeln, aber nicht so intensiv, wie den Teint.« Auch dazu bieten sich wieder zwei Möglichkeiten an:

- Die Graumaskierung: Sie schalten die Vordergrundfarbe auf Grau. Je heller das Grau, desto stärker die Wirkung, die beim Maskieren erreicht wird. (Bitte immer daran denken, dass dazu vorab die Ebenenmaskenminiatur aktiv sein muss!)
- Die Deckkraft-Maskierung: Sie reduzieren die Deckkraft des Pinsels in der Optionsleiste und zeichnen wie bisher mit Schwarz oder Weiß weiter. Je geringer die Deckkraft, desto weniger reagiert der Pinsel. Je öfter Sie jetzt mit Weiß über eine maskierte Stelle malen, desto kräftiger wird die Abdunklung. Dieses Ergebnis haben Sie bei der Graumaskierung natürlich nicht.

> **Begriffe: Abwedeln und Nachbelichten**
>
> In der traditionellen Fotografie nennt man das Aufhellen von Bildbereichen **Abwedeln**. Dabei wird die auf das Bild treffende Belichtungsdauer reduziert; das Bild wird heller. Mit **Nachbelichten** bezeichnet man eine erhöhte Belichtungsdauer, die eine Abdunklung des Bildes zur Folge hat.

9.3 Abwedeln und Nachbelichten

Mit Photoshop Elements ist es ganz leicht möglich, die Lichtverhältnisse Ihrer Fotos auf einfache Art und Weise nachträglich zu beeinflussen. Pinsel spielen auch hier wieder eine wesentliche Rolle.

Schritt für Schritt: Fassade aufhellen

Ziel dieses Workshops ist es, helle und dunkle Bildbereiche gezielt nachzubearbeiten. Die Techniken werden gemeinhin mit *Abwedeln* und *Nachbelichten* bezeichnet .

Öffnen Sie die Datei Licht.tif und begutachten Sie das Bild. Die Aufnahme ist zwar bei strahlendem Sonnenschein gemacht worden, aber dennoch versinkt die Fassade des Schlosses etwas im Dunkeln.

1. Neue Ebene erstellen	Zunächst wird eine neue Ebene benötigt. In dieser soll aber der Modus verändert werden, sodass Sie [Alt] gedrückt halten, während Sie auf das Symbol NEUE EBENE ERSTELLEN (in der Ebenen-Palette) klicken. Alternativ wählen Sie EBENE • NEU • EBENE.
2. Füllmethode ändern	Den Namen der Ebene können Sie getrost vernachlässigen. Ändern Sie aber den Inhalt des Flyout-Menüs MODUS von NORMAL auf INEINANDERKOPIEREN. Dies hat zur Folge, dass unterhalb des Flyout-Menüs ein weiteres Steuerelement anwählbar wird. Es trägt die kurze und knappe Bezeichnung MIT NEUTRALER FARBE FÜR DEN MODUS ‚INEINANDERKOPIEREN' FÜLLEN (50 % GRAU). Setzen Sie einen Haken in das Kästchen und bestätigen Sie mit OK.

Die neue Ebene ist nun mit einem neutralen Grauton gefüllt, von dem seltsamerweise im Bild nichts zu sehen ist. Obwohl – so außergewöhnlich ist das gar nicht, denn die Modusänderung (INEINANDERKOPIEREN) zeichnet dafür verantwortlich. Neutrales Grau bewirkt dabei nämlich keinerlei Veränderungen. Erst wenn Sie dunkleres oder helleres Grau auftragen, wird sich das auch auf das Bild auswirken. Aber der Reihe nach …

3. Werkzeug einstellen	Aktivieren Sie das Pinsel-Werkzeug [B] und stellen Sie eine weiche Spitze mit einem Durchmesser von etwa 150 Px ein. Den Modus be-

lassen Sie bei NORMAL, wobei Sie aber die Deckkraft auf 15 % reduzieren sollten. Das sorgt dafür, dass der Pinsel nicht so heftig reagiert, wenn Sie das Bild damit übermalen.

Stellen Sie die Standardfarben (Schwarz und Weiß) in der Werkzeugleiste ein. Dazu reicht ja, wie Sie wissen, ein Druck auf D Ihrer Tastatur. Die zweite wichtige Taste, auch das kennen Sie bereits, ist X. Sofern Sie den vorangegangenen Workshop nicht gemacht haben: Betätigen Sie die Taste mehrmals, und beobachten Sie dabei, wie Schwarz und Weiß im Farbwähler der Werkzeugleiste bei jedem Druck ausgetauscht werden.

Beim **Abwedeln** werden Bildbereiche aufgehellt, während das **Nachbelichten** für Abdunklung sorgt. Mit der hier zum Einsatz kommenden Ebenentechnik hellen Sie auf, wenn Weiß in der Optionsleiste als Vordergrundfarbe eingestellt ist. Möchten Sie hingegen nachbelichten (also abdunkeln), stellen Sie über X einfach Schwarz nach vorne.

4. Werkzeugtechnik

Zeichnen Sie zunächst mit gedrückter Maustaste (während Weiß Vordergrundfarbe ist) über die Fassade des Schlosses. Wischen Sie so oft darüber, bis Ihnen die Helligkeit gefällt. Wischen Sie auch kurz (!) über den Rasen und die Bäume. Achten Sie aber darauf, dass Sie nicht den Himmel mit erwischen, da dieser ansonsten schnell weiß wird. Je öfter Sie über eine Stelle wischen, desto heller wird sie.

5. Abwedeln

9 Belichtung und Schärfe korrigieren

6. Nachbelichten

Drücken Sie einmal [X]. Schwarz sollte jetzt zur Vordergrundfarbe geworden sein. Dunkeln Sie den Himmel etwas ab. Aber vorsichtig, bitte. Geben Sie hier nicht zu viel. Wenn Ihnen für diese Arbeit eine sensibler reagierende Pinselspitze mehr liegt, reduzieren Sie deren Deckkraft vorab in der Optionsleiste. Achten Sie auch einmal auf die Maskenminiatur in der Ebenen-Palette. Hier werden die Bereiche des Himmels immer dunkler, während die Fläche entlang der Fassade immer heller wird.

Ende

Zum Schluss werden Sie sehen, dass sich die Lichtverhältnisse in Ihrem Bild vollkommen verändert haben. Einen Vorher-nachher-Vergleich erhalten Sie über das Auge-Symbol der obersten Ebene.

Was ist zu tun, wenn der Pinsel nicht mehr reagiert?
Bei sehr dunklen oder hellen Bildbereichen werden Sie möglicherweise an einen Punkt kommen, an dem Sie noch mehr aufhellen oder abdunkeln müssen – aber keine Veränderung mehr im Bild

eintritt. Woran liegt das? Schauen Sie sich doch einmal die dazugehörende Maske in der Ebenen-Palette an. Hier tragen Sie ja bei einer Aufhellung Weiß auf. Aber wenn die Fläche erst einmal zu 100 % mit Weiß gefüllt ist, geht nichts mehr. Wenn Sie aber dennoch weiter aufhellen wollen, bleibt Ihnen nur, die oberste Ebene zu duplizieren (über [Strg]+[J]). Danach wird die Änderung aber wesentlich zu stark sein. Das wiederum gleichen Sie aus, indem Sie die DECKKRAFT der neu hinzugewonnenen Ebene entsprechend reduzieren.

◄ **Abbildung 9.4**
Wenn Sie die Ebene duplizieren, wird der Effekt wesentlich verstärkt.

Danach kommt noch etwas ganz Wichtiges: Bevor Sie weiterarbeiten, sollten Sie vorab sämtliche Ebenen miteinander verschmelzen. Anderenfalls wären die Änderungen, die Sie ab jetzt vornehmen, erheblich zu schwach. Sie müssten dann mit der Deckkraft der Pinselspitze variieren – und das kann ja nun wirklich niemand von Ihnen verlangen. Verbinden Sie die Ebenen, indem Sie AUF HINTERGRUNDEBENE REDUZIEREN aus dem Fenstermenü (ERWEITERT) der Ebenen-Palette wählen. Danach müssen Sie erneut eine Ebene mit der Füllmethode INEINANDERKOPIEREN erzeugen (siehe Schritt »Füllmethode ändern«).

Abwedler und Nachbelichter

Der Vollständigkeit halber sei erwähnt, dass die Toolbox über entsprechende Werkzeuge verfügt, mit denen Bilder nachbelichtet

▲ **Abbildung 9.5**
Werkzeuge zum Nachbelichten und Abwedeln

oder abgewedelt werden können. Sie finden sowohl Abwedler als auch Nachbelichter zusammen mit dem Schwamm in einem Tool-Set in der Werkzeugleiste.

Dazu ist jedoch vor deren Benutzung in der Optionsleiste einzustellen, ob Tiefen, Mitteltöne oder Lichter bearbeitet werden sollen.

Die zuvor beschriebene Methode ist aber wesentlich effektiver. Wenn jedoch nur »mal eben« einzelne kleine Flächen aufgewertet werden müssen, können Sie natürlich Abwedler und Nachbelichter vorziehen.

9.4 Tonwerte korrigieren

Zu helle oder zu dunkle Bilder erstrecken sich meist nicht über den gesamten zur Verfügung stehenden Tonwertbereich. Tonwertbereich? Was ist denn das nun schon wieder? Das schauen Sie sich am besten einmal anhand eines Diagramms an. Ach, was sage ich. Lassen Sie uns doch gleich einen Workshop dazu ansehen. Auch wenn dieser eher theoretischer Natur ist.

Schritt für Schritt: Grauschleier entfernen

Das Motiv der Datei Tonwert.tif ist etwas flau. Das liegt daran, dass sich das Bild nicht über das gesamte ihm zur Verfügung stehende Spektrum ausdehnt (bei 8-Bit-Bildern geht dieses Spektrum von 0 bis 255).

1. Tonwertkurve interpretieren

Das wird verständlicher, wenn Sie sich dazu eine Grafik ansehen. Entscheiden Sie sich für Überarbeiten • Beleuchtung anpassen • Tonwertkorrektur oder betätigen Sie [Strg]+[L] (L steht übrigens für Luminanz).

Schauen Sie einmal auf den unteren Bereich. Da sehen Sie, dass der Tonwertumfang von 0 bis 255 geht. Das bedeutet: Das Bild kann 256 verschiedene Abstufungen haben. Und das pro Kanal. Macht bei drei Kanälen (Rot, Grün und Blau) 256^3, also rund 16,8 Millionen mögliche Farbabstufungen. Das haben Sie ja auch bereits in Kapitel 8, »Farben eindrucksvoll nachbearbeiten«, erfahren.

9.3 Tonwerte korrigieren

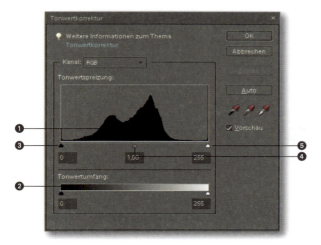

Achten Sie jetzt auf das oberhalb angeordnete Histogramm ❶. Ganz links finden Sie die dunklen Tonwerte Je weiter Sie nach rechts gehen, desto heller werden die Tonwerte. Ganz rechts ist also Weiß. Die jeweilige Höhe innerhalb des Diagramms sagt nun etwas darüber aus, wie oft der jeweilige Tonwert im Bild vorhanden ist. Daraus ist abzuleiten: Es sind nur wenige wirklich dunkle und noch weniger helle Tonwerte im Bild, da das Histogramm im linken und rechten Viertel kaum nach oben weist. Es fehlen Tiefen und Höhen. Gut, das hätten Sie dem Bild auch ohne Histogramm angesehen. Aber: Sie hätten daran nichts ändern können.

Gleich unterhalb des Histogramms finden sich drei nach oben weisende Spitzen. Das sind Schieberegler. Mit dem linken ❸ können Sie nun die Tiefen verändern, mit dem rechten ❺ die Lichter und der graue in der Mitte ❹ spiegelt die Mitteltöne wider. Was Sie nun machen sollten, um ein ansprechendes Ergebnis zu erhalten ist, die Schieber ❸ und ❺ zur Mitte hin zu bewegen; und zwar bis zu der Position, an der ein Anstieg der Histogrammkurve zu verzeichnen ist. Danach bestätigen Sie mit OK.

2. Tonwerte verändern

9 Belichtung und Schärfe korrigieren

3. Optional: Tonwertspreizung kontrollieren

So sieht das Bild doch schon besser aus, oder?

Nun wollen Sie sicher auch wissen, was geschehen ist – technisch gesehen. Öffnen Sie dazu erneut den Tonwert-Dialog und begutachten Sie das Histogramm.

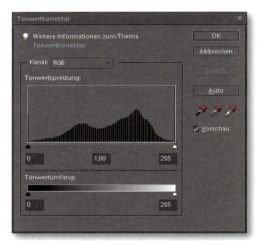

Sie haben soeben eine Tonwertspreizung vorgenommen. Denn jetzt erstreckt sich das Histogramm über die gesamte ihm zur Verfügung stehende Breite. Aber wo kommen plötzlich diese seltsamen, weißen Linien her?

Hier zeigt das Histogramm unmissverständlich an, wo jetzt Tonwerte fehlen. Vereinfacht gesagt: Dadurch, dass Sie das Histogramm

9.3 Tonwerte korrigieren

in die Breite gezogen haben, sind in der Mitte Lücken entstanden. Und das bedeutet Verlust von Bildinformationen. Rein mathematisch gesehen ist Ihr Bild also dramatisch schlechter geworden. Aber wen stört's, wenn dadurch eine optische Verbesserung eingetreten ist.

Tonwerte mit Pipetten korrigieren
Wenn Sie ein Bild haben, das über eindeutige schwarze und weiße Bildbereiche verfügt, können Sie die Tonwertspreizung auch von Photoshop Elements übernehmen lassen. Wie das funktioniert, zeigt der folgende Workshop.

Schritt für Schritt: Eine Blüte aufhellen

Stellen Sie die Datei Pipette.tif zur Verfügung. Hier ist kaum noch etwas zu verbessern, sagen Sie? Dann schauen Sie mal:

Öffnen Sie jetzt den Dialog zur Tonwertkorrektur über ⌈Strg⌉+⌈L⌉ oder ÜBERARBEITEN • BELEUCHTUNG ANPASSEN • TONWERTKORREKTUR.

1. Weißpunkt setzen

Ende

Auf der rechten Seite finden Sie drei Pipetten. Mit der linken könnten Sie den Schwarzpunkt des Bildes setzen. Das machen Sie dann, wenn die Tiefen eher grau als schwarz aussehen. Das ist aber hier nicht der Fall. Drücken Sie deshalb auf die rechte Pipette und klicken Sie damit auf eine besonders helle Stelle im Bild. Verlassen Sie den Dialog mit OK.

Sie können den Schwarz- und Weißpunkt in einem Arbeitsgang setzen. Aktivieren Sie in diesem Fall zunächst die Schwarz-Pipette und suchen sie einen Punkt innerhalb des Bildes, der als Schwarz interpretiert werden soll. Danach schalten Sie um auf die Weiß-Pipette und markieren den hellsten Punkt des Bildes. Lassen Sie dabei allerdings extreme Glanzlichter wie zum Beispiel den Mittelpunkt einer Lichtquelle oder starke Reflexionen außen vor. Andernfalls würde das Bild zu dunkel.

Sollten Sie eine falsche Stelle markiert haben, könnte es sein, dass Sie einen Farbstich in das Bild hinein projizieren. Wiederholen

Sie in diesem Fall die Farbaufnahme. – innerhalb der Tonwertkorrektur können Sie sogar einzelne Kanäle bearbeiten, wenn Sie im Pulldown-Menü KANAL in den einzelnen Farbbereich wechseln.

◄ **Abbildung 9.6**
Die Tonwerte lassen sich auch kanalweise korrigieren.

9.5 Bilder scharfzeichnen

Mittlerweile verfügt jede halbwegs gescheite Kamera über einen Autofokus. Unscharfe Bilder gehören deshalb schon seit langem der Vergangenheit an – sollte man meinen. Leider sieht die Realität anders aus. Gerade in nicht ausreichend beleuchteten Umgebungen, wenn die Blende länger geöffnet bleiben muss, kommt es unweigerlich zu »Verwacklern«. Wenn die Unschärfe nicht zu gewaltig ist, kann Photoshop Elements das aber prima reparieren.

Unscharf maskieren
Auch in Sachen Scharfzeichnung gibt es mehrere Möglichkeiten, ans Ziel zu gelangen. Die beste ist nach wie vor *Unscharf maskieren*. Wenn man zum ersten Mal auf diesen Begriff stößt, drängt sich die Vermutung auf, dass durch seinen Einsatz eine Unschärfe erzeugt würde. Das ist jedoch nicht der Fall. Der Begriff selbst erscheint dann logisch, wenn Sie sich vorstellen, dass Sie unscharfe Bereiche mit einer Maske versehen – also die Unschärfe teilweise »abdecken«. So passt es, oder?

Schritt für Schritt: Bilder schärfen

Schauen Sie sich die Beispieldatei Unscharf.tif an. Typisches Unschärfe-Motiv bei Verwendung der Kamera-Automatik. Keine Sonne; die

Verschlusszeit wird erhöht. Etwas Wind; das Objekt bewegt sich. Klick – unscharf!

1. Schärfe-Dialog öffnen

Der Dialog, den Sie für diesen Workshop benötigen, ist im Überarbeiten-Menü zu finden. Wählen Sie deshalb ÜBERARBEITEN • UNSCHARF MASKIEREN.

2. Miniaturvorschau bewegen und skalieren

Der angezeigte Ausschnitt im oberen Bereich dieses Fensters lässt sich verschieben und skalieren. Stellen Sie den Mauszeiger auf das Vorschaubild und schieben Sie es mit gedrückter Maustaste in die gewünschte Richtung, um den Ausschnitt zu wählen. Mit den unterhalb befindlichen Tasten [+] und [-] kann die Vorschau zudem skaliert werden.

> **Prinzip der Schärfung**
>
> Prinzipiell kommen Unschärfen ja an Kanten und Übergängen zum Tragen – weniger auf glatten Flächen. Nun kann Photoshop Elements natürlich nicht selbstständig erkennen, an welchen Stellen ein Bild unscharf ist. Deshalb sucht die Anwendung nach Bereichen, in denen starke Farbunterschiede vorhanden sind. An diesen Stellen wird eine Kante bzw. ein Übergang festgestellt. Und genau dieser Bereich wird dann stärker kontrastiert.

3. Stärke erhöhen

Die Anwendung gibt Ihnen jetzt drei Werte vor, die mit Schiebereglern beeinflusst werden können. Dabei hat aber nicht etwa eine Berechnung stattgefunden, wie man vielleicht meinen könnte. Vielmehr handelt es sich um Standardwerte. Wenn Sie den Befehl zum zweiten Mal anwenden, werden die Einstellungen der ersten Schärfung erneut angeboten. Zunächst sollten Sie die STÄRKE der Schärfung bestimmen. Dieser Wert stellt die Intensität dar, mit der das gesamte Bild letztendlich verschärft dargestellt wird ■. Je höher der Wert, desto schärfer kontrastiert das Ergebnis. Hier gehen Sie auf etwa 175 %.

9.5 Bilder scharfzeichnen

Der zweite Schieberegler definiert jenen Bereich, der zur Bildung der Schärfe herangezogen werden soll. Je größer der Wert, desto härter die eigentliche Schärfung. Im Beispielbild sollte der RADIUS etwa 2,0 Pixel betragen.

4. Radius einstellen

Vereinfacht gesagt, bestimmen Sie mit diesem Steuerelement, was überhaupt eine Kante ist! Sind die Unterschiede zwischen angrenzenden Pixeln im Bild sehr gering, wird dies nicht als Kante interpretiert und somit auch nicht geschärft. Das bedeutet: Je höher der Wert, desto weniger Kontrastbildung findet letztendlich statt. Wenn Sie den Schwellenwert leicht erhöhen, bleiben glatte Flächen, an denen eine Unschärfe ja nicht sonderlich ins Gewicht fällt, weiterhin glatt. Das trägt natürlich dazu bei, dass das Bild zum Schluss nicht zu hart wirkt. Heben Sie deshalb den SCHWELLENWERT um 2 Stufen an und bestätigen Sie mit OK.

5. Schwellenwert einstellen

Ende

Schärfe einstellen
Das Fenster SCHÄRFE EINSTELLEN finden Sie ebenfalls im Menü ÜBERARBEITEN. Hier haben Sie umfangreichere Möglichkeiten, als beim Dialogfeld UNSCHARF MASKIEREN – müssen aber leider dabei auf den Schwellenwert-Regler verzichten.
Was bei der Veränderung von STÄRKE und RADIUS passiert, haben Sie ja bereits im vorangegangenen Workshop in Erfahrung bringen können. Aber in diesem Fenster gesellen sich noch drei weitere Steuerelemente hinzu:
▶ ENTFERNEN – Hiermit legen Sie die Methode fest, mit der das Bild bearbeitet werden soll. Wenn Sie GAUSSSCHER WEICHZEICHNER stehen lassen, wird der gleiche Algorithmus verwendet,

der auch bei UNSCHARF MASKIEREN zur Anwendung kommt. VERWACKELN gestattet eine recht detaillierte Scharfzeichnung; das Ergebnis wird von der Struktur her feiner. Sollte die Kamera beim Fotografieren bewegt worden sein, bietet sich möglicherweise auch BEWEGUNGSUNSCHÄRFE an. Dieser Algorithmus eignet sich besonders bei starken Unschärfen; hervorgerufen durch Verwacklung beim Fotografieren oder starke Bewegung des abgelichteten Objektes.

Abbildung 9.7 ▶
Dieser Dialog erlaubt weitreichende Einstellmöglichkeiten in Sachen Schärfe.

▶ WINKEL – Dieses Steuerelement steht nur dann zur Verfügung, wenn unter ENTFERNEN die BEWEGUNGSUNSCHÄRFE gewählt worden ist. Sie können damit bestimmen, in welcher Richtung die Bewegungsunschärfe ausgeglichen werden soll. Tragen Sie den gewünschten Wert in das Eingabefeld ein oder bewegen Sie die schwarze Linie des Rädchens mit der Maus.

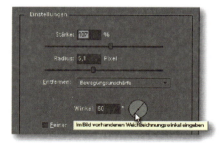

Abbildung 9.8 ▶
Bestimmen Sie, in welche Richtung geschärft werden soll.

▶ FEINER – Aktivieren Sie FEINER, um eine präzisere Scharfzeichnung zu erreichen. Das Ergebnis wird im Detail besser sein.

9.6 Bilder weichzeichnen

Nun können aber auch gerade unscharfe Elemente im Foto für interessante Effekte sorgen. Durch das Zusammenspiel von weichen und scharfen Elementen eines Bildes können Sie wirklich tolle Stimmungen erzeugen.

Tiefenschärfe erzeugen
Das Verändern der Tiefenschärfe ist gerade in der Fotografie ein ganz besonderes Gestaltungsmittel. Sie haben so beispielsweise die Möglichkeit, die Aufmerksamkeit des Betrachters noch mehr auf das Hauptobjekt zu legen. Professionelle Fotografen wissen, wie weit sie die Blende öffnen müssen, damit das jeweilige Objekt scharf gestellt ist, während der Hintergrund in Unschärfe verschwimmt. Wenn das aber nicht gleich beim Schnappschuss gelingt, müssen Sie die Tiefenschärfe später am Rechner künstlich erzeugen. Und wie das geht, erfahren Sie im folgenden Workshop.

Schritt für Schritt: Einen unscharfen Hintergrund erzeugen

Bevor Sie loslegen, noch ein Hinweis zu diesem Workshop: Es wird wieder einmal eine Maske erforderlich sein. Da dieses Thema jedoch bereits mehrfach aufgegriffen worden ist, werde ich mich beim Erzeugen der Maske auf eine Kurzanleitung beschränken. Wenn Sie dieses Buch chronologisch durchgearbeitet haben, wird Ihnen das auch gar nichts ausmachen, da Sie ja mittlerweile schon Masken-Profi sind.

Öffnen Sie zunächst die Datei Weichzeichner.tif. Der freundliche Herr steht direkt vor der Wand, was natürlich schon beim Fotografieren zu erheblichen Problemen in Sachen Tiefenschärfe führt. Damit dieser Mangel an Tiefenschärfe jedoch in Photoshop Elements ausgeglichen werden kann, benötigen Sie wieder ein deckungsgleiches Duplikat des Hintergrundes. Drücken Sie deshalb [Strg]+[J].

1. Ebene duplizieren

Öffnen Sie das Menü Filter • Weichzeichnungsfilter und entscheiden Sie sich in der Liste für Gaussscher Weichzeichner. Stellen Sie

2. Tiefenschärfe erzeugen

den Radius auf 3,0 bis 3,5 Pixel, indem Sie den Schieberegler entsprechend verstellen und mit OK bestätigen. Betrachten Sie die Veränderungen auch im Bild, wobei Sie ausschließlich auf den Hintergrund achten sollten. Dass der freundliche Herr mehr und mehr verschwimmt, spielt keine Rolle. Übrigens ist der Grad der Weichzeichnung noch nicht für alle Zeiten verbindlich. Sie können nachträglich noch Änderungen vornehmen, wie der anschließende Mini-Workshop zeigen wird.

3. Maske erzeugen

Jetzt geht es an die Erzeugung der Maske. Aber das kennen Sie ja schon: Hintergrundebene in der Ebenen-Palette markieren – EINSTELLUNGSEBENE im Modus VOLLTONFARBE erzeugen (Farbe egal) – Klick bei gedrückter Taste [Alt] zwischen Farbfüllungs- und oberste Ebene, damit diese beiden Ebenen gruppiert werden – Ebenenmaskeminiatur per Mausklick aktivieren – fertig. Ihre Ebenen-Palette sollte jetzt genauso aussehen, wie in der folgenden Abbildung gezeigt (wobei die Füllfarbe der mittleren Ebene natürlich auch hier variieren kann).

Aktivieren Sie zunächst den PINSEL [B] und stellen Sie eine weiche Spitze mit einem Durchmesser von etwa 30 bis 40 px im Modus NORMAL bei 100 % Deckkraft ein. Stellen Sie die Standardfarben für Vorder- und Hintergrund auf Schwarz und Weiß [D] und sorgen Sie dafür, dass Schwarz als Vordergrundfarbe ausgewählt ist [X]. Zeichnen Sie jetzt die Person am Rand aus. Wenn Sie in den Hintergrund geraten sind, drücken Sie [X] und malen noch einmal über diese Stelle (danach wieder [X] drücken).

4. Ebene maskieren

Wenn die Ränder sauber ausgearbeitet sind, aktivieren Sie eine etwas größere, harte Pinselspitze und entfernen damit alles mit Ausnahme des Hintergrundes. Sie können übrigens ganz gut beurteilen, wo Sie noch übermalen müssen, indem Sie die Hintergrundebene unsichtbar schalten.

5. Maske komplettieren

Wenn Sie den Rand ausgearbeitet haben, müssen Sie noch die Mitte entfernen. Am Ende schalten Sie die unterste Ebene wieder sichtbar. Gestatten Sie sich einen Vorher-nachher-Vergleich, indem Sie die Farbfüllungsebene über das Auge-Symbol kurzzeitig deaktivieren. So können Sie gut beobachten, wie der verschwommene Hintergrund wirkt.

Schritt für Schritt: Weichzeichnung des Hintergrundes ändern

Falls Sie diesen Workshop einmal ausprobieren wollen, ohne den vorangegangenen nachgebaut zu haben, greifen Sie jetzt auf die Datei Weichzeichner_fertig.tif zu.

Wenn Sie mit der Weichzeichnung aus dem soeben erzeugten Ergebnis zufrieden sind, können Sie das Bild über das Erweitert-Menü Auf Hintergrund Ebene reduzieren und abspeichern. Möchten Sie jedoch noch Änderungen vornehmen, sollten sie folgendermaßen vorgehen:

1. Ebenen verbinden

Schalten Sie die Ebene Hintergrund über das Auge-Symbol aus und aktivieren Sie die oberste Ebene in der Ebenen-Palette. Drücken Sie anschließend [Strg]+[⇧]+[E] oder stellen Sie im Erweitert-Menü Sichtbare auf eine Ebene reduzieren ein. Danach können Sie die Ebene Hintergrund wieder einschalten.

Jetzt gilt es zu unterscheiden, ob ihnen die Weichzeichnung zu gering oder zu kräftig ist.

2. Optional: Weichzeichnung erhöhen

Wenn Sie den Hintergrund noch mehr weichzeichnen wollen, wenden Sie den Gaußschen Weichzeichner erneut auf die aktive (ober-

ste) Ebene an (FILTER • WEICHZEICHNUNGSFILTER • GAUSSSCHER WEICH-
ZEICHNER). Beachten Sie dabei aber, dass auch die Kanten erneut
weichgezeichnet werden und somit der Übergang zwischen Vorder-
und Hintergrund ebenfalls etwas an Schärfe verliert.

Sollten Sie zu viel des Guten gemacht haben und die Weichzeichnung als zu stark empfinden, reduzieren Sie die DECKKRAFT der
obersten Ebene einfach über die Ebenen-Palette.

**3. Optional: Weich-
zeichnung verringern
Ende**

Bewegungsunschärfe

Ein weiteres, nicht zu unterschätzendes Gestaltungsmittel ist die
Bewegungsunschärfe. Jetzt geht es aber nicht darum, die Bewegungsunschärfe aus einem Bild herauszubekommen, sondern diese bewusst zu erzeugen.

 Auf der Buch-DVD
finden Sie eine
Video-Lektion zum
Thema.

Schritt für Schritt: Einen stehenden Zug zum Fahren bringen

Die Datei Zug.tif zeigt eine Bahn der Pariser Metro, die gerade in
eine Station eingefahren ist. Es wäre aber sicher auch ganz interessant gewesen, einmal einen mit voller Geschwindigkeit durchfahren-
den Zug zu fotografieren, oder?
   Nun gibt es zwei Möglichkeiten. Möglichkeit 1: Sie bitten die
Leitstelle der Metro Parisienne, sämtliche Züge in voller Geschwindigkeit durch die U-Bahn-Schächte rasen zu lassen. Möglichkeit 2:
Sollte diesem bescheidenen Begehren, aus welchen Gründen auch
immer, seitens der Verantwortlichen nicht entsprochen werden,
bleibt Ihnen nichts übrig, als selbst Hand anzulegen.

Der erste Schritt lautet wieder einmal: Ebene duplizieren. Machen
Sie das, indem Sie [Strg]+[J] drücken oder EBENE • NEU • EBENE
DURCH KOPIE einstellen.

1. Ebene duplizieren

Gehen Sie auf FILTER • WEICHZEICHNUNGSFILTER • BEWEGUNGSUN-
SCHÄRFE. Ziehen Sie zunächst den Regler DISTANZ so weit nach rechts,
bis etwa 80 Pixel angezeigt werden. Dieser Wert stellt das Ausmaß
der Verzerrung dar. Je höher der Wert, desto größer die Verzerrung.
Danach können Sie über WINKEL noch eine Verzerrungsrichtung eingeben, welche natürlich mit dem Zug mitlaufen soll. Wenn Sie es

2. Filter anwenden

ganz genau machen wollen, stellen Sie dieses Steuerelement auf 1° und bestätigen mit OK.

3. Maske erstellen   Erzeugen Sie zwischen beiden Ebenen wieder eine Einstellungsebene im Vollton-Modus und gruppieren Sie diese mit der darüber liegenden. Auch hier muss im Anschluss wieder die Ebenenmaskenminiatur aktiviert werden. Einziger Unterschied zu den bisherigen Workshops: Drücken Sie jetzt [Strg]+[I], um die Maske mit Schwarz zu füllen. Damit wäre die oberste Ebene zunächst komplett unsichtbar und die Ebenenmaskenminiatur (was für ein Wort) stellt sich schwarz dar.

4. Ebene demaskieren   Drücken Sie [D] und danach [X], bis Sie Weiß als Vordergrundfarbe erhalten, und aktivieren Sie den Pinsel. Verwenden Sie eine weiche, 35 px große Spitze im Modus: Normal bei Deckkraft: 100 %. Malen

9.6 Bilder weichzeichnen

Sie jetzt vorsichtig entlang des Zugdaches und versuchen Sie dabei, so wenig wie möglich von der Beleuchtung mit einzubeziehen. Überpinseln Sie den gesamten Zug bis zu den Gleisen. Die Gleise selbst übermalen Sie aber nicht.

Nun sieht der Übergang zwischen erstem und zweitem Waggon noch nicht wirklich gut aus. Aktivieren Sie deshalb den Wischfinger, den Sie ziemlich weit unten in der Toolbox finden.

Mit diesem können Sie im wahrsten Sinne des Wortes Pixel verwischen. Wählen Sie eine 80 px große, weiche Spitze. Setzen Sie den Modus auf Normal und die Stärke auf 30 %. Aktivieren Sie die oberste Ebene und malen Sie bei gedrückter Maustaste über die zu reparierende Stelle. Ziehen Sie dabei von links nach rechts und von rechts nach links, bis der Übergang zwischen den Waggons fließend ist.

5. Bild verwischen

Zu guter Letzt: Weich- und Scharfzeichnen mit Werkzeugen
Bestimmt haben Sie längst die Werkzeuge WEICHZEICHNER und SCHARFZEICHNER entdeckt, die sich mit dem Wischfinger in einer Gruppe der Toolbox befinden. Während der Weichzeichner noch recht gute Ergebnisse zutage fördert, gestaltet sich der Scharfzeichner in vielen Fällen als recht hart – selbst dann, wenn Sie dessen Stärke in der Optionsleiste verringern. Keine Frage: Für geringfügig korrekturbedürftige Stellen, die »mal eben« mit einem Wisch gemacht sind, eignen sich beide Tools. Wenn es aber um größere Veränderungen geht, sollten Sie stets auf die Ebenenmethode zurückgreifen. Hier sind die Angleichungsmöglichkeiten nämlich wesentlich vielfältiger.

10 Retusche für Profis

Klonen, Retuschieren und Korrigieren mit allen Schikanen

- ▸ Wie retuschiere ich mit dem Kopierstempel und den Reparatur-Pinseln?
- ▸ Wie entferne ich Male und Fältchen im Porträt?
- ▸ Wie werden Glanzstellen auf der Haut entfernt?
- ▸ Wie lassen sich Schattierungen entfernen?
- ▸ Wie wird die Haut geglättet?
- ▸ Wie kann ein neuer Lippenstift aufgelegt werden?
- ▸ Wie kommen Wimpern und Augenbrauen besser zur Geltung?
- ▸ Wie werden Zähne wieder richtig weiß?

Was bislang DTP-Profis vorbehalten schien, ist durchaus auch mit Photoshop Elements realisierbar: Kopier- und Korrekturfunktionen auf höchstem Niveau, mit denen Ihre Fotos zu wahren »Eye-Catchern« werden. Holen Sie aus Ihrem Bild doch einfach nur »eines« heraus – das Maximum ...

10.1 Der Kopierstempel

Die wichtigsten Werkzeuge in diesem Kapitel werden Reparatur-Pinsel und Kopierstempel sein. Mit letzterem soll es auch gleich losgehen. Auch hier gibt es zwei grundsätzliche Vorgehensweisen. Der Kopierstempel dient zum

- ▶ Retuschieren – hier werden Bildbereiche überdeckt, die Ihnen nicht so sehr zusagen, und
- ▶ Klonen – damit duplizieren Sie Bildbereiche, die Sie dann an anderer Stelle erneut integrieren können.

Beides funktioniert im Übrigen auch bildübergreifend. Das bedeutet: Es ist möglich, Elemente eines Bildes auf ein anderes zu projizieren. In den meisten Fällen werden Sie aber geneigt sein, auf »einem« Bild zu arbeiten.

Bildbereiche klonen
Die Bezeichnung Kopierstempel trifft es recht genau. Denn das Werkzeug wird bedient wie ein herkömmlicher Stempel. Ein Druck auf das Stempelkissen – ein erneuter Druck auf das Papier – fertig ist die exakte Kopie. Genauso läuft das auch in Photoshop Elements ab.

Überlagerungen anzeigen

ÜBERLAGERUNGEN ANZEIGEN ist eine neu in Photoshop Elements 6 integrierte Funktion, die auf die Wirkungsweise des Stempels selbst keinen Einfluss hat – wohl aber auf die Anzeige.

Sie haben hier die Möglichkeit, ein teiltransparentes Bild (Overlay) des zu klonenden Bereiches anzeigen zu lassen. Dazu müssen Sie das letzte Steuerelement innerhalb der Optionsleiste markieren, woraufhin sich eine Liste mit weiteren optionalen Funktionen zeigt.

◀ **Abbildung 10.1**
Öffnen Sie die Überlagerungsoptionen.

Danach müssen Sie, wenn Sie von der Funktion Gebrauch machen wollen, Überlagerung anzeigen aktivieren. So können Sie besser beurteilen, welche Stelle Sie gerade reproduzieren. Manchmal kann es jedoch auch störend sein, stets auf das Overlay-Bild blicken zu müssen, während dessen Anzeige in anderen Situationen wirklich hilfreich wäre. Deshalb folgender Tipp: Lassen Sie die Funktion Überlagerung anzeigen inaktiv und halten Sie, wann immer Sie das Overlay sehen wollen, [Alt]+[◊] gedrückt. Sobald Sie die Tasten wieder loslassen, verschwindet auch das Überlagerungsbild.

In Sachen Overlay lassen sich aber noch weitere Funktionen hinzuschalten. Wählen Sie Automatisch ausblenden an, wird das Overlay während des Stempelns stets kurz ausgeblendet. Das ist im Moment der Reproduktion auch wesentlich angenehmer.

◀ **Abbildung 10.2**
Die zu stempelnde Stelle präsentiert ein teiltransparentes Overlay.

Die Anwahl der Checkbox UMKEHREN hat zur Folge, dass die Farbkanäle umgekehrt werden – sich also darstellen, wie bei einem Foto-Negativ. Was es genau mit der Overlay-Funktion auf sich hat, können Sie im folgenden Workshop gleich einmal selbst ausprobieren.

Schritt für Schritt: Einen Surfer klonen

Surfen macht Spaß. Man ist allein mit sich und den beeindruckenden Gewalten der Natur. Wer aber auch dabei lieber in Gesellschaft ist, der greift auf die Datei Surfer.tif zurück – und klont sich einfach einen Sportskameraden.

1. Kopierstempel aktivieren

Der erste Schritt besteht wieder einmal darin, das richtige Werkzeug auszusuchen. Aktivieren Sie daher den Kopierstempel ⓢ. Achten Sie darauf, dass Sie nicht versehentlich den Musterstempel erwischen !

> **Musterstempel**
> Der Musterstempel trägt ein über die Optionsleiste wählbares Muster auf. Im Pulldown-Menü AUSWAHL-LISTE FÜR MUSTER (rechts neben Deckkraft) können Sie das Muster aussuchen, das übertragen werden soll. Bei Anwendung dieses Tools entfällt die vorherige Aufnahme einer Sruktur mithilfe der Alt-Taste.

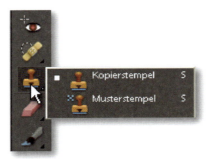

2. Kopierstempel einstellen

Jetzt stellen Sie den Stempel in der Optionsleiste ein. Wählen Sie eine weiche Spitze mit einem Durchmesser von etwa 80 px. Die weiche Spitze sorgt dafür, dass die Übergänge zwischen Originalbild und geklontem Bereich fließend werden. Der MODUS des Stempels bleibt auf NORMAL und die DECKKRAFT soll 100% betragen.

3. Ausrichtfunktion aktivieren

Aktivieren Sie, falls nicht bereits angehakt, die Funktion AUSGERICHTET (mit AUSGER. abgekürzt). Dann nämlich »wandert« der Kopierstempel während der Reproduktion mit. Bei jedem Mausklick werden neue Pixelansammlungen aufgenommen. Ist die Funktion inaktiv, werden die Pixel stets von der gleichen Stelle aufgenommen, was zum Reproduzieren größerer Bereiche jedoch ungeeignet ist. In der Retusche macht das schon mehr Sinn. Dazu später mehr. Ob ALLE EBENEN markiert ist, spielt hier übrigens keine Rolle ■.

Die Funktion ALLE EBENEN ist dann interessant, wenn Sie mit mehreren Bildebenen arbeiten. Sie können dadurch entscheiden, ob Sie Pixel aus allen übereinander angeordneten Ebenen aufnehmen wollen, oder nur aus der gerade aktiven. Letzteres erreichen Sie, indem Sie das Häkchen entfernen.

Zum Schluss aktivieren Sie noch ÜBERLAGERUNG ANZEIGEN, indem Sie auf das letzte Steuerelement der Optionsleiste klicken und die oberste Checkbox des Pulldown-Menüs einschalten.

4. Overlay einschalten

Zuerst müssen Sie jetzt (sinngemäß) den Stempel in das Kissen drücken. Das machen Sie hier, indem Sie [Alt] gedrückt halten und an eine Stelle klicken, die Sie reproduzieren wollen. Ich empfehle, von oben anzufangen. Bringen Sie die Maus in Position und halten Sie dann [Alt] fest. Danach markieren Sie die gewünschte Stelle mit einem Mausklick (linke Abbildung).

5. Pixel aufnehmen

Jetzt können Sie die [Alt]-Taste wieder loslassen. Fahren Sie mit der Maus nach unten und etwas nach rechts. Etwas unterhalb des Original-Surfers halten Sie an. Durch die Overlay-Funktion sehen Sie jetzt ganz genau, wo die Reproduktion am besten angeordnet werden kann. Setzen Sie jetzt einen weiteren Mausklick an (ohne [Alt]!). Die aufgenommene Stelle wird nun genau dorthin kopiert.

6. Pixel reproduzieren

Damit ist aber natürlich noch nicht der gesamte Surfer kopiert, denn das teiltransparente Bild dient ja lediglich der Orientierung. Die einzige Stelle, die bislang wirklich kopiert worden ist, ist die Spitze. Setzen Sie unterhalb der neu hinzugewonnenen Stelle weitere, kurze Mausklicks an – und Sie werden sehen, dass langsam der zweite Surfer entsteht. Wenn das Overlay stört, schalten Sie es vorübergehend aus.

Achten Sie während des Stempelns auch einmal auf den Aufnahmebereich. Dort ist nämlich bei jedem Mausklick ein Fadenkreuz zu sehen, welches sich entsprechend Ihren Mausbewegungen über der Originalstelle mitbewegt. Das ist so, weil Sie zuvor die Ausgerichtet-Funktion aktiviert hatten. Hätten Sie das Häkchen entfernt, wäre die Aufnahme der Pixel jetzt immer von der gleichen Position genommen worden.

7. Wasseroberfläche angleichen

Nachdem Sie den Surfer kopiert haben, schauen Sie sich die Wasseroberfläche an, die ihn umgibt. Möglicherweise sieht die an den Übergängen etwas stumpf aus. Deshalb sollten Sie die Maus bei festgehaltener linker Maustaste noch etwas über das Wasser bewegen. Der Kopierstempel funktioniert nämlich auch, wenn Sie ziehende Bewegungen machen.

Wenn Sie mit der Reproduktion der Pixel nicht zufrieden sind, machen Sie entweder den letzten Schritt rückgängig und versuchen es anschließend erneut, oder Sie nehmen einfach eine neue Stelle auf. (Dazu müssen Sie zunächst wieder [Alt] gedrückt halten und in einen neuen Aufnahmebereich klicken.)

Ende

Mit Ebenen klonen

Bei schwierigen Kopien empfiehlt es sich, den Klon auf eine separate Ebene zu setzen. Sie können das Duplikat dann wesentlich besser angleichen. Dazu gehen Sie folgendermaßen vor: Nehmen Sie zunächst die Pixel auf, die Sie reproduzieren wollen (mit [Alt]) und erzeugen Sie danach eine neue Ebene über [Strg]+[⇧]+[N] oder EBENE • NEU • EBENE). Im Anschluss wird der Klon isoliert vom Hintergrund auf die neue Ebene reproduziert (das geht ganz automatisch). Wenn Sie mit dem Kopieren fertig sind, können Sie die Kanten und Übergänge noch mit einem weichen Radiergummi bearbeiten.

10.2 Retusche

Jetzt sind Sie also imstande, Bereiche eines Bildes zu verdoppeln. Im zweiten Teil dieses Kapitels beschäftigen wir uns aber damit, Bildelemente verschwinden zu lassen. Möglicherweise wollen Sie ein Straßenschild, welches das ansonsten harmonische Gesamtbild stört, aus Ihrem Bild verbannen. Vielleicht haben Sie ja auch ein nettes Familienfoto, auf dem sich Onkel Eberhard ohne Aufforderung ins Bild gedrängt hat. Dann können Sie dem Onkel nicht nur mit dem Kopierstempel, sondern auch mit den Reparaturwerkzeugen die Rote Karte zeigen. Für derartige Vorhaben sind die Werkzeuge zuständig, die sich in der Toolbox direkt oberhalb des Kopierstempels befinden.

▲ **Abbildung 10.3**
Photoshop Elements wartet mit zwei Reparatur-Pinseln auf.

Die Reparatur-Pinsel

Mittels Druck auf die Taste [J] aktivieren Sie einen der Pinsel, die zur Reparatur bereitgestellt werden. Der Reparatur-Pinsel selbst funktioniert genauso wie der Kopierstempel, sorgt aber im Gegensatz zum Kopierstempel für besser strukturierte Übergänge im geklonten Bereich. Des Weiteren sollten Sie ihn bei großflächigen Reparaturen vorziehen.

Sie müssen auch hier zunächst Pixel aufnehmen, indem Sie [Alt] gedrückt halten und diese dann auf die zu flickende Stelle setzen. Auch der Reparatur-Pinsel verfügt über ein kleines Menü, mit dessen Hilfe Sie die Overlay-Funktion aktivieren und anpassen können. (Weitere Hinweise zum Overlay finden Sie im Abschnitt »Überlagerungen anzeigen« dieses Kapitels.)

Für kleinere Bildbereiche ist der Bereichsreparatur-Pinsel allererste Wahl. Dieser lässt sich auch viel intuitiver bedienen – und sorgt in der Tat für verblüffende Ergebnisse.

Schritt für Schritt: Die Pferde verschwinden lassen

Weide.tif zeigt grasende Pferde – welch eine Idylle. Dennoch ist es ja nicht ungefährlich, die Tiere so unbeaufsichtigt weiden zu lassen. Irgendwann sollten Sie deshalb dazu übergehen, sie wieder in die Ställe zu geleiten.

1. Pinsel einstellen

Aktivieren Sie den Bereichsreparatur-Pinsel [J] und stellen Sie die Größe der Spitze auf 30 px. Die voreingestellte harte Spitze ist vollkommen in Ordnung; sie bringt generell bessere Ergebnisse als eine weiche. Beim TYP bleiben Sie auf dem Radiobutton NÄHERUNGS-WERT, da Photoshop Elements dann intuitiver entscheidet, wie die Pixel im Verhältnis zum Rand der Flickstelle ersetzt werden müssen. Eine weitere Unterscheidung zum Bereichsreparatur-Pinsel und Kopierstempel: Sie müssen vorher keine Pixel aufnehmen, sondern können gleich über die zu reparierende Stelle »malen«.

2. Erste Stelle retuschieren

Suchen Sie sich jetzt eines der Pferde aus, das Sie retuschieren wollen. (Bitte nicht das Weiße ganz rechts! Das machen Sie am Schluss.) Malen Sie mit gedrückter Maustaste über das Pferd, wobei Sie darauf achten sollten, dass es komplett im aufgehellten Bereich liegt. Vergessen Sie auch den Schatten nicht. Wenn Sie wollen, können Sie vorher etwas einzoomen.

Sobald Sie die Maustaste loslassen, wird die übermalte Stelle mit Randpixeln dieses überstrichenen Bereiches gefüllt. Die Folge: Das Pferd verschwindet.

Wenn Sie mit der Retusche nicht zufrieden sind, drücken Sie [Strg]+[Z] und versuchen es erneut. Möglicherweise bringt ein weiteres Überstreichen der Stelle eine Verbesserung. Wenn das Ganze also noch etwas »abgehackt« aussieht, ziehen Sie das Werkzeug ein weiteres Mal darüber.

3. Optional: Retusche verbessern

Verfahren Sie auf diese Weise auch mit allen anderen Tieren, mit Ausnahme des rechten. Dieses scheint besonders widerspenstig zu sein – es will einfach nicht zurück in den Stall. Versuchen Sie es, und testen Sie dabei auch den Reparatur-Pinsel. Die Stelle lässt sich nicht ohne Probleme bearbeiten. Das liegt aber weniger daran, dass das Tier besonders eigenwillig ist, als vielmehr an der Tatsache, dass die Anwendung hier keine einheitliche Struktur mehr ausmachen kann. Das Wasser ist schuld.

4. Probleme beim Retuschieren

Des Weiteren müssen Sie auch berücksichtigen, dass sich das Pferd im Gewässer spiegelt. Wenn Sie das nicht ausbessern, wäre der Trick sofort verraten. Also entfernen Sie in diesem Fall einfach den gesamten Bereich – mitsamt Wasserlachen.

Jetzt ist die Zeit gekommen, den Reparatur-Pinsel einzusetzen. Aktivieren Sie ihn mit der Maus oder drücken Sie [⇧]+[J]. Stellen Sie eine harte Spitze mit etwa 50 px Durchmesser ein und klicken Sie, während Sie [Alt] gedrückt halten, an eine Stelle, an der sich repro-

5. Größere Stellen retuschieren

Größenänderungen der Spitzen mithilfe der Tastatur

Um Pinselgrößen während der Arbeit zu verändern, müssen Sie nicht jedes Mal die Optionsleiste bemühen. Drücken Sie einfach die Tasten # und ⇧+# (in Elements 4 ö). Dann verändern sich die Durchmesser in Schritten von jeweils 10 px bis zu einer Größe von 100. Ab 100 Pixel wird die Größenänderung in 25er-Schritten vorgenommen und ab 200 in 50er-Schritten. Bei einer Spitzengröße ab 300 werden nur noch 100er-Schritte eingestellt. Bei 2500 Pixel ist dann das Ende der Fahnenstange erreicht.

duktionsfähiges Material befindet. ❶ ist geeignet. Danach übermalen Sie das Pferd sowie den gesamten Bereich der Lache. Machen Sie dabei mehrere streichende Bewegungen von links nach rechts und von rechts nach links. Das wichtigste ist, dass Sie nicht versuchen sollten, die Stelle buchstäblich »in einem Wisch« auszubessern. Lassen Sie sich Zeit und setzen Sie mehrmals an.

6. Feinretusche durchführen

Ganz zum Schluss schalten Sie noch einmal um auf das Bereichsreparatur-Werkzeug und stellen zunächst eine Pinselgröße von 50 px ein. Setzen Sie jetzt noch einzelne, kurze Mausklicks auf die soeben bearbeitete Stelle. Das sorgt für den letzten Schliff und macht den retuschierten Bereich natürlich.

Ende

10.3 Hautnah – Porträts korrigieren

Am Anfang steht häufig eine gewisse Unsicherheit bei der Retusche von Porträts. Wenn der Einsteiger die Wahl hat, retuschiert er wesentlich lieber das Bild einer alten Landstraße als ein Gesicht. Verständlich – aber unbegründet, wie Sie gleich sehen werden.

Gibt es sie eigentlich, die typische Mängelliste bei semiprofessionellen Porträts? Die klare Antwort: Jein! Zunächst einmal möchte ich eine Lanze für alle Hobbyfotografen brechen. Manchmal bringt der direkte und wenig vorbereitete Schnappschuss spontan ein besseres Resultat, als eigentlich zu erwarten gewesen wäre. Aber fehlerfrei wird es höchst selten ablaufen. Porträts die eine Aufnahme ins gelobte Familienarchiv verdienen, müssen ohne »Kardinalfehler« daherkommen. Deshalb möchte ich Ihnen mehrere Mini-Steps vorstellen, die sich alle mit nur einem einzigen Bild beschäftigen. An der Datei Portraet.tif können Sie nämlich folgende Korrekturen vornehmen:
1. Kleinere Schönheitsfehler korrigieren
2. Glänzende Hautstellen abdunkeln
3. Schattierungen entfernen
4. Haut glätten
5. Lippenstift nachziehen
6. Wimpern und Augenbrauen kräftigen

Kleinere Schönheitsfehler korrigieren
Jetzt sagen wir den viel zitierten »Hautirritationen« den Kampf an. Für derartige Vorhaben bietet sich abermals der Bereichsreparatur-Pinsel an.

◄ Abbildung 10.4
Dieses Porträt soll in den folgenden Workshops bearbeitet werden.

Schritt für Schritt: Male und Fältchen entfernen

1. Pinsel einstellen Öffnen Sie porträt.tif. Skalieren Sie die Ansicht, damit Sie das Gesicht besser beurteilen können. Danach aktivieren Sie den Bereichsreparatur-Pinsel [J]. Stellen Sie 8 px als Größe ein und behalten Sie den Typ: Näherungswert bei.

2. Muttermale entfernen Jetzt klicken Sie kurz, ohne Mausbewegungen, auf das erste Muttermal. Der Bereichsreparatur-Pinsel sollte daraufhin die Stelle ordnungsgemäß ausbessern. Verfahren Sie so auch mit allen anderen Hautstellen, die Sie korrigieren wollen (linke Abbildung). Das Muttermal direkt unter der Nase lassen Sie vorerst noch zurück.

3. Muttermal unter der Nase entfernen Da sich dieses Mal direkt in einem schattierten Bereich befindet, sollten Sie hier dem Bereichsreparatur-Pinsel den Vorzug geben. Andernfalls ist es für Photoshop Elements schwierig, die Stelle zu reproduzieren. Stellen Sie die Spitze ebenfalls auf 8 px und führen Sie die Aufnahme mit [Alt] an Punkt ❶ durch. Danach klicken Sie kurz auf ❷.

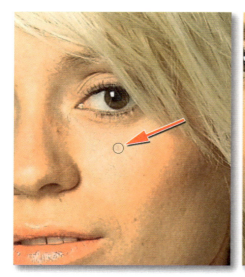
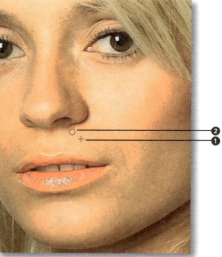

4. Optional: Fältchen entfernen Wenn Sie Fältchen entfernen wollen, gehen Sie mit einer Ausnahme so vor, wie gerade beschrieben. Nur dass Sie jetzt nicht kurz mit der Maus klicken, sondern mit gedrückter Maustaste das Fältchen entlangfahren.

10.3 Hautnah – Porträts korrigieren

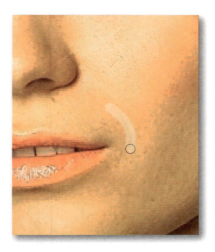

Probieren Sie es doch einmal aus. Obwohl: Ich schlage vor, dass Sie es nur dieses eine Mal (zu Testzwecken gewissermaßen) entfernen. Wenn Sie nämlich stets alles retuschieren, erhalten Sie eher ein Puppengesicht als eine realistische Retusche.

Ende

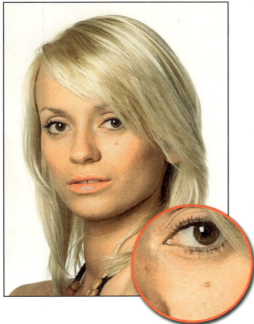

Glänzende Hautstellen korrigieren

Machen Sie eine neue Bestandsaufnahme in Sachen Haut. Einige Stellen reflektieren leicht. Diesen wollen wir uns im zweiten Teil widmen.

Schritt für Schritt: Glanzstellen der Haut beseitigen

1. Kopierstempel einstellen

Für die folgenden Schritte benötigen Sie den Kopierstempel . Sie wissen ja, dass dieser Pixel aufnimmt und diese dann an eine andere Stelle überträgt. Das alleine reicht aber für die geplante Retusche nicht aus. Suchen Sie eine weiche Spitze mit einer Größe von etwa 70 px aus. Den Modus stellen Sie in der Optionsleiste auf ABDUNKELN und die Deckkraft reduzieren Sie auf 20 %. Das Wichtigste kommt aber jetzt: Nehmen Sie das Häkchen vor AUSGERICHTET (AUSGER.) weg! Dadurch wird die Aufnahmestelle, die Sie jetzt gleich definieren werden, immer beibehalten. Egal, wo Sie auch immer retuschieren – der Aufnahmebereich kann nicht mitwandern.

2. Haut abdunkeln

Nehmen Sie oben links im dunkleren Bereich der Stirn (dort, wo die Haut nicht aufgehellt ist) eine Pixelaufnahme vor. Achten Sie aber darauf, dass Sie keine Haare mit aufnehmen. Danach stempeln Sie mit kurzen Klicks über die hellen Hautstellen. Die Funktion ABDUNKELN bewirkt, dass jetzt nur Pixel ersetzt werden, die im Ursprung heller sind als die Pixel in der Aufnahmestelle. Durch die verminderte Deckkraft werden keine komplett deckenden Bereiche übertragen. Das bedeutet: Sie stempeln jetzt mit Teiltransparenz. Die Struktur des Originals bleibt dabei erhalten, die Farbe ändert sich allerdings. Lassen Sie aber bitte die Glanzstellen auf den Lippen zurück. Hier würden Sie ja mit Braum über Rot stempeln, und das geht ja gar nicht.

3. Nasenspitze abdunkeln

Verkleinern Sie den Pinseldurchmesser auf etwa 25 px, bevor Sie die Nasenspitze abdunkeln. Hierzu sollten Sie außerdem eine neue Pixel-Aufnahme machen. Nehmen Sie doch dazu den Bereich der Wange, der gleich nebenan zu finden ist.

10.3 Hautnah – Porträts korrigieren

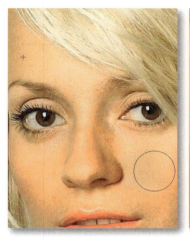
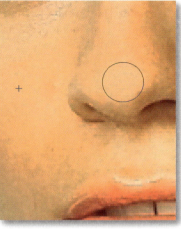

Ende

Schattierungen entfernen

Was noch bleibt, sind Schattierungen entlang der Nase. Keine Frage: Die gehören dahin und sollen auch bleiben. Aber ein wenig aufhellen ist gestattet. Aber auch die Fältchen über den Augen sind etwas zu dunkel, finden Sie nicht auch? Nehmen wir uns zunächst der Nase an.

Schritt für Schritt: Schattierungen entfernen mit dem Reparatur-Pinsel

Ändern Sie die Einstellungen des Reparatur-Pinsels dahingehend, dass Sie den Modus auf AUFHELLEN stellen und mit einer 7 px großen Spitze weiterarbeiten. Zoomen Sie jetzt stark auf die Nase zu.

1. Werkzeug einstellen

Jetzt sollten Sie aber keine zu helle Stelle aufnehmen, da der Schattenbereich in dem Fall unnatürlich hell würde. Nehmen Sie Pixel vom Nasenflügel auf und stempeln Sie damit über den Schatten. Machen Sie keine Mausbewegungen, sondern hellen Sie die Stelle mit zahlreichen einzelnen Klicks entlang des Schattens auf.

2. Schatten an der Nase aufhellen

Hellen Sie jetzt auch die Schatten der Augenlider auf. Dazu sollten Sie allerdings für jedes Auge eine eigene Pixelaufnahme machen. Stempeln Sie dabei bitte nicht alles hell. Das würde zu unnatürlich aussehen. Denken Sie immer daran, dass die Schatten nur »ein wenig« aufgehellt werden sollen.

3. Lider aufhellen

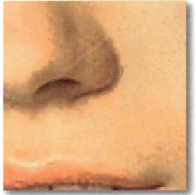

Ende

Haut glätten

Nachdem alle Vorarbeiten geleistet sind, kümmern Sie sich noch einmal um die Haut. Zum Schluss erfährt unser Bild noch eine Farbaufwertung. Darüber hinaus werden abermals Glanzstellen interpretiert. Diese werden aber eine ganz andere Wirkung haben als im Original. Los geht's ...

 Schritt für Schritt: Problematische Hautstellen glätten

1. Weichzeichnung einfügen

Kopieren Sie die Hintergrundebene über ⌈Strg⌉+⌈J⌉. Wählen Sie anschließend FILTER • WEICHZEICHNUNGSFILTER • GAUSSSCHER WEICHZEICHNER. Im Dialogfeld stellen Sie die Weichzeichnung auf einen Radius von etwa 0,8 Pixel. Die Unschärfe fällt recht drastisch aus, was aber zu diesem Zeitpunkt durchaus nicht tragisch ist.

Markieren Sie die unterste Ebene (Hintergrund) und wählen Sie den Button EINSTELLUNGSEBENE ERSTELLEN in der Ebenen-Palette. Im Flyout-Menü stellen Sie VOLLTONFARBE ein. Genaue Anleitungen zur Erstellung von Einstellungsebenen finden Sie in Abschnitt 8.5.

2. Ebenen gruppieren

Klicken Sie mit [Alt] zwischen EBENE 1 und FARBFÜLLUNG 1. Die obere Ebene (mit der Gaußschen Weichzeichnung) wird daraufhin eingerückt. Selektieren Sie die rechte Miniatur der Ebene FARBFÜLLUNG 1 und füllen Sie deren Fläche mit SCHWARZ, indem Sie [Strg]+[I] drücken. Dadurch werden weiße Elemente der Maskierung mit Schwarz vertauscht.

Drücken Sie [D], um die Standardfarben Schwarz und Weiß in der Werkzeugleiste bereitzustellen. Aktivieren Sie den Pinsel (einen normalen Pinsel!) und benutzen Sie eine ca. 40 px große, weiche Spitze, mit der Sie nun alle Bereiche überzeichnen, die weichgezeichnet werden sollen – also die, bei denen die »Hautirritationen« (ein schönes Wort!) zum Tragen kommen. Fahren Sie aber nach Möglichkeit nicht über Bereiche, die keine Weichzeichnung erfahren sollen. Das sind besonders: Augen, Wimpern, Brauen, Mund, Zähne und Haare.

3. Ebene demaskieren

Nun ist die Haut vielleicht schon unnatürlich glatt. Das kann allerdings unmöglich Ziel einer realistischen Korrektur sein. Vielmehr sollte die Haut ja nur etwas »abgesoftet« werden. Deshalb sollten Sie sich dazu durchringen, die Deckkraft der Farbfüllungsebene innerhalb der Ebenen-Palette auf etwa 80 % zu reduzieren.

4. Deckkraft reduzieren

5. Ebene erneut kopieren

Jetzt sorgen Sie noch für eine etwas frischere Farbgebung. Öffnen Sie dazu das Erweitert-Menü der Ebenen-Palette und entscheiden Sie sich dort für Auf Hintergrundebene reduzieren. Kopieren Sie die Hintergrundebene abermals und stellen Sie den Modus auf Ineinanderkopieren. Jetzt gehen Sie noch mit der Deckkraft der obersten Ebene auf 15 % herunter und wählen abermals aus dem Erweitert-Menü Auf Hintergrundebene reduzieren. Das brauchen Sie, damit Sie im nächsten Schritt wieder auf einer einzelnen Ebene arbeiten können.

Ende

Etwas Kosmetik

Alle weiteren Schritte sind reine Zusätze, die natürlich mit einer Retusche im eigentlichen Sinne nichts mehr zu tun haben. Aber genau diese Details machen im Ergebnis den Unterschied aus! Deshalb sollten Sie es sich nicht nehmen lassen, noch einmal kurz zum Schminkkästchen zu greifen.

 Schritt für Schritt: Lippenstift auftragen

Wenn Sie die vorangegangenen Workshops nicht gemacht haben, können Sie ab hier mit der Datei Portraet_fertig.tif aus dem Ergebnis-Ordner fortfahren. Damit Sie den Lippenstift auftragen können, müssen Sie zunächst einmal den Bereich der Lippen mit einer Auswahl versehen.

Im ersten Schritt wollen wir die Originalfarbe der Lippen als Vordergrundfarbe in die Werkzeugleiste aufnehmen. Das müssen Sie aber nur dann machen, wenn Sie die vorhandene Lippenfarbe kräftigen wollen. Wenn Sie eine neue Farbe definieren möchten, können Sie die Wunschfarbe direkt über den Farbwähler einstellen.

1. Überlegung: Farbton beibehalten oder ändern?

Im Beispiel soll die Farbe beibehalten werden. Aktivieren Sie deshalb die Pipette, indem Sie ⬚I⬚ drücken, und stellen Sie den AUFNAHMEBEREICH in der Optionsleiste auf 1 Pixel. Dadurch nehmen Sie nur »ein« Pixel auf, welches zur Definition der Vordergrundfarbe herangezogen wird. Wenn Sie hingegen auf einen der Durchschnittwerte gehen, werden auch angrenzende Pixelfarben in die Aufnahme einbezogen. Klicken Sie mit der Spitze der Pipette auf einen Bereich der Lippen, der sehr dunkel ist.

2. Farbe aufnehmen

Erzeugen Sie jetzt eine Auswahl der Lippen. Prinzipiell können Sie das mit dem Magnetlasso oder dem Schnellauswahlwerkzeug versuchen. Im vorliegenden Beispiel sind die Kanten aber so schwach kontrastierend, dass diese beiden Methoden hier leider nicht zum Erfolg führen würden. Benutzen Sie stattdessen den Auswahlpinsel. Dadurch haben Sie nämlich die Möglichkeit, Bereiche mit einzufärben, die bislang noch gar nicht mit Lippenstift belegt waren. Schauen Sie einmal genau hin.

3. Auswahl erzeugen

   Sie sollten den relevanten Ausschnitt zuvor stark vergrößern und dann den Durchmesser auf etwa 3 px stellen ❷. Aktivieren Sie DER AUSWAHL HINZUFÜGEN ❶, damit Sie die Selektion in mehreren Schritten zusammenstellen können. Ich weiß nicht, ob Sie vielleicht lieber im Modus MASKIEREN arbeiten. Ich verwende hier lieber den Modus AUSWAHL ❸, da die Übergänge zwischen Lippen und Haut dann während der gesamten Arbeit besser zu sehen sind. Belassen Sie die KANTENSCHÄRFE ❹ zunächst bei 100 %.

Die Auswahl ist nicht sichtbar?

Das könnte daran liegen, dass Sie diese möglicherweise bei Ihren vorangegangenen Arbeiten mit [Strg]+[H] unsichtbar geschaltet haben. Drücken Sie dann die Tastenkombi erneut, und die Ameisenlinien dürften wieder zugegen sein.

Kreisen Sie jetzt mit gedrückter Maustaste alle Bereiche ein, die Sie einfärben wollen. Dabei dürfen Sie ruhig das hinzufügen, was beim »echten« Schminken vergessen worden ist. Achten Sie aber darauf, dass Sie keine Bereiche jenseits der Lippen einbeziehen. Auch die Zähne dürfen nicht ausgewählt sein. Eventuell schalten Sie in der Optionsleiste auf VON AUSWAHL ABZIEHEN und entfernen die zu viel selektierten Bereiche wieder ■.

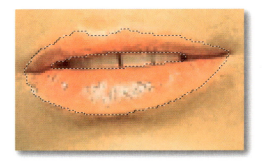

4. Weiche Auswahlkante erzeugen

Damit der Übergang zwischen Haut und Lippen weicher erscheint, sollten Sie die soeben erzeugte Auswahlkante nun noch ändern. Legen Sie über AUSWAHL • WEICHE AUSWAHLKANTE einen RADIUS von 1 Pixel fest.

5. Neue Ebene erzeugen

Sie benötigen jetzt eine eigene Ebene des Auswahlbereiches, damit sich die Lippenfarbe später individueller anpassen lässt. Wählen Sie deshalb EBENE • NEU • EBENE oder drücken Sie [Strg]+[⇧]+[N]. Den Folgedialog bestätigen Sie mit OK.

6. Ebene füllen

Zwar könnten Sie den Auswahlbereich jetzt über BEARBEITEN • AUSWAHL FÜLLEN mit Farbe versorgen, doch sollten Sie in diesem Retusche-Kapitel auch mit Werkzeugen arbeiten. Das ist doch eleganter, oder? Schalten Sie deshalb auf den normalen Pinsel B um, und übermalen Sie den Auswahlbereich mit einer großen Spitze und 100% Deckkraft.

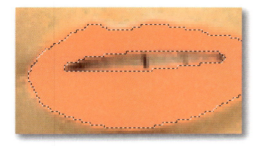

Heben Sie die Auswahl auf (Auswahl • Auswahl aufheben oder Strg+D). Danach sollten Sie das Bild wieder in 100% Skalierung ansehen.

7. Auswahl aufheben

In der Ebenen-Palette müssen Sie jetzt noch die Füllmethode der Lippenebene auf Multiplizieren stellen und die Deckkraft auf etwa 25% reduzieren, damit es realistisch aussieht.

8. Füllmethode ändern

Das Interessante bei dieser Methode: Sollten Sie soeben Bereiche der Lippen in Ihrer Auswahl vergessen haben, können Sie diese jetzt noch mit einem kleinen, weichen Pinsel hinzufügen. Achten Sie darauf, dass die Vordergrundfarbe erhalten bleibt. Wenn Sie hingegen zu viel gefärbt haben, aktivieren Sie den Radiergummi (auch hier eine weiche Spitze verwenden) und entfernen damit überstehende Pixel.

9. Optional: Lippenkonturen bearbeiten

Ende

Schritt für Schritt: Wimpern und Augenbrauen kräftigen

Bevor Sie sich einen Vorher-nachher-Vergleich gönnen, sollten Sie noch die Wimpern und Augenbrauen kräftigen.

Suchen Sie den Nachbelichter aus, der sich mit dem Abwedler und Schwamm in der untersten Werkzeuggruppe der Toolbox befindet. Stellen Sie eine Größe von rund 15 px ein und legen Sie im Pull-down-Menü Bereich die Tiefen fest. Dann werden nur dunkle Bildbereiche bearbeitet. Die Belichtung stellen Sie auf 15%. Der Nachbelichter würde sonst zu schnell und zu stark reagieren.

1. Nachbelichter einstellen

2. Ebenen verbinden Sie können jetzt die Lippen-Ebene mit dem Hintergrund verbinden, indem Sie aus dem Erweitert-Menü AUF HINTERGRUNDEBENE REDUZIEREN einstellen. Wenn Sie das noch nicht machen wollen, beispielsweise um sich die Option der Bearbeitung der Lippen noch zu erhalten, aktivieren Sie in der Ebenen-Palette jetzt die Hintergrundebene. Achten Sie aber auf Folgendes: Sobald Sie einen Schritt rückgängig machen, wird die oberste Ebene wieder aktiv. Das müssen Sie dann von Hand korrigieren.

3. Bildteile nachbelichten Fahren Sie jetzt mit kurzen Mausbewegungen bei gedrückter Maustaste über die Wimpern und die Augenbrauen. Sie werden gleich sehen, dass hier eine Kräftigung eintritt. Da Sie in der Optionsleiste zuvor auf Tiefen gestellt hatten, müssen Sie nun nicht befürchten, dass sich die Haut allzu stark mitverfärbt. Vielleicht wäre es auch noch angebracht, dass Sie kurz einmal über jede Pupille wischen. Dann werden die Augen auch noch kräftiger. Was meinen Sie? Die fertige Datei nennt sich Portraet_final.tif und ist ebenfalls im Ordner ERGEBNISSE zu finden. Jetzt wissen Sie, warum La Lopez & Co. immer so perfekt vom Hochglanzmagazin herunterlächeln dürfen.

Ende

10.4 Sättigung im Porträt verändern

Der letzte Punkt dieses Kapitels bringt noch eine interessante Veränderung. Noch einmal soll es um Variationen in der Sättigung gehen. Damit müssen Sie aber sehr vorsichtig umgehen – zumindest, wenn Sie die Leuchtkraft der Farben erhöhen wollen.

Warum nicht mit dem Schwamm korrigiert worden ist

Sie finden in der untersten Gruppe auch den Schwamm, mit dessen Hilfe Sie die Sättigung eines Bildbereiches erhöhen können. Sie müssen dazu lediglich den Modus SÄTTIGUNG ERHÖHEN in der Optionsleiste festlegen. Wären Sie anschließend über die Lippen gefahren, wäre ebenfalls eine Kräftigung der Farbe entstanden. Allerdings kommen Sie dann sehr schnell in einen Bereich, indem die Sättigung zu stark wird und überstrahlt. Besser ist auch hier wieder, die Ebenenmethode dem Werkzeug vorzuziehen.

Sättigung verringern

Anders sieht es aus, wenn Sie die Sättigung verringern wollen, denn auch das ist möglich. Aber bevor wir uns zu sehr mit der Theorie beschäftigen, möchte ich Ihnen viel lieber wieder einen Workshop dazu anbieten.

Schritt für Schritt: Zähne wieder weiß machen

Nehmen Sie sich doch noch einmal Farbvari_01.tif vor. Wir wissen natürlich nicht, ob der freundliche, junge Herr Raucher ist. Spielt auch keine Rolle – wir machen ihn kurzerhand zum Nichtraucher. Zahnkosmetik à la Elements.

Zoomen Sie zunächst in den Bereich der Zähne. Danach aktivieren Sie den Schwamm. Stellen Sie die Größe auf 8 px und den FLUSS auf etwa 35 %. Letzteres sorgt auch hier dafür, dass das Werkzeug nicht so empfindlich reagiert. Die wichtigste Einstellung ist aber: SÄTTIGUNG VERRINGERN im Pulldown-Menü MODUS.

1. Werkzeug einstellen

2. Zähne entfärben

Jetzt können Sie mit dem Schwamm die Sättigung herausnehmen. Dazu sollten Sie mit kreisförmigen Bewegungen über die Zähne gehen – wie beim Polieren eben. Achten Sie dabei aber auf zwei Dinge: Zum einen sollten Sie versuchen, nicht allzu sehr über das Zahnfleisch zu wischen, zum anderen dürfen die Zähne selbst nicht zu sehr entfärbt werden. Das sieht dann ebenfalls nicht mehr natürlich aus. Rein weiße Zähne gibt es nicht – außer vielleicht in Hollywood.

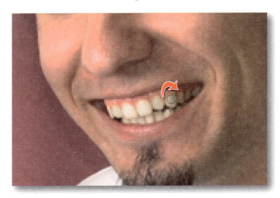

3. Optional: Mit einer Auswahl arbeiten

Sie dürfen die Ansätze des Zahnfleischs durchaus leicht mit entfärben. Falls Sie an eine Stelle gelangen, die sich als schwierig gestaltet (z. B. in den Mundwinkeln), verkleinern Sie kurzzeitig die Spitze oder legen Sie vorab eine Auswahl an. Dabei werden Sie allerdings mit dem Magnetischen Lasso nicht sehr erfolgreich sein. Zahnfleisch und Zähne lassen sich einfach über kontrastierende Kanten nicht gut trennen. Verwenden Sie stattdessen lieber das Lasso oder das Polygonlasso.

Ende

Zu guter Letzt: Grundsätzliches zur Porträtretusche
Prinzipiell ist Retusche eine Verfälschung des Originals. Wenn Sie jedoch alles wegretuschieren, was irgendwie nach Fältchen aussehen könnte, wird das Resultat allenfalls ein Jacko-Gesicht sein. Lachfalten und dergleichen komplett zu retuschieren, wird ein wenig realistisches Ergebnis hervorbringen. Belassen Sie so etwas am besten, wie es ist; es sei denn, Sie beabsichtigen, einen Androiden zu erschaffen – und selbst die haben ja immer irgendeinen Fehler, wie Hollywood uns gelehrt hat.

11 Camera Raw-Dateien bearbeiten

Ihr virtuelles Fotolabor

▸ Was ist Camera Raw?
▸ Wie installiere ich ein Raw-Plug-in?
▸ Wie werden Dateien als Digital-Negativ gespeichert?
▸ Wie passe ich Beleuchtung und Farbe an?
▸ Was muss ich bei der Druckvorbereitung beachten?

Camera Raw gestattet, direkten Einfluss auf das Bildergebnis zu nehmen – wie in einer Dunkelkammer. Und das geschieht, noch bevor Kompressoren die Datei »kleinrechnen«, mit Bildern, die unverfälscht von der Kamera kommen. Und das Schönste ist: Das Ganze können Sie ohne jegliche Qualitätsverluste bewerkstelligen ...

11.1 Bevor Sie mit Camera Raw arbeiten

In der professionellen Fotografie ist Camera Raw längst ein unverzichtbarer Standard geworden. Bei diesem Verfahren werden die Rohdaten (englisch raw = roh) des aufgenommenen Bildes gespeichert. Die Daten sind in diesem Zustand noch nicht komprimiert worden (wie z. B. JPEG oder TIFF). Aber das herausragende Merkmal ist: Sie können beim Öffnen der Datei direkten Einfluss auf die Entwicklung nehmen – ohne Qualitätsverlust. Das liegt daran, dass die Einstellungen separat zur Datei gespeichert, aber nicht direkt und unwiderruflich auf das Bild angewendet werden. Das kann man sich folgendermaßen vorstellen: Ihr eigentliches Bild bleibt stets unverändert (so, wie es die Kamera eingefangen hat). Durch Veränderung der Bildeinstellungen verändern Sie lediglich die Darstellung des Fotos, nicht jedoch das Original – daher die Verlustfreiheit bei der Einstellung.

Formatunterstützung kontrollieren
Zwar unterstützt Adobe-Software immer mehr Formate, doch letztendlich stehen Sie vor der ungewissen Frage: Wird meine Kamera überhaupt von Photoshop Elements unterstützt? Eine Antwort darauf gibt Adobe unter *http://www.adobe.com/de/products/photoshop/cameraraw.html*. Schauen Sie dort in der Liste nach, ob Ihre Kamera aufgeführt ist.

Raw-Plug-in kontrollieren
Adobe arbeitet ständig an Erweiterungen in Sachen Camera Raw. Deshalb kommen auch von Zeit zu Zeit aktuelle Plug-ins heraus. Auf der vorgenannten Seite finden Sie neben der Liste der unterstützten Kameras auch die derzeit gültige Camera-Raw-Version (zur Drucklegung des Buches war das 4.2). Wenn Sie die Downloads zu Ihrer Software automatisch beziehen, wird auch das Raw-Plug-in stets auf dem neuesten Stand gehalten. Ist das nicht der Fall, können Sie dennoch manuell prüfen, welche Raw-Version

11.1 Bevor Sie mit Camera Raw arbeiten

auf Ihrem Rechner läuft. Das machen Sie, indem Sie im Editor der Anwendung auf HILFE • ÜBER ZUSATZMODUL • CAMERA RAW gehen. Daraufhin blendet sich ein Hinweis ein, der nähere Auskünfte über die Versionsnummer gibt. Klicken Sie das Fenster anschließend einfach an, damit es sich wieder schließt.

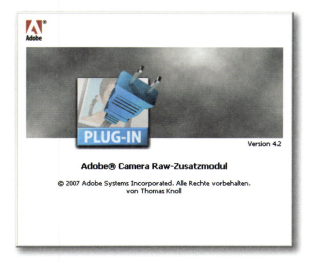

◀ Abbildung 11.1
Bei der Erstauslieferung von Photoshop Elements 6 war die Version 4.2 integriert.

Plug-in aktualisieren
Wenn Sie ein aktuelleres Plug-in heruntergeladen haben, gehen Sie folgendermaßen vor: Beenden Sie Photoshop Elements und erstellen Sie einen Ordner auf dem Desktop, den Sie beispielsweise PLUGIN _ ALT nennen. Hier legen Sie gemäß folgender Beschreibung das vorhandene Plug-in ab, um Photoshop Elements, wenn es denn gewünscht ist, später wieder in den Urzustand versetzen zu können. Wählen Sie danach [Laufwerksbuchstabe] • PROGRAMME • ADOBE • PHOTOSHOP ELEMENTS 6.0 • PLUG-INS • FILE FORMATS. Hier sollten Sie dann auch ein Icon mit dem Namen CAMERA RAW finden.

Entfernen Sie es von diesem Ort, indem Sie es in den soeben erzeugten Desktop-Ordner ziehen. Im Anschluss legen Sie das neue Plug-in in den Ordner FILE FORMATS. Zuletzt öffnen Sie Photoshop Elements wieder.

Unterschiedliche Raw-Formate
Es gibt leider kein allgemein gültiges Raw-Format. Vielmehr verwendet jeder Kamerahersteller seine eigenen Verfahren. Deshalb

▲ Abbildung 11.2
Das Plug-in-Icon

307

werden Sie (je nach Kameratyp) auch auf unterschiedliche Dateiendungen stoßen. Da kursieren z. B. CRW, JPE, NEF, RAF, um nur einige zu nennen. Dieser Umstand ist natürlich nicht gerade förderlich in Sachen Integration.

DNG-Konverter verwenden
Um nun die unterschiedlichen Dateiformate doch noch unter einen Hut zu bringen, hat Adobe den DNG-Konverter entwickelt. Damit kann Ihr Bild, nachdem es den Raw-Dialog durchlaufen hat, als »Digital-Negativ« gesichert werden, wobei die Einstelloptionen für verlustfreie Änderungen dabei erhalten bleiben. Sie müssen sich um den Konverter prinzipiell keine Gedanken machen, da er in Photoshop Elements bereits integriert ist.

Der folgende Workshop zeigt, wie Sie Bilder in DNG speichern können.

11.2 Erste Schritte mit Camera Raw

Falls Sie selbst nicht in Besitz einer Raw-fähigen Kamera sind, oder noch keine eigenen Raw-Dateien erzeugt haben, soll Ihnen der folgende Workshop aber dennoch nicht verborgen bleiben. Benutzen Sie in diesem Fall die beiliegende Beispieldatei.

 Schritt für Schritt: Farbtemperatur korrigieren und als Digital-Negativ speichern

Im ersten Workshop soll lediglich die WEISSBALANCE angeglichen werden. Außerdem erfahren Sie, wie Sie das Raw-Bild anschließend als DNG (Digital Negativ) speichern können.

1. Raw-Datei öffnen Gewissermaßen nehmen Sie beim Öffnen der Datei DSCF0513.RAF die eigentliche Filmentwicklung vor und haben so ungeahnte Möglichkeiten in Bezug auf die Qualität des Bildes. Klicken Sie die Datei deshalb im Beispielordner mit rechts an, entscheiden Sie sich im Kontextmenü für ÖFFNEN MIT und wählen Sie ADOBE PHOTOSHOP ELEMENTS 6.0 (EDITOR).

2. Bild skalieren Die Ansicht der Datei können Sie verändern, indem Sie die Steuerelemente + und – unterhalb des Bildes nutzen (❶ und ❷).

11.2 Erste Schritte mit Camera Raw

Ein Doppelklick auf die Lupe ❸ zeigt die Datei stets in 100 % Größe an. Danach werden Sie nur noch einen Ausschnitt des Bildes sehen – Indiz dafür, wie großformatig Raw-Bilder tatsächlich sind.

Achten Sie zudem darauf, dass VORSCHAU ❹ aktiviert ist, damit Sie die Auswirkungen Ihrer weiteren Arbeiten direkt im Bild sehen können. Sie können das Häkchen von Zeit zu Zeit kurz deaktivieren, um sich einen Vorher-nachher-Vergleich zu genehmigen. Gleich daneben finden Sie übrigens einen Button, mit dessen Hilfe Sie den Vollbildmodus einschalten können.

3. Vorschauaktivierung prüfen

Prinzipiell lässt sich ein Weißabgleich in Camera Raw so durchführen, wie Sie das bereits zuvor gemacht haben. Dazu aktivieren Sie die Pipette oben links in der Toolbox des Raw-Dialogs und klicken auf eine weiße oder neutral-graue Fläche. In diesem Workshop wollen wir jedoch einen anderen Weg beschreiten, der Ihnen weit mehr Toleranz bei der Einstellung lässt: Zunächst einmal ist auf der rechten Seite des Fensters das Flyout-Menü WEISSABGLEICH erwähnenswert. Stellen Sie hier WIE AUFNAHME ein, werden die Gegebenheiten berücksichtigt, die zur Entstehungszeit des Bildes vorgeherrscht haben. Wenn Sie aber bereits hier Einfluss nehmen wollen, wählen Sie aus

4. Weißbalance einstellen

> **Einstellungen verwerfen**
>
> Um bereits angewendete Einstellungen widerrufen zu können, halten Sie [Alt] gedrückt. Der Button ABBRECHEN wird dadurch zur ZURÜCKSETZEN-Schaltfläche. Wenn Sie darauf klicken, bevor Sie [Alt] wieder loslassen, werden alle vorgenommenen Änderungen verworfen.

dem Pulldown-Menü einen anderen Eintrag. TAGESLICHT wäre hier angebracht. Das sorgt dafür, dass die Farben insgesamt etwas erwärmt werden. Betrachten Sie dieses Steuerelement gewissermaßen als Voreinstellung in Sachen Farbtemperatur.

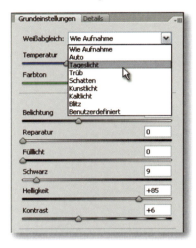

5. Temperatur verändern

Aber irgendwie könnten die Farben noch etwas wärmer sein, finden Sie nicht auch? Regeln Sie deshalb den Schieber TEMPERATUR etwas nach rechts. Zwar wird dadurch die Einstellung TAGESLICHT wieder verworfen, aber Sie können für eine weitere Verbesserung der Farbstimmung sorgen. Die Werte sind hier übrigens in Kelvin angegeben. Gehen Sie auf etwa 6000. Grundsätzlich werden die Farben nach rechts hin wärmer, während sie nach links hin kühler werden.

6. Farbton verändern

Der Regler FARBTON kann wie eine Feinabstimmung der Weißbalance gewertet werden. Gehen Sie nach rechts, um mehr Magenta ins Spiel zu bringen. Nach links wird das Bild mit mehr Grün versetzt. Setzen Sie den Schieber auf etwa +12.

7. Datei speichern

Ihr nächster Schritt sollte sein, die Einstellungen zu speichern, die Sie gerade am Bild vorgenommen haben. Normalerweise würden Sie das mit dem Button FERTIG unten rechts machen. Damit würde das Bild wieder geschlossen und die getroffenen Veränderungen würden parallel dazu mit der Bilddatei gespeichert. Das erneute Öffnen des Bildes hätte zur Folge, dass es mit den aktuellen Einstellungen angezeigt würde. In diesem Workshop wollten wir allerdings einen Schritt weitergehen und die Datei als »Digital-Negativ (.dng)« absichern. Entscheiden Sie sich daher für den Button BILD SPEICHERN unten links und bestimmen Sie danach, in welchem Ordner das Negativ abgelegt werden soll. Wenn Sie hingegen wollen, dass es den gleichen Speicherort wie das Raw-Original einnimmt, müssen Sie hier nichts ändern.

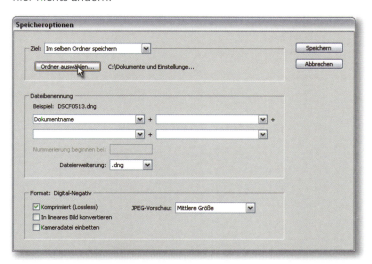

Nun haben Sie die Möglichkeit, einen Namen zu vergeben. Das machen Sie über das erste Pulldown-Menü im Frame DATEIBENENNUNG. Wenn Sie die Liste allerdings öffnen, werden Sie feststellen, dass lediglich der Dokumentname, die Seriennummer oder das Datum festgelegt werden können. Nein, nicht ganz. Sie können noch das Feld (indem standardmäßig DOKUMENTNAME steht) löschen und dann Ihre bevorzugte Bezeichnung eingeben.

8. Datei benennen

Treffen Sie jetzt im untersten Frame noch Entscheidungen in Bezug auf das Format. Wenn Sie keine Kompression wünschen, deaktivieren Sie das oberste Häkchen. IN LINEARES BILD KONVERTIEREN (das interpoliert die Daten) sollten Sie abgewählt lassen. KAMERADATEI EINBETTEN sorgt dafür, dass die Ursprungsdatei (Raw) mit in die DNG-Datei eingebettet wird.

9. Format festlegen

Damit Sie auch in anderen Anwendungen sehen, um welches Bild es sich handelt, sollten Sie eine JPEG-Vorschau integrieren. Das hat keinen Einfluss auf die Qualität der eigentlichen Datei, sondern liefert lediglich eine Datei zur Ansicht mit. Stellen Sie hier OHNE ein, wird

10. JPEG-Vorschau erzeugen

keine Vorschau abgespeichert. (Das fertige Dokument finden Sie im Ordner Ergebnisse unter dem Namen Raw_01_fertig.dng.)

11. Optional: Datei öffnen

Wenn Sie anstelle von SPEICHERN jedoch auf ÖFFNEN gehen, wird das Bild, wie gewohnt, im Editor zur Verfügung gestellt. Bedenken Sie aber, dass bereits jetzt die vollzogenen Änderungen wirksam werden. Jetzt könnten Sie das Bild auch beispielsweise als TIFF oder PSD speichern. Aber noch einmal zur Erinnerung: Die Einstellungen werden innerhalb der Raw-Datei gespeichert, aber nicht unmittelbar auf das Bild angewendet. Das macht ja unter anderem die Klasse einer Raw-Datei aus, auf die Sie verzichten müssen, wenn Sie das Bild in ein anderes Format als DNG konvertieren.

Ende

11.3 Beleuchtung und Farbe in Camera Raw angleichen

Natürlich lassen sich Bilder, die in der Beleuchtung nicht ganz stimmig sind, im Raw-Dialog anpassen. Allerdings haben Sie hier die Möglichkeit, Ihre Einstellungen von Photoshop Elements überprüfen zu lassen. Das ist besonders dann wichtig, wenn Sie ein Raw-Foto für die Ausgabe auf einem Drucker vorbereiten wollen.

Schritt für Schritt: Raw-Bilder für den Druck nachbearbeiten

Die Datei IMG_1418.cr2 zeigt eine zwar sehr hübsche, aber leider etwas zu dunkle Fassade. Hier sollte Einfluss auf die Beleuchtung genommen werden. Öffnen Sie das Bild und widmen Sie sich dem Raw-Dialog.

Sie können übrigens jetzt auch eine Menge über die verwendete Kamera, die Blendenöffnung, Belichtungszeit und Ähnliches in Erfahrung bringen. Schauen Sie doch dazu einmal auf die rechte Seite des Dialogs. Gleich unterhalb des Histogramms finden Sie relevante Einträge zur Kameraeinstellung. Das Objektiv war demzufolge (aufgrund des Gegenlichts) nur eine fünfhundertstel Sekunde geöffnet.

1. Optional: Kameradaten ablesen

Leider haben Sie hier nicht die Möglichkeit, Tiefen aufzuhellen, wie Sie das aus dem Tiefen/Lichter-Dialog des Standard-Editors kennen.

2. Belichtungszeit erhöhen

Sie können aber die Belichtungszeit erhöhen. Schieben Sie deshalb den Regler BELICHTUNG etwas nach rechts. So bei etwa –0,65 sollte die Fassade in einer annehmbaren Helligkeit erstrahlen ■.

3. Lichterwarnung aktivieren

Allerdings haben Sie jetzt ein Problem. Die Wolken am Himmel sind nämlich zu hell geworden; genauer gesagt: fast schon rein Weiß. Das kann sich beim Ausdruck des Fotos als problematisch erweisen. (Zu helle Bereiche werden beim Druck nicht mit Farbe versehen. Das sieht dann u. U. im Ergebnis löchrig aus.) Sie können die entsprechenden Problembereiche von Photoshop Elements anzeigen lassen. Aktivieren Sie doch einmal den Button WARNUNG ZUR LICHTERBESCHNEIDUNG oben rechts im Histogramm ■.

> **Auto-Belichtung verwenden**
>
> In Sachen Beleuchtungskorrektur lassen sich meist ganz gute Resultate erzielen, indem Sie gleich oberhalb des Reglers BELICHTUNG auf AUTO klicken. Damit passt Photoshop Elements die Lichtverhältnisse im Bild automatisch an. Im hier verwendeten Bildbeispiel ist diese Methode jedoch nicht geeignet, da es sich um eine Gegenlicht-Aufnahme handelt. Auto-Korrekturfunktionen sind für solche Fotos kein probates Mittel, weshalb sie manuell korrigiert werden sollten.

Jetzt präsentiert Photoshop Elements alle Bereiche des Bildes in Rot, die eigentlich zu hell sind. Das ist natürlich nur eine optische Warnung und wirkt sich nicht auf das Bild selbst aus. Ein erneuter Klick auf die Schaltfläche LICHTERBESCHNEIDUNG würde die Anzeige übrigens deaktivieren.

> **Tiefen- und Lichterwarnung**
>
> Photoshop Elements symbolisiert mit Rot, wo es nicht mehr zum Farbauftrag und somit zu unnatürlichem Weiß kommt. Schalten Sie die Tiefenwarnung ein (Die Schaltfläche oben links innerhalb des Histogramms), werden problematische (zu dunkle) Stellen in Blau angezeigt. Dort wird dann zu viel Farbe aufgetragen, und die Stelle wirkt möglicherweise im Ergebnis wie ein Klecks.

Zurück zur Einstellung: Da das Verstellen der Belichtung zwar die Fassade aufgehellt hat, aber dadurch am Himmel echte Farbverluste aufgetreten sind, müssen wir auf einem anderen Weg zum Erfolg kommen. Verwerfen Sie die Änderungen, die Sie vorgenommen haben. Öffnen Sie dazu das Fenster-Menü ❶ und entscheiden Sie sich für VORHERIGE KONVERTIERUNG.

4. Werte zurücksetzen

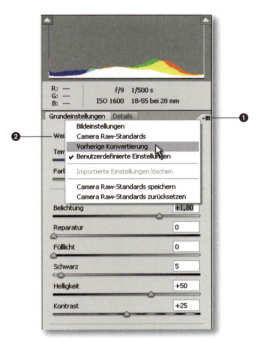

Was bei der Aufnahme vergessen worden ist, kann in Camera Raw prima nachträglich noch integriert werden – der Blitz. Wählen Sie im Pulldown-Menü WEISSBALANCE ❷ den Listeneintrag BLITZ. Dabei bleibt die TEMPERATUR der WEISSBALANCE verhältnismäßig weit unten, was es Ihnen wiederum möglich macht, die HELLIGKEIT zu erhöhen, ohne dass es zur Lichterwarnung in den hellen Bildbereichen kommt.

5. Blitz simulieren

Ziehen Sie jetzt den Regler FÜLLLICHT auf etwa 75. Das wirkt auf den ersten Blick zu stark. Damit Sie aber die roten Flächen am Himmel wieder loswerden, müssen Sie den Regler BELICHTUNG wieder verschieben. Gehen Sie hier auf etwa –1,25. Das Rot der Lichterwarnung verabschiedet sich, und die Fassade ist ebenfalls ausreichend

6. Fülllicht erhöhen

Ende hell. Deaktivieren Sie das Kontrollkästchen Lichterwarnung zum Schluss wieder.

Weitere Raw-Grundeinstellungen im Überblick

- Belichtung – verändert nachträglich die Blendenöffnung, um die Belichtung des Bildes anzupassen.
- Reparatur – Hiermit wird versucht, verschwindende Details in hellen Bereichen wiederherzustellen. Dabei wird mindestens ein Farbkanal abgeschnitten und weiß dargestellt.
- Fülllicht – Hierdurch werden Details in dunklen Bereichen besser herausgestellt. Dabei wird mindestens ein Farbkanal abgeschnitten und schwarz dargestellt.
- Schwarz – Hiermit legen Sie fest, welche Tonwertbereiche schwarz dargestellt werden sollen. Dunkle Bildbereiche werden weiter abgedunkelt, wenn Sie den Regler weiter nach rechts stellen. (Markieren Sie den Regler, während Sie Alt gedrückt halten, und diesen dann langsam nach rechts schieben, sehen Sie, wo im Bild die ersten Konzentrationen schwarzer Pixel zu finden sind.)
- Helligkeit – verändert die Helligkeit des Bildes insgesamt.
- Kontrast – verändert das Gefälle zwischen hellen und dunklen Bereichen des Bildes. Die Einstellungen wirken sich somit vorwiegend auf die Mitten aus.
- Sättigung – hebt die Leuchtkraft der Farbe an.

12 Bilder ausgeben

Bilder drucken und präsentieren

- ▶ Wie bereite ich Dateien zum Druck vor?
- ▶ Wie kann ich vor dem Druck die Auflösung ändern?
- ▶ Wie drucke ich direkt aus dem Organizer heraus?
- ▶ Wie erstelle ich Visitenkarten?
- ▶ Wie erzeuge ich einen Kontaktabzug?
- ▶ Wie werden Bilder für den Einsatz im Netz vorbereitet?
- ▶ Wie erstelle ich eine Fotogalerie?
- ▶ Wie erzeuge ich eine Diashow?

Niemand verzichtet gerne auf altbewährte Papierabzüge. Der Beweis kreativen Schaffens liegt nirgendwo so schön »auf der Hand« wie beim Druckerzeugnis. Doch trotzdem kommt auch der Internetauftritt oder die DVD nicht mehr wirklich gut ohne Bilder, Fotogalerien und Diashows aus. Welche Möglichkeiten es in Photoshop Elements gibt, zeigt dieses Kapitel ...

12.1 Bilder drucken

Auflösung checken

Zu Beginn einer jeder Druckarbeit sollten Sie die Auflösung checken. Das ist wichtig, denn niedrig auflösende Bilder (wie z. B. 72-dpi-Dateien aus dem Internet) sind für den Druck ungeeignet.

Vor allem kommt es natürlich darauf an, ob Sie Ihre Datei in Originalgröße zum Ausdruck bringen wollen. Ab **150 dpi** erreichen Sie bereits gute Standardergebnisse – mehr ist jedoch besser. In der professionellen Druckvorbereitung werden **300 dpi** verwendet, jedoch reichen für einen sehr guten Ausdruck auf dem heimischen Tintenstrahldrucker meist **220 dpi** vollkommen aus – auf Fotopapier, versteht sich. Die Auflösung können Sie normalerweise unten links ablesen ❶. Sollte hier eine andere Anzeige präsentiert werden, klicken Sie auf die kleine Dreieck-Schaltfläche ❷ und entscheiden sich für den Eintrag DOKUMENTMASSE ❸.

dpi und ppi
In der Anzeige wird die Einheit ppi (= pixels per inch) angeboten, da es sich hierbei um ein Maß für die Bildschirmdarstellung handelt. Im Druck spricht man jedoch von dpi (= dots per inch), da hier einzelne Punkte gedruckt werden. Zur rechnerischen Ermittlung der Auflösung sind beide Werte jedoch identisch.

Abbildung 12.1 ▶
Lassen Sie die gewünschten Infos in der Fußleiste des Bildes anzeigen.

Wenn Sie Änderungen vornehmen wollen, stellen Sie BILD • SKALIEREN • BILDGRÖSSE ein. Gerade bei Kameradaten sind ja die Abmessungen des Bildes meist recht hoch, wobei die Auflösung (ppi und dpi) eher gering ist. Eine 4-Megapixel-Aufnahme kommt beispielsweise mit beeindruckenden 80×60 cm daher, während die Auflösung nur 72 Pixel pro Zoll ausweist. Letzterer Wert ist eigentlich zu gering, um für ein anständiges Druckergebnis zu sorgen, wobei aber die gigantischen Abmessungen (die natürlich nicht auf einen DIN-A4-Bogen passen würden) dieses Manko locker wieder wettmachen. Bei derart großen Dateien müssen Sie also nichts ändern – wohl aber bei kleineren.

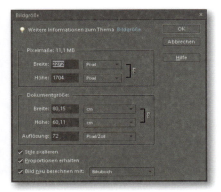

◀ **Abbildung 12.2**
Der Bildgrößen-Dialog lässt Änderungen in den Abmessungen und der Auflösung zu.

Bildgröße oder Auflösung ändern

Über den Dialog lässt sich nun die Auflösung ändern. Vielleicht ist die Bildfläche selbst ja auch zu klein, und Sie möchten diese erhöhen. Bitte bedenken Sie dabei aber, dass jede Größenänderung auch Qualitätseinbußen zur Folge hat ■.

Wenn die Differenz zum Zielmaß aber nicht zu hoch ist, können Sie das machen. Geben Sie die neuen Abmessungen nach Wunsch ein. Ganz wichtig: Kontrollieren Sie vor dem Verlassen des Dialogs, ob das Häkchen vor BILD NEU BERECHNEN MIT aktiv ist. Wenn das nämlich nicht der Fall ist, wird es nichts mit der Neuberechnung! Das Bild bleibt dann im Originalformat.

Prinzip der Bildvergrößerung
Bei Erhöhung der Auflösung von Bildern werden der Datei Pixel hinzugefügt. Stellen Sie sich vor, es handele sich dabei um ein Bild, das ein schwarzes Objekt vor einer weißen Wand zeigt. Schwarze und weiße Pixel liegen direkt nebeneinander und bilden eine scharfe Kante. Durch die Hinzurechnung wird nun ein Pixel dazwischen eingefügt, das sich aus dem Mittelwert beider vorhandener Pixel ergibt – also neutrales Grau. Die Folge: Die Kante zwischen Schwarz und Weiß ist nicht mehr ganz so scharf wie zuvor, da der Übergang nun nicht mehr von Schwarz nach Weiß, sondern von Schwarz nach Grau und dann erst nach Weiß erfolgt.

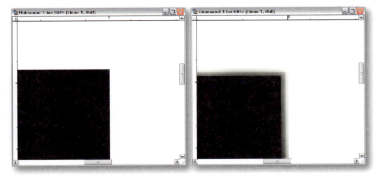

◀ **Abbildung 12.3**
Die vergrößerte Datei (rechts) wird an der Kante unscharf.

Qualitätsverluste minimieren

Sollten Sie gehalten sein, eine Datei dennoch vergrößern zu müssen, möchte ich Ihnen einen Trick verraten, bei dessen Anwendung die Qualitätsverluste durchaus hinnehmbar sind. Die Frage, ob Sie mit dieser Technik von einer Briefmarke denn auch gleich ein Poster machen können, muss ich allerdings verneinen.

Angenommen, Sie möchten ein Bild (Auflösung 72 dpi) für den Druck vorbereiten, ohne die Größe des Bildes selbst zu ändern. Öffnen Sie den Bildgröße-Dialog im Editor über BILD • SKALIEREN • BILDGRÖSSE. Tragen Sie unter AUFLÖSUNG • 80 dpi ein, und bei BILD NEU BERECHNEN MIT verwenden Sie BIKUBISCH GLATTER. Bestätigen Sie mit OK.

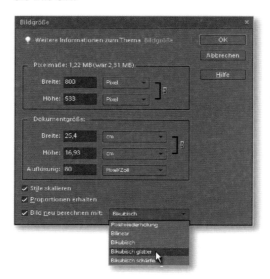

Abbildung 12.4 ▶
Erhöhen Sie schrittweise die Auflösung.

Wiederholen Sie den Vorgang, indem Sie jedes Mal die Auflösung um 10 bis 15 Pixel bikubisch glatter heraufsetzen. Viel Arbeit? Stimmt – aber für Ihr Lieblingsfoto nicht »zu« viel Arbeit, oder?

Sie möchten die Auflösung erhalten und die **Bildfläche erhöhen**? Öffnen Sie, wie zuvor beschrieben, den Bildgröße-Dialog. Setzen Sie auch hier BILD NEU BERECHNEN MIT auf BIKUBISCH GLATTER. Ändern Sie die Maßeinheit im Frame DOKUMENTGRÖSSE auf PROZENT und tragen Sie in eines der vorangestellten Eingabefelder (BREITE oder HÖHE) einen Wert zwischen 110 und 115 ein. Kleinere Rundungsfehler beim Parallelmaß sind zu vernachlässigen. Auch diesen Vorgang wiederholen Sie, bis die gewünschte Größe erreicht ist.

12.2 Organizer-Dateien drucken

Achten Sie zunächst darauf, dass Ihr Bild auch zum Druck freigegeben ist ■.

◀ **Abbildung 12.5**
Die Datei (rechts) kann aus dem Organizer heraus nicht gedruckt werden, weil sie noch im Editor geöffnet ist.

Gesperrte Bilder

Falls Sie ein Bild im Editor geöffnet haben, lässt sich dieses nicht problemlos drucken. Schließen Sie dort die Datei zunächst, ehe Sie den Drucken-Dialog öffnen.

Einzelbilder drucken
Markieren Sie ein Bild und drücken Sie [Strg] + [P], oder wählen Sie DATEI • DRUCKEN, um in den Drucken-Dialog zu gelangen. Standardmäßig zeigt Photoshop Elements in der Mitte eine DIN-A4-Seite an und richtet das Bild in seiner original vorliegenden Größe mittig aus. Stellen Sie zunächst im Flyout-Menü DRUCKER AUSWÄHLEN ❶ Ihren Drucker ein.

◀ **Abbildung 12.6**
Das ausgewählte Foto im Menü für die Druckvorbereitung

Legen Sie danach den MEDIENTYP ❷ fest. Damit ist die Beschaffenheit des Papiers gemeint. NORMALPAPIER ist hier voreingestellt. Belassen Sie es dabei, wenn Sie auf gewöhnlichem Office-Papier drucken möchten. Andernfalls stellen Sie die gewünschte Sorte ein.

Jedes Foto [Anzahl] Mal verwenden

Abschließend soll noch ein Wort über die Funktion JEDES FOTO [ANZAHL] MAL VERWENDEN verloren werden. Damit ist nämlich leider nichts anderes gemeint als die Anzahl der Ausdrucke. Verwirrend, oder? Naheliegender wäre die Vermutung, dass mehrere Bilder auf eine Seite gebracht würden. Wenn das beabsichtigt ist, müssten Sie allerdings unter ABZUGSART AUSWÄHLEN den Eintrag BILDPAKET setzen. Darüber hinaus wäre dann noch das Steuerelement SEITE MIT ERSTEM FOTO FÜLLEN zu aktivieren. Noch verwirrender, oder alles klar?

ABZUGSART AUSWÄHLEN ❸ ist erst interessant, wenn Sie mehrere Bilder ausgewählt haben. Beachten Sie dazu den folgenden Abschnitt.

Mit DRUCKFORMAT UND OPTIONEN AUSWÄHLEN ❹ haben Sie die Möglichkeit, Bilder zu vergrößern oder zu verkleinern. Dabei kommt aber möglicherweise die zuvor angesprochene Problematik der zu geringen Auflösung zum Tragen. Photoshop Elements gibt in diesem Fall nach dem Klick auf DRUCKEN einen Warnhinweis aus.

▲ **Abbildung 12.7**
Photoshop Elements bemängelt, dass die Auflösung für den Druck bei dieser Bildgröße zu gering ist.

Passfotos und Miniaturen drucken

Sie benötigen neben einem Porträt noch Passfotos, Miniaturen und Sätze, an denen sich alle Anverwandten erfreuen können? Stellen Sie ABZUGSART AUSWÄHLEN auf BILDPAKET und LAYOUT AUSWÄHLEN auf (jetzt kommt's) »A4 (1) 89×127 (16) 17×24 (4) 30×40 (4) 38×52«. Auch hier muss SEITE MIT ERSTEM FOTO FÜLLEN aktiv sein.

Verschiedene Fotos drucken

Neben den zahlreichen vordefinierten Möglichkeiten lassen sich aber auf einfache Art auch unterschiedliche Bilder auf einen Druckbogen bringen. Dazu klicken Sie zunächst unten links auf HINZUFÜGEN und integrieren das Bild, das Sie ebenfalls verwenden wollen. Ziehen Sie danach die neue Miniatur von der linken Seite auf eine der Miniaturen im Druckbogen und lassen Sie das Bild dort fallen. Wenn Sie eine gültige Position erreicht haben, taucht übrigens ein farbiger Rahmen auf.

Abbildung 12.8 ▶
Hier wurde das einzelne Bild zu einem ganzen Bildpaket verarbeitet.

Schritt für Schritt: Visitenkarten drucken

Gestalten Sie Ihr Visitenkarten-Layout im Editor, und speichern Sie die Datei als TIFF mit mindestens 220 dpi ab. Beim Speichern werden Sie gefragt, ob das Objekt in den Organizer übernommen werden soll. Standardmäßig ist die Funktion immer angekreuzt.

1. Visitenkarten gestalten

Vergessen Sie nicht, die Datei danach im Editor zu schließen, da andernfalls die Weiterarbeit verhindert wird.

Wechseln Sie in den Organizer und drücken Sie [Strg]+[P]. Achten Sie im Druckendialog darauf, dass unter MEDIENTYP das richtige Papier eingestellt ist. Machen Sie die Datei unter ABZUGSART WÄHLEN zum BILDPAKET und wählen Sie das LAYOUT A4-PAPIER (10) VISITENKARTE 55 × 91. Aktivieren Sie SEITE MIT ERSTEM FOTO FÜLLEN. Zum Schluss klicken Sie auf DRUCKEN ■.

2. Druck im Organizer einstellen

Warnhinweis trotz 220 dpi

Falls Sie zwischenzeitlich einen Warnhinweis erhalten, der Sie darauf aufmerksam macht, dass das Bild mit weniger als 220 dpi gedruckt würde, können Sie diesen Hinweis ruhigen Gewissens mit OK überspringen. Durch die Umschaltung auf BILDPAKET ist Photoshop Elements bestrebt, das Bild zunächst zu skalieren. SEITE MIT ERSTEM FOTO FÜLLEN »verwirft« die Skalierung wieder, was zu diesem Zeitpunkt aber noch nicht an die Anwendung weitergegeben worden ist.

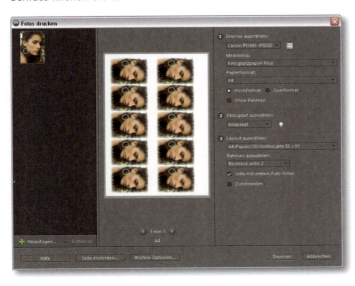

Ende

12.3 Editor-Dateien drucken

Wenn die zu druckende Bilddatei im Editor zur Verfügung steht, drücken Sie [Strg]+[P] bzw. DATEI • DRUCKEN, um in den Standard-Druckdialog zu gelangen.

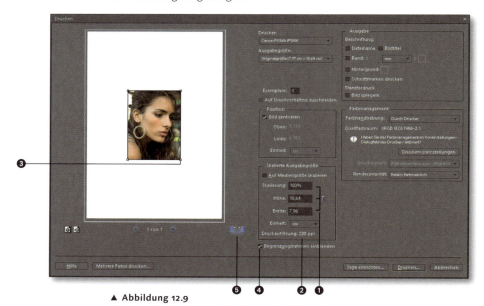

▲ **Abbildung 12.9**
Drucken Sie Ihre Dateien direkt aus dem Editor heraus.

Ausgabegröße ändern

Auch im Druckdialog haben Sie noch Einfluss auf die Ausgabegröße. Wenn Sie die eingestellte Größe nicht beibehalten wollen, ändern Sie den Wert im Eingabefeld SKALIERUNG ❶. Beachten Sie dabei aber die DRUCKAUFLÖSUNG ❷, die sich bei einer Skalierung selbstverständlich ändert.

Allerdings müssen Sie zur Größenänderung gar nicht unbedingt die Werte verändern. Sie haben auch die Möglichkeit, den Rahmen der Vorschauminiatur auf der linken Seite zu verziehen. Greifen Sie dazu eine der vier Ecken, die mit quadratischen Anfassern ausgestattet sind (z. B. ❸) und ziehen Sie das Bild nach Wunsch größer oder kleiner. Voraussetzung ist allerdings, dass unterhalb die Checkbox BEGRENZUNGSRAHMEN EINBLENDEN ❹ aktiviert ist. In diesem Dialog haben Sie auch noch die Möglichkeit, das Bild jeweils in 90°-Schritten zu drehen ❺.

12.4 Kontaktabzug erstellen

Als *Kontaktabzug* werden Druckausgaben bezeichnet, die eine Sammlung von Bildern beinhalten. Geben Sie diese an Kunden weiter, oder archivieren Sie damit Ihre eigenen Dateien.

Schritt für Schritt: Kontaktabzug erstellen

Selektieren Sie im Organizer wie gewohnt die Bilder, die Sie auf den Kontaktabzug bringen wollen. Danach stellen Sie den Drucken-Dialog mithilfe von DATEI • DRUCKEN oder ⌈Strg⌉+⌈P⌉ zur Verfügung. Jetzt sehen Sie auf der linken Seite alle Fotos, die für den Kontaktabzug bestimmt sind.

1. Dialog aufrufen

Wollen Sie Fotos aus dieser Aufstellung entfernen, markieren Sie die entsprechende Miniatur auf der linken Seite und klicken anschließend unterhalb auf ENTFERNEN. Ebenso lassen sich weitere Bilder hinzufügen, indem Sie unten links den gleichnamigen Button anklicken.

2. Fotos hinzufügen oder entfernen

Während links die Bilder gelistet sind, bleibt in der Mitte nur ein einziges übrig. Das Problem: Die Anwendung hat für jedes Bild eine

3. Abzugsart auswählen

eigene Seite zum Druck vorgesehen. Beachten Sie dazu die Anzeige unterhalb der Seitenvorschau. Mit den Buttons können Sie nun zur nächsten oder (falls nicht Seite 1 eingestellt ist) zur vorhergehenden Seite springen.

Schalten Sie daher rechts im Frame ABZUGSART AUSWÄHLEN um auf KONTAKTABZUG. Dort ist noch EINZELNE ABZÜGE gelistet. In LAYOUT AUSWÄHLEN lassen sich Größe und Anordnung der Bilder nun individuell verändern. Sinnvoll ist auch, das unterste Steuerelement DATEINAME anzuhaken, damit die Bezeichnungen der Bilder mit in den Kontaktabzug integriert werden. Nun ist der Kontaktabzug fertig zum Druck.

Ende

12.5 Bilder fürs Netz vorbereiten

Bevor wir in diesem Abschnitt zur Praxis schreiten, kommen wir um etwas Theorie leider nicht herum. Denn das oberste Gebot heißt auch heute noch: Wenn Sie einen funktionierenden Internetauftritt betreiben möchten, benötigen Sie kleine Dateien. Sicher können Sie einwenden, dass mit High-Speed-DSL doch alles besser (und vor allem schneller) geworden ist. Stimmt! Mit zunehmender Geschwindigkeit sind aber auch Besucher von Homepages schneller geworden. Und wenn denen ein Seitenaufbau zu lange dauert, sind sie weg! Die Zeiten, die ein Internet-User verharrt, um auf eine Bereitstellung der Seite zu warten, sind verschwindend kurz. Und wenn er einmal von ihrer Seite »weggezappt« hat, kommt er so schnell nicht wieder.

Das stellt Sie als ambitionierten Fotofan natürlich vor ein Problem. Ihre Bilder haben nämlich in Bezug auf die Dateigrößen mächtig Holz vor der Hütte. Nehmen Sie nur ein RGB-Bild (gehen wir einmal von TIFF aus) mit den durchaus nicht üppigen Maßen von 10×15 und einer Auflösung von 72 dpi. Wissen Sie, wie groß das ist? Ganze 360 KB. Viel zu groß für eine gut funktionierende Webseite. Denken Sie immer daran: »Sie« nehmen lange Wartezeiten in Kauf, wenn Sie Ihren Internetauftritt zum ersten Mal im Netz ansehen möchten. Schließlich geben sich Spannung, Zufriedenheit, Stolz und frohe Erwartung in solchen Momenten die Klinke in die Hand. Der Haken: »Nur« Sie nehmen das in Kauf! Ihre Besucher wollen etwas sehen. Also müssen Sie schnell sein. Machen Sie es Ihren Besuchern recht, und präsentieren Sie schnelle und dennoch qualitativ hochwertige Internetauftritte.

Die richtige Auflösung einstellen
Zuerst die gute Nachricht: Sie können sich von 150 oder gar 300 dpi, die Sie ja für auszudruckende Bilder benötigen, getrost verabschieden. Warum? Der Standardmonitor zeigt sowieso nur 72 dpi an. Also heißt der erste Schritt einer Bildumwandlung: Bringen Sie Ihre Fotos auf 72 dpi.

TIFF ist zwar ein leistungsstarkes Format, aber für das Internet undenkbar. Bei Bildern kommen meist JPEGs zum Einsatz. JPEG (benannt nach: Joint Photographic Expert Group) rechnet die Dateien drastisch herunter.

Doch jetzt die schlechte Nachricht: Das Herunterrechnen von Bildern ist mit Qualitätseinbußen verbunden! Welch schlimmes Wort. »Qualitätseinbußen? Niemals!«, werden Sie geneigt sein zu sagen. Doch! Hinnehmbare Qualitätseinbußen. Sie werden sehen ...

12.6 Für Web speichern

Wir werden nun (in zügigem Tempo) ein Bild für das Web herunterrechnen. Die einzelnen Funktionen werden anschließend noch genauer angesprochen.

12 Bilder ausgeben

◢ Schritt für Schritt: Bilder webtauglich machen

Starten Sie den Editor und öffnen Sie die Datei Blume.tif.

1. Bildgröße feststellen

Wählen Sie BILD • SKALIEREN • BILDGRÖSSE und lesen Sie im Frame PIXELMASSE ❶ die aktuelle Dateigröße ab. Das Bild hat 5,32 MB. Lesen Sie nun die Pixelmaße für die BREITE und HÖHE ❷ ab. Sollten dort andere Maßeinheiten (im Buchbeispiel Zentimeter) stehen, schalten Sie um auf PIXEL ❸. Danach sollte ein Wert von etwa 1200×1600 Px angezeigt werden. Das ist wichtig, weil Sie gleich feststellen werden, dass sich dieses Maß ändert.

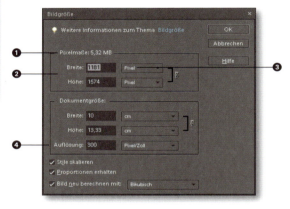

2. Bildgröße ändern

Kontrollieren Sie zunächst, ob vor BILD NEU BERECHNEN MIT ein Häkchen gesetzt ist. Das muss sein, damit der nächste Schritt funktioniert. Klicken Sie doppelt in das Eingabefeld für die Auflösung ❹, und überschreiben Sie den aktuellen Wert von 300 dpi. Setzen Sie **72** ein. Kontrollieren Sie abermals die Pixelmaße. Das Bild ist merklich kleiner geworden, obwohl die Dokumentgröße mit rund 10×13 cm konstant geblieben ist. Verlassen Sie den Dialog mit ⏎. Im Vergleich zum Original ist die Datei auch optisch mächtig geschrumpft.

3. Ansicht auf Originalgröße skalieren

Vergrößern Sie die Ansicht, indem Sie die Lupe in der Werkzeugleiste doppelklicken. Das sorgt dafür, dass Sie das Bild so groß zu sehen bekommen, wie es auch auf einer Webseite dargestellt würde. Diese Größe ist wohl durchaus in Ordnung für die Präsentation im Netz.

4. Für Web speichern

Nun soll die Datei in ein webtaugliches Format gewandelt werden, wozu sich prinzipiell JPEG oder GIF eignen würde. Während der Tas-

12.6 Für Web speichern

taturkürzelverweigerer DATEI • FÜR WEB SPEICHERN wählt, benutzt der Finger-Akrobat [Strg]+[Alt]+[⇧]+[S].

Ein mächtiges Dialogfenster erwartet Ihre Befehle. Stellen Sie im Frame VORGABE • JPEG MITTEL ❶ ein.

5. JPEG einstellen

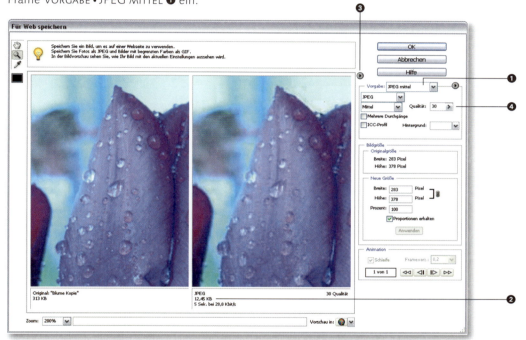

Im Hauptfenster sehen Sie die Datei zweimal, links das Original, rechts das Duplikat. Aber werfen Sie doch einmal einen Blick auf die Bereiche unterhalb. Dort stehen die jeweils relevanten Dateigrößen. Unser JPEG-Bild hätte nun weniger als 12,5 Kilobyte ❷, und das Laden des Bildes mit einem total veralteten 28,8 Kbit-Zeitlupen-Modem würde gerade einmal schlappe fünf Sekunden dauern. Das ist doch was, oder?

Gar nicht auszudenken, wie schnell das erst mit DSL ginge. Über das Flyout-Menü oben rechts neben der JPEG-Vorschau ❸ lässt sich die Anzeige übrigens umschalten. Am Bild selbst ändert sich dadurch gar nichts. Lediglich die Berechnungsgrundlage wurde geändert. Davon können Sie gern Gebrauch machen, wenn Sie wissen, dass Modem-User Ihre Seite definitiv nicht mehr besuchen. Aber wer weiß das schon? Falls Sie näher heranzoomen möchten, um die Qualität

6. Dateigröße prüfen

besser beurteilen zu können, drücken Sie [Z] und klicken auf eine der Vorschauen.

Die Qualität lässt sich übrigens stufenlos einstellen und somit auch noch verbessern. Dazu steht ein Regler bereit, der über die kleine Dreieck-Schaltfläche ❹ zugänglich wird. Im Frame NEUE GRÖSSE lässt sich das Bild noch skalieren.

Ende Wenn Sie zufrieden mit dem Ergebnis sind, drücken Sie [↵] oder klicken auf OK. Legen Sie im folgenden Dialog einen Speicherort fest.

Dateiformate für das World Wide Web

Öffnen Sie noch einmal die Dialogbox FÜR WEB SPEICHERN. Den Spagatgriff kennen Sie ja nun schon. Wenn Sie im Vorgabeframe die oberste Combobox öffnen, finden Sie vier unterschiedliche Formate vor:

- GIF – eignet sich vor allem für Grafiken, also gezeichnete Flächen ohne Verläufe. Darüber hinaus unterstützt GIF Transparenzen.
- JPEG – ist das beste Format für Bilder. Es werden allerdings keine Transparenzen unterstützt.
- PNG 8 – ist gleichwertiger Ersatz für GIF.
- PNG 24 – ist vergleichbar mit JPEG.

Im Vergleich zwischen JPEG und GIF bleibt festzustellen, dass die beiden Komprimierungsarten in ihren Wirkungsweisen sehr unterschiedlich sind. Betrachten Sie dazu doch einmal die folgende Abbildung.

▲ **Abbildung 12.10**
Die voreingestellten Formate für das Web

Abbildung 12.11 ▶
Das Original (links) und im Vergleich dazu die JPEG-Kompression (rechts oben) sowie die GIF-Kompression (rechts unten)

Es ist gut zu sehen, dass beide Verfahren nicht verlustfrei sind. Dennoch kann von einem »Foto« unter GIF schon fast keine Rede mehr sein – ganz zu schweigen von der Tatsache, dass GIF in diesem Fall auch noch eine größere Datei erzeugen würde als JPEG. Bei Grafiken und Transparenzen überzeugt allerdings das GIF-Format.

◄ **Abbildung 12.12**
Hier bestimmen Farbflächen das Bild. Daher ist die GIF-Kompression optimal.

Mehrere Durchgänge
Im Dialog Für Web speichern findet sich eine Funktion mit Namen Mehrere Durchgänge. Bilddateien werden durch diese Option zwar geringfügig größer, haben jedoch einen entscheidenden Vorteil: Das Bild wird in mehreren Abschnitten geladen. So sieht der Besucher Ihrer Homepage bereits während des Ladevorgangs erste Ergebnisse. Die Ladezeiten werden so kurzweiliger.

Wichtiger Hinweis
Bitte beachten Sie, dass im folgenden Workshop die Beispieldateien der Buch-DVD verwendet werden. Dies dient jedoch nur zu Ansichts- und Übungszwecken. Verlag und Autor weisen noch einmal darauf hin, dass eine Veröffentlichung der Bilder im Netz ausdrücklich nicht gestattet ist.

12.7 Onlinegalerie erstellen

Sie möchten Ihre Bilder der Öffentlichkeit präsentieren? Dann empfiehlt sich natürlich die Fotogalerie. Die Anwendung stellt zu diesem Zweck ansprechende Präsentationsalternativen zur Verfügung.

Schritt für Schritt: Eine Webgalerie erstellen

1. Bilder vorselektieren

Öffnen Sie den Organizer und markieren Sie, während Sie [Strg] gedrückt halten, alle Bilder, die Sie in die Fotogalerie aufnehmen wollen. Im Beispiel verwenden wir alle hochformatigen Porträt-Fotos aus den Beispieldateien.

12 Bilder ausgeben

2. **Fotogalerie starten** Klicken Sie oben rechts auf ERSTELLEN. Gleich unterhalb müssen Sie dann den Button ONLINEGALERIE aktivieren, worauf sämtliche ausgewählten Fotos als Miniaturen angezeigt werden.

3. **Optional: Selektion verändern** Danach könnten Sie übrigens noch weitere Bilder hinzufügen, indem Sie die Fotos aus der Mitte des Organizers in den Miniaturbereich (Elemente) ziehen. Bereits ausgesuchte Fotos, die Sie doch lieber nicht verwenden wollen, markieren Sie und klicken anschließend auf das kleine Minus-Symbol oben rechts. Wenn alle Arbeiten in Bezug auf die Selektion erledigt sind, klicken Sie unten rechts auf WEITER.

4. **Kategorie und Vorlage wählen** Nun können Sie bestimmen, welcher Art Ihre Galerie entsprechen soll. Im Beispiel entscheiden wir uns für INTERAKTIV.

332

Danach gilt es, gleich unterhalb eine der Vorlagen per Mausklick auszuwählen. Unterhalb der Vorlagen erscheinen übrigens neben den Bezeichnungen auch gleich einige Infos zur jeweiligen Vorlage. Stellen Sie für dieses Beispiel doch einmal SPIEGELUNG ein, bevor Sie mit einem erneuten Klick auf WEITER bestätigen.

5. Galerie anpassen

Prinzipiell war es das schon. Allerdings können Sie der Galerie jetzt noch einen TITEL ❶ (das ist nicht der gespeicherte Name, sondern die Bezeichnung, die innerhalb der Galerie sichtbar wird), einen UNTERTITEL oder eine E-MAIL-ADRESSE hinzufügen. Auch die HINTERGRUNDFARBE ließe sich noch durch einen Klick auf das kleine Farbfeld ❷ ändern. Danach könnten Sie gleich auf WEITER klicken. Wenn Sie sich jedoch vorab ein Bild von den Änderungen machen wollen, sollten Sie zunächst den Button AKTUALISIEREN ❸ wählen. Dann nämlich wird das Erscheinungsbild Ihrer Galerie angepasst, ohne dass Sie den aktuellen Dialog verlassen müssen. Das bedeutet aber für diesen Arbeitsgang auch, dass sämtliche Änderungen, die Sie an der Galerie vornehmen, immer erst »nach« einem Klick auf AKTUALISIEREN sichtbar werden.

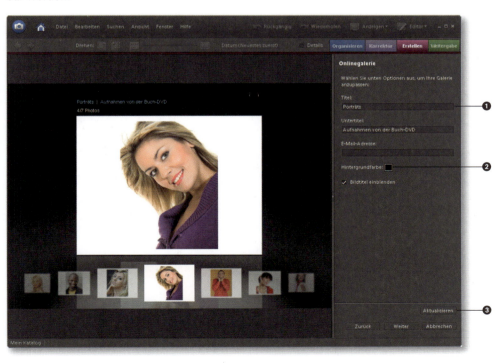

6. Art der Weitergabe wählen

Nachdem Sie der Galerie einen Speichernamen sowie den Speicherort zugewiesen haben, müssen Sie abermals auf WEITER klicken. Dadurch wird die Galerie gespeichert und ist jetzt Teil des Organizers. Allerdings ist das gute Stück noch nicht im Netz. Das müssen Sie jetzt noch manuell erledigen, wobei entscheidend ist, für welchen Eintrag Sie sich unterhalb von DIESE GALERIE WEITERGEBEN AN entscheiden. Sie können PHOTOSHOP SHOWCASE wählen, wenn Sie eine Veröffentlichung in der Community www.photoshopshowcase.com wünschen. Ist Ihr Ziel die Verewigung auf einer CD oder DVD, müssen Sie den untersten Eintrag markieren. Häufig werden Sie jedoch Ihre eigene Webseite mit der Galerie bestücken wollen. Damit Sie diese gleich auf Ihren Server übertragen können, müssen Sie EIGENER FTP einstellen und im Folgedialog Ihre Zugangsdaten eingeben, ehe Sie die Schaltfläche HOCHLADEN betätigen.

7. Datei erneut bearbeiten

Wählen Sie den Button FERTIG aus. Danach kehren Sie automatisch zur Standardansicht des Organizers zurück, und die Galerie ist markiert. Wann immer Sie Änderungen an dieser Galerie vornehmen wollen, reicht es, wenn Sie die Miniatur doppelklicken.

8. Optional: Galerie auf andere Art weitergeben

Für alle, die es bevorzugen, die Dateien der Galerie lieber manuell mit der eigenen FTP-Software hochzuladen, oder alles auf eigene Faust weiterzugeben, muss die Galerie zunächst einmal auf dem Rechner ausfindig gemacht werden. Entscheidend ist hier, welchen Speicherort Sie zuvor festgelegt hatten. An diesem Platz werden Sie einen Ordner vorfinden, der sämtliche Dateien beinhaltet. Darin befindet sich unter anderem auch eine Datei mit dem Namen **index.html**. Wenn Sie diese auswählen, können Sie die gesamte Diashow auch außerhalb von Photoshop Elements starten. Beachten Sie aber: Zur Ansicht von HTML-Dateien reicht zwar grundsätzlich ein Browser, wie z. B. der Internet Explorer, oder Firefox, aber zur Darstellung der Flash-Galerie muss auch der Adobe Flash Player auf dem Zielrechner installiert sein. Und den gibt es unter *www.adobe.com* zum kostenlosen Download.

Nur der Vollständigkeit halber sei auch noch erwähnt, dass natürlich alle Dateien innerhalb des besagten Ordners dringend erforderlich sind, damit die Galerie funktioniert. Es reicht nicht aus, nur die HTML-Datei weiterzugeben.

Ende

12.8 Diashow

Wie wäre es mit einer zeitgemäßen Diashow für Ihre Bilder? Hier steht der Kreativität letztendlich gar nichts mehr im Wege. Dazu müssen Sie allerdings noch die vor Ihnen liegenden Workshops bewältigen. Aber es lohnt sich ...

Schritt für Schritt: Eine eigene Diashow erstellen I (Vorbereitungen)

Markieren Sie (während Sie `Strg` gedrückt halten) sämtliche Bilder innerhalb des Organizers, die Sie in die Diashow aufnehmen wollen. Wählen Sie danach ERSTELLEN oben rechts und entscheiden Sie sich unterhalb für den Listeneintrag DIASHOW.

1. Vorbereitung zur Diashow

Bereits hier können Sie die typischen Parameter setzen, die in Ihrer fertigen Diashow Verwendun finden sollen. Bestimmen Sie mit STATISCHE DAUER, wie lange jedes Bild (hier übrigens »Folie« genannt)

2. Foliendauer bestimmen

stehen bleiben soll. Legen Sie darüber hinaus eine Art der Überblendung zwischen zwei Folien fest (ÜBERGANG) und deren Dauer. Bestätigen Sie noch nicht mit OK.

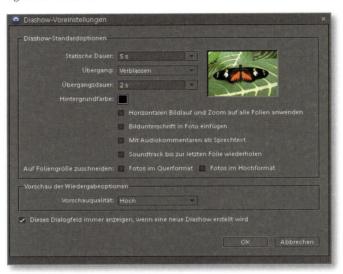

Einstellungen bleiben editierbar
Falls Sie im weiteren Verlauf Ihrer Arbeiten an der Diashow Änderungen an den getroffenen Voreinstellungen vornehmen wollen, erhalten Sie jederzeit Zugriff auf den nebenstehenden Dialog, indem Sie BEARBEITEN • DIASHOW-VOREINSTELLUNGEN wählen.

3. Weitere Parameter vergeben

Wenn Sie sich FÜR HORIZONTALEN BILDLAUF UND ZOOM AUF ALLE FOLIEN ANWENDEN entscheiden, können Sie interessante Kamerafahrten realisieren. Setzen Sie deshalb jetzt dort ein Häkchen, sofern Sie diese Funktion nutzen wollen ■. Mit AUDIOKOMMENTAREN ALS SPRECHTEXT bedeutet: Falls Sie Ihre Bilder im Organizer mit Audio-Kommentaren versehen haben, werden diese abgespielt, sobald die Folie erscheint. Falls die Musik, die Sie Ihrer Diashow hinzufügen möchten, kürzer ist als die Gesamtdauer der Bildpräsentation, wird der Sound einfach erneut abgespielt – sofern Sie SOUNDTRACK BIS ZUR LETZTEN FOLIE WIEDERHOLEN angewählt lassen.

4. Bilder auf Foliengröße zuschneiden

In den seltensten Fällen sind Ihre Bilder in dem Format, in dem es später auch angezeigt werden soll. So werden hochformatige Bilder beispielsweise links und rechts mit einem schwarzen Rand versehen. Falls Sie das nicht wollen, wählen Sie im Bereich AUF FOLIENGRÖSSE ZUSCHNEIDEN die Formate an, die Sie einer Zuschneidung unterwerfen wollen.

5. Vorschauqualität einstellen

Mit VORSCHAUQUALITÄT wird lediglich bestimmt, in welcher Güte Ihnen die Bilder während der weiteren Erstellung der Diashow ange-

12.7 Diashow

zeigt werden. Wenn Sie umfangreiche Diashows planen, sollten Sie hier nicht zu hoch gehen. Mit der finalen Bildqualität hat diese Einstellung im Übrigen nichts zu tun. Zum Schluss bestätigen Sie mit OK.

Ende

Schritt für Schritt: Eine eigene Diashow erstellen II (Medien integrieren)

Nach Setzen dieser Parameter lässt sich die eigentliche Diashow erzeugen. Sie könnten jetzt noch weitere Bilder hinzufügen. Darüber hinaus lassen sich aber auch Sound-Dateien integrieren, indem Sie zunächst auf MEDIEN HINZUFÜGEN ❶ gehen.

1. Medien hinzufügen

Um Sounds hinzuzufügen, können Sie ebenfalls MEDIEN HINZUFÜGEN wählen und lassen dann den Eintrag AUDIO AUS ORDNER folgen. Allerdings reicht auch ein Klick auf die Fläche unterhalb der Bildminiaturen ❷. Diese Aneinanderreihung von Miniaturen ist übrigens die sogenannte »Timeline«.

337

Beim Hinzufügen der Bilder über den Listeneintrag FOTOS UND VIDEOS AUS ORGANIZER präsentiert die Anwendung den Dialog FOTOS HINZUFÜGEN. Markieren Sie alle Dateien, die Sie in die Diashow aufnehmen möchten, indem Sie das vorangestellte Häkchen aktivieren. Wenn Sie danach auf FERTIG klicken, wird der Dialog geschlossen. Falls Sie aber noch weitere Bilder aus anderen Verzeichnissen hinzufügen möchten, wählen Sie AUSGEWÄHLTE FOTOS HINZUFÜGEN.

Speicherort wiederfinden

Falls Sie Ihre Arbeiten unterbrechen, um zu einem späteren Zeitpunkt daran weiterarbeiten zu können: Die Diashow wird nach dem Speichern zum einzelnen Element Ihres Organizers. Doppelklicken Sie die Miniatur, um Ihre Diashow wieder zugänglich zu machen.

2. Diashow speichern

Spätestens jetzt sollten Sie Ihre Diashow zum ersten Mal speichern. Klicken Sie dazu auf die gleichnamige Schaltfläche in der Symbolleiste oder entscheiden Sie sich für DATEI • SPEICHERN UNTER. Vergeben Sie einen aussagekräftigen Namen und lassen Sie einen Klick auf SPEICHERN folgen. Denken Sie bitte auch daran, Ihr Meisterwerk von Zeit zu Zeit erneut zu sichern. Als Tasten-Profi machen Sie das logischerweise mit [Strg]+[S] und würden deshalb niemals den Button PROJEKT SPEICHERN in der Symbolleiste verwenden, oder irre ich mich?

3. Folien sortieren

Möchten Sie die Bilder sortieren, dann können Sie das problemlos per Drag &Drop in der Timeline machen. Ziehen Sie eine Folie einfach zwischen zwei andere und lassen Sie sie an der gewünschten Stelle fallen. Die nachfolgenden machen artig Platz.

12.7 Diashow

Alternativ klicken Sie auf den Button SCHNELL NEU ORDNEN links über der Timeline und können auch dort die Folien nach Belieben umsortieren. Arbeiten Sie mit vielen Folien, ist diese Ansicht die bessere, da Sie hier wesentlich mehr Übersicht haben als in der Timeline. Wenn Sie fertig sind, benutzen Sie die Schaltfläche ZURÜCK. *Ende*

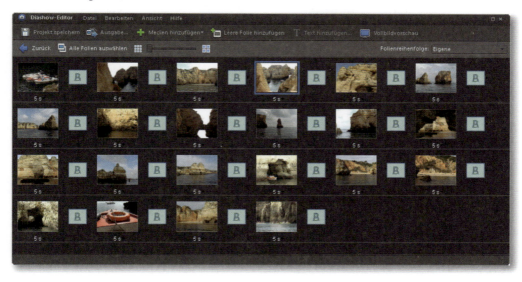

Schritt für Schritt: Eine eigene Diashow erstellen III (Überblendungen bearbeiten)

Falls Sie die vorab eingestellten Blenden noch bearbeiten möchten, markieren Sie eines der kleinen Rechtecke, die sich innerhalb der Timeline zwischen den Bildern befinden ❶, und entscheiden Sie sich im Flyout-Menü ÜBERGANG ❷ für einen anderen Effekt. Im Übrigen funktioniert das auch, wenn Sie das kleine Dreieck ❸ neben der Blende in der Bildleiste anklicken.

Bitte machen Sie dabei aber nicht den typischen Einsteigerfehler, die Überblendungen inflationär zu verheizen. Denken Sie immer da-

1. Überblendungsart ändern

ran: Sie zeigen Ihre Fotos – nicht die Anzahl Ihrer Blenden! Weniger ist auch hier mehr!

2. Alle Überblendungen ändern

Vielleicht entscheiden Sie sich im weiteren Verlauf Ihrer Arbeiten dafür, doch alle Blenden zu ändern. Dann käme es natürlich einer Strafarbeit gleich, diese alle manuell öffnen und das geänderte Format aus der Liste wählen zu müssen. Erledigen Sie das in einem Arbeitsgang, indem Sie auf eins der schwarzen Dreieck-Symbole klicken und die Blende zunächst einstellen. Danach klicken Sie erneut auf das Dreieck und stellen AUF ALLE ANWENDEN ein.

3. Foliendauer ändern

Definieren Sie anschließend, falls gewünscht, eine andere Foliendauer, indem Sie die Zeitangabe unterhalb der Blendenminiatur ❹ markieren. Dort steht eine vordefinierte Liste zur Verfügung, die Bildlängen zwischen 3 und 7 Sekunden zulässt. Wollen Sie hingegen eine andere Länge, stellen Sie dies über EIGENE ein. Legen Sie die Zeit mit maximal einer Nachkommastelle fest. Andernfalls wird gerundet. Öffnen Sie das gleiche Menü erneut und stellen Sie ALLE FOLIEN AUF [X SEKUNDEN] EINSTELLEN ein.

Ende

Schritt für Schritt: Eine eigene Diashow erstellen IV (Sound bearbeiten)

Was ist ein Bild ohne Musik? Betätigen Sie, sofern noch nicht geschehen, die Fläche unterhalb der Folienminiaturen, um nach einer Sounddatei zu suchen, welche die Präsentation untermalen soll.

1. Sound einbinden

Nachdem alle Bilder eingebunden sind, können Folien und Sound angeglichen werden. Der Button, der diese wundersame Errungenschaft der Technik zugänglich macht, heißt FOLIEN AN AUDIO ANPASSEN.

2. Foliendauer an Audio anpassen

Wenn Sie allerdings denken, dadurch würden Übergänge im Rhythmus der Musik erfolgen, muss ich Sie leider enttäuschen. Über diesen Button wird nämlich nur die Anzeigedauer der einzelnen Folien gleichmäßig verändert, sodass Musik und Präsentationslänge zueinander passen. Wenn Sie also, sagen wir einmal, sechs Bilder an eine Wagneroper angleichen möchten, werden die Folien jeweils so etwa eine halbe Stunde stehenbleiben.

Aber auch der umgekehrte Weg ist möglich. Sie können den Sound auch verkürzen, indem Sie seine Länge im Bereich EIGENSCHAFTEN individuell festlegen. Ziehen Sie einfach die kleinen Symbole ANFANG und/oder ENDE nach innen, um nur einen bestimmten Bereich des Musikstückes abspielen zu lassen. Dabei sollten Sie aber zwei Werte im Auge behalten: Erstens die Gesamtlänge der Diashow und zweitens die Länge des Sounds ❶. Diese sollen ja meist zusammenpassen.

3. Audio an Foliendauer anpassen

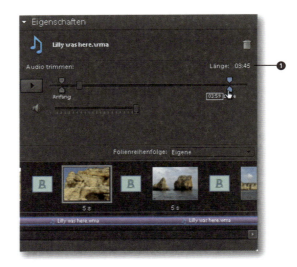

4. Text einsprechen — Ist Ihnen danach, einzelne Folien zu kommentieren? Nichts leichter als das: Wählen Sie auf der Palette Extras (oberhalb der Eigenschaften) den Button Sprechtext an. Das ist dieses kleine, lustige Mikro.

Navigation durch die Folien

Sie ahnen es bestimmt ... Jetzt kommen wieder die geliebten Tastenbefehle an die Reihe. Aber wenn Sie bequem von einer Folie zur nächsten bzw. vorhergehenden springen möchten, machen Sie das ultra-cool mit ← und →. Die Tastatur ist etwas Wunderbares, finden Sie nicht auch? Sollten Sie jedoch über ein Scrollrad verfügen, können Sie auch damit zwischen den Folien hin- und herspringen.

Die Aufnahme beginnt, nachdem Sie den Record-Button gedrückt haben. Achten Sie aber stets darauf, dass zuvor die richtige Folie innerhalb der Timeline markiert worden ist ■.

Ende

Schritt für Schritt: Eine eigene Diashow erstellen V (Cliparts und Text hinzufügen)

Auf der Registerkarte EXTRAS werden noch weitere Möglichkeiten zur Verfügung gestellt. Dort können Sie sich aus einem Fundus an Cliparts, Rahmen und Ähnlichem bedienen. Aktivieren Sie dazu den Button GRAFIKEN (den linken der drei Buttons). Weisen Sie die Objekte zu, indem Sie sie auf den Vorschaumonitor ziehen und bei Bedarf an den quadratischen Anfassern des Rahmens skalieren (mit ⇧ gelingt das sogar proportional). Durch Markieren und einen Druck auf Entf werden Sie die Dinger sogar wieder los – nur für den Fall, dass die Ente im Atlantik dann doch etwas zu kitschig herüberkommt.

1. Extras hinzufügen

Wenn Sie die Folien beschriften wollen, aktivieren Sie zunächst den mittleren Button, TEXT. Klicken Sie einen der Buchstaben doppelt. Danach lässt sich jene Botschaft eingeben, die in Ihrer Diashow auf gar keinen Fall fehlen darf. Und über die Eigenschaften auf der rechten Seite des Diashow-Editors lassen sich die Textoptionen anschließend noch anpassen.

2. Text hinzufügen

Ende

Schritt für Schritt: Eine eigene Diashow erstellen VI (Kamerafahrten erzeugen)

Dann wären da noch die Kamerafahrten, die sich ebenfalls prima verändern lassen. Nein, ich habe das nicht vergessen und bringe es jetzt noch fast zum Schluss unter. Vielmehr sollten Sie diesen Schritt wirklich zum Ende hin machen, wenn Sie abschätzen können, wie Ihre Diashow wirkt. Und wenn Sie die Standardbewegungen bereits einmal begutachtet haben. Zu viel Bewegung tut nämlich auch einer Diashow nicht gut. Weniger ist ja mehr, wie Sie nur zu gut wissen.

1. Kamerafahrten verändern

Wenn Sie etwas ändern möchten, geht das so: Markieren Sie eine der Folien in der Timeline und widmen Sie sich den EIGENSCHAFTEN in der Liste rechts neben dem Vorschaumonitor. Schalten Sie HORIZONTALEN BILDLAUF UND ZOOM AKTIVIEREN ein. (Sollten Sie ganz zu Anfang bereits in den Voreinstellungen zur Diashow Entsprechendes veranlsst haben, ist die Funktion bereits aktiv.) Die beiden Miniaturen ANFANG und ENDE lassen sich per Mausklick anwählen. Auf dem Vorschaumonitor sehen Sie dann einen Rahmen (grün für Anfang, rot für Ende der Kamerafahrt), der ebenfalls an den Ecken skaliert werden kann – wie zuvor die ClipArts. Richten Sie damit den Bildausschnitt für Anfang und Ende der Bewegung ein. Den kompletten Rahmen verschieben Sie, indem Sie die Maus in die Begrenzung bringen und mit gedrückter Maustaste verschieben ■.

> **Kamerafahrt deaktivieren**
>
> Falls Sie sich nun doch dazu durchgerungen haben, keine Bewegungssimulation anzuwenden, deaktivieren Sie das Kontrollkästchen HORIZONTALEN BILDLAUF UND ZOOMEN AKTIVIEREN ❶.

Mit den drei mittleren Punkten schließlich wird der Endpunkt der Folie mit dem aktuellen Anfangspunkt synchronisiert ❷, der Anfangspunkt der Folie mit dem aktuellen Endpunkt synchronisiert ❸ und Anfangs- und Endpunkt miteinander vertauscht ❹.

2. Anfangs- und Endpunkte kopieren und vertauschen

Die Bewegungssimulation lässt sich bis ins Unermessliche ausdehnen. Markieren Sie DIESER FOLIE EINEN WEITEREN HORIZONTALEN/VERTIKALEN BILDLAUF UND ZOOM HINZUFÜGEN ❹ (was für ein Name für einen Button), um die Folie wiederholt in der Timeline anzuordnen. Praktischerweise ist der Endpunkt der alten Folie der Startpunkt der neuen, die sich danach weiter bearbeiten lässt. So wird das Ruckeln beim Übergang zwischen alter und neuer Folie gänzlich eliminiert.

3. Kamerafahrt erweitern

Ende

Schritt für Schritt: Eine eigene Diashow erstellen VII (Diashow ausgeben)

Mit den Buttons unterhalb der Bildvorschau lässt sich die Präsentation zur finalen Kontrolle abspielen. Oder möchten Sie lieber das Ganze im Vollbildmodus betrachten? Drücken Sie dazu einfach [F11] oder klicken in der Symbolleiste auf VOLLBILDVORSCHAU. Zum Verlassen der Vollbilddarstellung drücken Sie [Esc]. Drücken Sie noch einmal [Strg]+[S], um den aktuellen Stand Ihrer Diashow zu sichern.

1. Diashow kontrollieren

Was jetzt noch fehlt, ist die Ausgabe. Schließlich muss sie dem ungeduldig wartenden Publikum ja auch zur Ansicht gebracht werden. Ob Sie dazu DATEI • DIASHOW AUSGEBEN oder die Schaltfläche AUSGABE innerhalb der Symbolleiste benutzen, ist dabei gänzlich unerheblich. Sie werden sich hier für FILMDATEI (.WMV) entscheiden, wenn Sie das Werk später am PC oder TV ansehen wollen. (WMV steht übrigens für »Windows Media Video«.)

2. Diashow für die Ausgabe vorbereiten

Wenn Sie auf Kamerafahrten und dergleichen verzichten können und die Diashow vielleicht sogar per Internet verschicken wollen, entscheiden Sie sich für das platzsparende Format PDF-DATEI (.PDF). Hier ist wichtig zu wissen, dass die Diashow mit den geplanten Funktionen nur an Rechnern angesehen werden kann, auf denen der kostenlose Adobe Reader (www.adobe.com) installiert ist. Verwenden Sie eine andere PDF-Software, könnte der Bedienkomfort weiter eingeschränkt sein.

12 Bilder ausgeben

3. Foliengröße einstellen

Jetzt müssen Sie sich entscheiden, was mit dem guten Stück geschehen soll. Das legen Sie links im grau schattierten Feld fest. ALS DATEI SPEICHERN sorgt dafür, dass die Ausgabe für den PC vorbereitet wird. Wenn Sie eine VCD oder DVD brennen möchten, entscheiden Sie sich für den zweiten Eintrag. In jedem Fall müssen Sie aber, sofern Sie eine WMV-Filmdatei erzeugen wollen, jetzt noch für die richtige Foliengröße sorgen. Wenn Sie den Film später am heimischen TV ausgeben wollen, müssen Sie DVD-PAL einstellen. Das ist der europäische Standard. Erbtante Paula in Massachusetts bekommt aber eine Ausgabe in DVD-NTSC, weil sie die Scheibe andernfalls dort nicht abspielen kann. Legen Sie anschließend den Speicherort fest ■.

> **XP Media Center 2005 verwenden**
>
> Falls Ihr Rechner mit dieser Erweiterung ausgestattet ist, kann die Diashow sogar an einem am PC angeschlossenen TV ausgegeben werden. In diesem Fall entscheiden Sie sich für den Eintrag AN FERNSEHGERÄT SENDEN.

4. Andere Auflösung einstellen

Wie gesagt: Für die Wiedergabe am TV muss DVD-PAL mit einer Auflösung von 720×576 Pixel eingestellt werden. Wenn Sie jedoch den Film auf Ihre Website bringen wollen, sollten Sie hier ein geringer auflösendes Format wählen, damit die Datenraten nicht zu hoch werden. WEB 320×240 ist hier in Ordnung und sorgt für eine Bitrate von 300 Kbit/s – für das World Wide Web ein guter Wert. Die Einzelheiten zu diesen Einstellungen können Sie übrigens anzeigen lassen, indem Sie DETAILS markieren. Und, falls Sie eine Datei zur Ausgabe auf dem Rechner benötigen, wählen Sie HOCH 800×600. Sie sehen: Falls Sie die Diashow für unterschiedliche Medien vorgesehen haben, müssen Sie auch mehrere unterschiedliche Formate vorsehen. Ein durchgängiges Format für alles gibt es nicht.

5. Diashow als WMV speichern

Wenn Sie sich für die Erzeugung einer Filmdatei (.wmv) entschieden haben, wird diese nun berechnet. Je nach Umfang und Rechnerleistung müssen Sie jetzt mehr oder weniger Geduld aufbringen.

12.7 Diashow

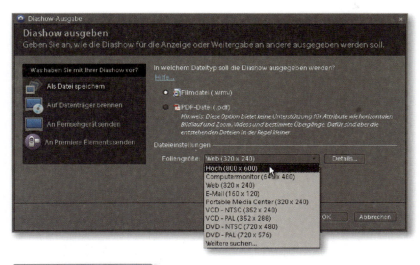

Ende

Datei für Premiere Elements vorbereiten
Erstellen Sie eine DVD mit interaktiven Menüs, sofern Sie in Besitz des Bundles Photoshop Elements 6 und Premiere Elements 4 sind. Bedenken Sie aber, dass Sie zunächst auf die zuvor beschriebene Weise Diashows erstellen und speichern müssen.

Zu guter Letzt: Abspann hinzufügen
Sie können Ihrer Diashow auch sogenannte Schwarzfolien hinzufügen. Diese eignen sich besonders für den Vor- oder Abspann. Um einen statischen Abspann zu erzeugen, markieren Sie zunächst die letzte Folie und klicken dann in der Symbolleiste auf LEERE FOLIE HINZUFÜGEN. Achten Sie auf die Timeline. Das Schwarzbild wird als letzte Folie integriert. Geben Sie Text ein wie zuvor beschrieben. Benutzen Sie die Zeilenschaltung, indem Sie am Zeilenende ⏎ drücken.

Richten Sie den Text noch aus, und erhöhen Sie ggf. die Dauer dieser Folie. Maßstab: Das Bild sollte so lange stehen bleiben, bis Sie den Text zweimal bequem gelesen haben. Und danach? Schalten Sie den Computer doch einmal aus, und lassen Sie sich von den jubelnden Zuschauern gebührend feiern. Denn Sie haben es sich wirklich verdient!

Abbildung 12.13 ▶
Erzeugen Sie einen mehrzeiligen Abspann.

13 Die DVD zum Buch

Die DVD zum Buch ist eine wahre Fundgrube, die Ihnen viel Freude bei der Arbeit mit Ihren Digitalfotos bereiten wird. Sie setzt sich aus folgenden Verzeichnissen zusammen:
1. Bilder
2. Testversion Elements 6
3. Video-Training

Damit Sie einen Überblick über die einzelnen Ordner bekommen, möchte ich Ihnen die Inhalte kurz vorstellen.

13.1 Bilder

Das Verzeichnis enthält alle im Buch genannten Beispieldateien im Format TIF oder JPEG. Auf der obersten Ebene finden Sie die Ausgangsbilder. In den einzelnen Workshops verweise ich auf die jeweils verwendete Datei. Dann finden Sie noch einen Ordner Ergebnisse, wo die finalen Fassungen der Beispieldateien zu finden sind. Diese können Sie dann mit Ihren eigenen Ergebnissen vergleichen.

Im Ordner Panorama liegen fünf Dateien, die Sie für den Panorama-Workshop benötigen.

13.2 Testversion Photoshop Elements 6

Das Verzeichnis beherbergt eine 30-Tage-Vollversion von Photoshop Elements 6 in deutscher Sprache. Diese wird von Adobe allerdings nur für Windows geliefert, eine Demoversion für den Mac wird nicht angeboten. Um das Programm zu installieren, klicken Sie die .exe-Datei doppelt.

13.3 Video-Training

In diesem Ordner finden Sie ein attraktives Special: Aus unserem Video-Training »Adobe Photoshop Elements 6«, ebenfalls von Robert Klaßen, Galileo Design, ISBN 978-3-8362-1163-5, haben wir für Sie relevante Lehrfilme ausgekoppelt. So haben Sie die Möglichkeit, dieses neue Lernmedium kennen zu lernen und gleichzeitig Ihr Wissen um Photoshop CS2 zu vertiefen. Sie schauen dem

Trainer bei der Arbeit zu und verstehen intuitiv, wie man die erklärten Funktionen anwendet.

Training starten
Um das Training zu starten, gehen Sie auf der Buch-DVD in den Ordner Video-Lektionen und klicken dort auf der obersten Ebenen als Windows-Benutzer die Datei »Start-PC.exe« an (als Mac-Anwender die Datei »Start-Mac«). Alle anderen Dateien können Sie ignorieren.

Das Video-Training startet und Sie finden sich auf der Oberfläche wieder.

Inhalt des Trainings
Bitte klicken Sie im rechten Bereich auf einen Lektionen-Namen, und schon läuft die Video-Lektion los. Sie finden folgende Filme:

Kapitel 1: Fotos organisieren und bearbeiten
1.1 Offline-Dateien einbinden (6:53)
1.2 Ein neues Bild anlegen und speichern (9:34)
1.3 Arbeiten mit Photomerge (12:51)
1.4 Farben einsetzen (11:32)
1.5 Bewegungsunschärfe hinzufügen (11:11)
1.6 Hintergründe entfernen (11:42)

Sollten Sie **Probleme bei der Verwendung** des Video-Trainings haben, so finden Sie Hilfe unter *http://www.galileodesign.de/hilfe/Videotrainings_FAQ*.

Viel Spaß beim Lernen am Bildschirm!

Index

1:1 72
72 dpi 34
150 dpi 34, 318
220 dpi 35, 318
300 dpi 35, 318
1200 dpi 35

A

Abdunkeln 244, 250, 292
   Mit Füllmethoden 250
Abdunklung 259
Abwedeln 257, 259
Abwedler 261
Abzugsart 322, 325
   auswählen 322
Additives Farbsystem 204
Album 50
   bearbeiten 53
   erstellen 46
   Miniatur verändern 53
   neu 47
Albumgruppe 46
   erstellen 58
Alle Bilder anzeigen 50
Alle Ebenen 141
   drehen 177
   einbeziehen 141
Ankerpunkt 138
Ansicht
   optimieren 86, 180
   Raster 179
Arbeitsfläche 97, 169
   anpassen 176
   Ausdehnungsrichtung festlegen 170
   erweitern 168
   Größe ändern 164
   vergrößern 68
   verkleinern 68
Arbeitsflächenoptionen 176
Archivieren 58, 325
Auf Hintergrund reduzieren 169
Auf Hintergrundebene reduzieren 147
Aufhellen 242, 248, 257, 259, 265, 293
   Mit Füllmethoden 244
Auflösung 34, 42, 106
   ändern 319
   erhöhen 319, 320

für Ausdruck 318
für das Web 327
welche wählen? 34
Augen-Symbole 124
Augenbrauen
   kräftigen 299
Augenfarbe
   ändern 214
Ausblenden
   Werkzeuge und Paletten 103
Ausdrucke
   Anzahl 322
Ausgabe 317
Ausgerichtet 282
Ausrichten 174, 187
Ausschnitt
   wählen 80
Auswahl 143
   aufheben 93, 123, 147, 299
   aus der Mitte heraus erstellen 119
   einfarbiger Bereich 140
   erstellen 118
   erweitern 156
   glätten 122
   hinzufügen 121
   korrigieren 143, 145
   laden 155
   neu 121
   subtrahieren 121
   über Pfeiltasten verschieben 146
   umkehren 141
   verändern 146
   vergrößern 146
   verkleinern 146
Auswahlarten 122
Auswahlbereich
   entfernen 92, 147
   korrigieren 149
   mit Lasso 138
Auswahlellipse 118, 145
Auswahlfarben 119
Auswahlkante 92
Auswahlkombinationen 120
Auswahlkreis 145
Auswahlmaske
   korrigieren 143
Auswahlpinsel 141, 148
   Modus Auswahl 149
   Modus Maskieren 148
Auswahlrechteck 118

Auswahlwerkzeug 118, 144
Auszoomen 72

B

Bearbeitet am 42
Begradigen 174, 187
Begrenzungsrahmen
   einblenden 123
Beleuchtung 87
   in Camera Raw angleichen 312
   in Raw-Bildern korrigieren 308
   korrigieren 243
   Schnellkorrektur 75
Benachbart 141
Benennen 42
Bereichsaktionen 104
Bereichsreparatur-Pinsel 286, 289
Bewegungsunschärfe 275
   Filter 275
Bikubisch glatter 320
Bild
   bewerten 57
   drucken 318
   einzeln importieren 27
   für das Web 326
   gerade ausrichten 187
   in Schwarzweiß konvertieren 237
   mehrere importieren 27
   mit Vorschau 26
   neu berechnen mit 320
   schärfen 267
   überblenden 193
   vereinen 109
   vergrößern/verkleinern 322
Bildausschnitt
   drehen 82
   festlegen 78
   verschieben 68
Bildbereich 207
   klonen 280
   verändern 224
Bilddatei
   benennen 42
Bilddatei drucken
   Auflösung 34
Bildeigenschaften 41, 106
Bildfläche
   erhöhen 320
Bildgröße 106, 328
   ändern 164, 328

für viele Bilder gleich 159
  verändern 319
Bildmaterial 166
Bildpaket 322
Bildpaket drucken
  Organizer 322
Bildsammlung 325
Bildschirmfarben 204
Bildtitel 42
Bildverfremdungen 213
Bildvergrößerung 319
Blau
  erhöhen 77
Blaustich 228
Blitz
  Reflexionen 292
Buntstift 205

C

Camera Raw 306
CCD-Sensor 34
CD
  archivieren 58
Check-Box 18
CMYK 106
Container 103

D

Datei
  drucken 321
  erstellen 105
  neu 105
  öffnen 104
  speichern 107
Dateierweiterung 29
  bekannte 29
Dateiformate
  Web 330
Dateigröße prüfen 329
Dateiname 42
  einblenden 36
  suchen 61
Daten
  von CD in Organizer 59
Deckkraft 134
  reduzieren 110, 211
Der Auswahl hinzufügen 93, 140
Detail 57
Diashow 43, 44, 335

Abspann hinzufügen 347
als WMV speichern 346
Auflösung einstellen 346
ausgeben 345
Bildgröße festlegen 159
Cliparts hinzufügen 343
Folien kommentieren 342
Folien sortieren 338
Foliendauer 335
Kamerafahrt 344
  kontrollieren 345
Medien hinzufügen 337
Play-Button 44
Sound 341
Sound einbinden 341
speichern 338
Text hinzufügen 343
Überblendungen bearbeiten 339
vorbereiten 335
DNG-Konverter 308
Dpi 34
Drag & Drop 18
Drehen 74
Drucken 318, 321
  im Editor 324
  im Organizer 321
Druckfarben 204
Druckformat und Optionen auswählen 322
Druckvorstufe
  Auflösung 35
Dunkle Bilder
  aufhellen 242

E

Ebene 118, 123
  anordnen 131
  aus Hintergrund 146
  ausgewählt 126
  automatisch wählen 123
  duplizieren 245
  erstellen 126
  farbig hinterlegt 126
  gruppieren 254, 295
  löschen 133
  maskieren 273
  neu 124
  schützen 134
  verbinden 300
  verknüpfen 133

Verknüpfung lösen 133
  verschieben 131
Ebenen-Palette 124
Ebenenstil 113
Editor 97
Effektstil 166
Einstellungsebene
  Farbton/Sättigung 219
  Volltonfarbe 295
Einzelbildanzeige
  im Organizer 38
Einzoomen 72
Ellipse 118
Entfärben 236, 237
Erstellt am 42
Erweitert-Menü 102

F

fx-Symbol 113
Fältchen
  entfernen 290
Farbe 77
  am Bildschirm 204
  aufwerten 135
  ausdrucken 204
  entfernen 236
  ersetzen 224
  in Camera Raw angleichen 312
  kräftiger 77
  löschen rückgängig 204
  verändern 120
Färben 233
  Bildteile 90
Farbfeld 202
  anlegen 203
  Ansicht 202
  Anzeige 202
  löschen 204
  öffnen 202
Farbkanal 204
Farbkorrektur 206
Farbkurven
  einstellen 248
Farbsätze 203
Farbstich
  entfernen 228
Farbtemperatur 89
Farbton 77, 213
Farbton/Sättigung 212, 219
  anpassen 218

Farbvariationen 206
Farbveränderung 77
Farbwähler 120
Fernglas-Symbole 58
Feste Größe 122
Festes Seitenverhältnis 122
Flyout-Menü 18
   Werkzeuge 99
Folien an Audio anpassen 341
Format
   für das Web 327
Foto
   anzeigen 25
   anzeigen und ordnen 24
   auf Festplatte 60
   aus Album entfernen 50
   aus Unterordnern laden 27
   bearbeiten und verbessern 96
   drehen 38
   farblich anpassen 206
   filtern 58
   Größe 41
   kennzeichnen 46
   laden 25, 27, 31
   mitgeliefert 104
   ordnen 46
   schief 174
   suchen 61
   thematisch anzeigen 49
   vereinen 167
   vergleichen 44
   vergrößern, Auflösung 35
Foto-Downloader 30
   öffnet nicht 31
Fotoansicht 45
Fotobereich 103
Fotobrowser 23, 38
   Ansichtsoptionen 38
Fotofilterfarben 203
Fotogalerie 331
Fotopapier-Ausdruck
   Auflösung 35
Fotostapel 38
Frame 18
Freihand-Lasso 138
Freistellen 78, 80, 150, 158, 159, 185
   auf Originalgrösse 177
   Größe für alle Fotos 159
   mehrere Bilder auf gleiche Größe 159
   mit Zauberstab 148
   ohne Änderung der Abmessungen 162
   Schatten 144
   Tastenkürzel 67
   zum Entfernen des Hintergrunds 176
Freistellungsrahmen
   aufziehen 79
   drehen 80
   erzeugen 81
Freistellungswerkzeug 69, 159
   Optionen 159
Füllmethode 134
   ändern 246, 258
Füllwerkzeug 119
Für Web speichern 327, 328

G

Gaußscher Weichzeichner 271, 294
Gegenlicht
   ausgleichen 250
Gerade-ausrichten-Werkzeug 175
Gesamtkontrast 75
Gesperrte Symbole 97
GIF 330
Glänzende Hautstellen
   beseitigen 292
Glätten 122
Gradation 35
Grauschleier
   entfernen 262
Graustufenbild 35
Graustufenmodus 35, 239
Grün-/Magenta-Anteil 77

H

Haare
   färben 219
   freistellen 152
Häkchen 69
Hand-Werkzeug 68
   kurzfristig umschalten 68
   Tastenkürzel 67
Haut
   abdunkeln 251, 292
   glätten 294
   kolorieren 232
Hautfarbe
   optimieren 294
Hautton
   korrigieren 230
Helle Bilder
   abdunkeln 250
Helligkeit/Kontrast
   erhöhen 242
Hintergrund 125, 126
   entfernen 154
   färben 157
   in Ebenen umwandeln 126
   löschen 133
   weichzeichnen 271
Hintergrundfarbe 119
   einstellen 153
Hintergrundinhalt 107
Hintergrundmusik 43
Histogramm 19, 263
Horizontale Perspektive 184
Hot-Text-Steuerelemente 134

I

Import 25
   einzelnes Bild 27
   mehrere Bilder 27
Importmöglichkeiten 33
In Ebene umwandeln 179
Ineinander kopieren 135, 258, 296
Intelligente Korrektur 75
   Problem 75

J

JPEG 327, 330
JPEG-Vorschau
   erzeugen 311

K

Kameraverzerrung
   korrigieren 182
Kante
   bewusst überzeichnen 158
   verbessern 141, 155
Kantenkontrast
   Lasso 139
Kantenschärfe
   Pinsel 143
Karos 126
Klonen 282
Kontaktabzug 325

Dateinamen 326
  erstellen (Windows) 325
Kontextmenü 19
Kontrast 75
  aufwerten 135
  was ist das? 75
Konturen
  finden 91
  suchen 90
Kopfleiste 97
Kopierstempel 280, 292
  aktivieren 282
  einstellen 282
Kreis
  erzeugen 119
Kunstlicht 228

L

Lab-Helligkeit 213
Laden
  Ordner und Dateien 26
Lasso 138
  umschalten 139
Lassopunkte
  löschen 139
Leere Datei 105
Lichter 75, 86, 207, 262
  abdunkeln 76, 87
Lichtwinkel 113
Lid
  aufhellen 293
Linie
  zeichnen 206
Lippenstift
  auftragen 296
Listenansicht 102
Lupe 111
Lupenposition 111

M

Mac OS-Farbsatz 203
Magischer Auswahlpinsel 68, 150
Magnetisches Lasso 138
Maßeinheiten 106, 161
Maske
  erzeugen 272
  korrigieren 256
  umkehren 255
  verfeinern 233

Maskenbereich
  Pinsel 143
Maskieren 148
Maskierung 143
Maskierungsmodus 143
Medientyp 321
Mehrere Durchgänge 331
Menü
  Suchen 61
Metadaten 42
  anzeigen 42
Miniatur 26
  drucken 322
  klein im Organizer 38
Miniatursymbole 38
Minimieren 102
Mittelton-Kontrast 76, 244
Mitteltöne 75, 207, 211, 262
Modus 35, 106, 122
Musterstempel 282
Muttermal
  entfernen 290

N

Nach Dateinamen suchen 61
Nachbelichten 257, 260
Nachbelichter 261, 299
Näherungswert 290
Navigator-Palette 103
Neue Auswahl 140
Neue Ebene erstellen 126
Neutrale Farbe 258
Nur nachher 69
Nur vorher 70

O

Offline 38
Offline-Datei
  einbinden 58
Öffnen 104
Onlinegalerie 332
  anpassen 333
  erstellen 331
Optionsleiste 98
Ordner
  importieren 27
  überwachen 29
Organizer 23
  Dateinamen einblenden 36

Datumsansicht 36
  drucken 321
  sichern 29
  Standardansicht 37
  Tagesanmerkung verfassen 37
  überwachen 29
  zu Editor 62
Organizer und Editor 24
Originalfotos bleiben offline 60
Overlay-Deckkraft 144
Overlay-Farbe 144

P

Palette 100
  erstellen 101, 102
  schließen 102
  sortieren 102
Palettenmenü 102
Palettenraum 100
Panorama
  erstellen 189
  Layout auswählen 190
Papierkorb 133
Passfotos
  drucken 322
Personenaufnahme
  suchen 57
Perspektive
  durch Verzerrungsfilter korrigieren 183
  korrigieren 177
Perspektivisch verzerren 178, 182
Photomerge 189
  Fotokompositionen erstellen 191
Photomerge-Gruppenbild 192
Photomerge-Panorama 190
Photoshop Elements 4 30, 44
Pinsel 142
  Alternativen laden 142
  einstellen 255
  Modus 143
Pinsel-Werkzeug 258
Pinselrand 143
Pinselspitze 142
  verkleinern/vergrößern 152
Pixel 106
Pixel/Zoll 106
Pixelaufnahme 292
Pixelbild 34
Pixelmaße 122

PNG 24 330
PNG 8 330
Polygon-Lasso 138
Popup-Menü 19
Porträtkorrektur
   Reihenfolge 289
Porträtretusche 289
Porträts korrigieren 289
Postkarte
   erstellen 165
Preferences 96
Premiere Elements 347
Protokoll 88, 107
Pulldown-Menü 19
Px 122

Q

Quadrat
   erzeugen 119
Qualitätsverluste
   minimieren 319
QuickInfo 19, 99

R

Radio-Button 19
Radius 171
Rahmen
   aufziehen 119
   drehen 81
   füllen 119
Raster 179, 182
   magnetisch 171
Rasterweite
   ändern 182
Raw-Bilder
   für den Druck nachbearbeiten 313
Raw-Datei
   Weißbalance einstellen 309
Raw-Formate 307
Raw-Grundeinstellungen 316
Raw-Plug-in
   aktualisieren 307
   installieren 308
   kontrollieren 306
Rechteck 118
Register
   in Palette zusammenführen 102

öffnen und schließen 100
skalieren 101
Registerkarten 100
Reparatur-Pinsel 285
Retusche 285
   Probleme 287
   verbessern 287
RGB 106
RGB-Bild 34, 239
RGB-Farbe 204
RGB-Modus 35
RGB-Sensoren 34
RGB-Werte 120
Rohdaten 306
Rot
   erhöhen 77
Rote Augen
   entfernen 83
   entfernen per Klick-Methode 85
   Tastenkürzel 67
Rote-Augen-Effekt
   automatisch beim Import entfernen 26
Rote-Augen-Werkzeug 69
   Schnellkorrektur 83
Rückgängig 74, 133
Rückgängig-Protokoll 107

S

Sammlung 46
Sättigung 77, 207, 213
   erhöhen 87
   verringern 301
Scan-Technik 34
Scannen
   durchscheinendes Papier 36
   Graustufenbilder 35
   Probleme vermeiden 35
   Schwarz-Weißvorlagen 35
Scanner 33
Schärfe
   einstellen 269
Schärfung
   Prinzip 268
Scharfzeichnen 78, 88, 267
Scharfzeichner 277
Schatten
   aufhellen 245
   entfernen 293
Schloss 126, 134, 146

Schloss-Symbol 125
Schnellauswahl-Werkzeug 68, 144, 150
   Optionen 151
Schnellkorrektur 66
   allgemein 74
   Ansichten 69
   Darstellungsgrößen 71
   Farbe 77
   Freistellungswerkzeug 69
   Hand-Werkzeug 68
   Paletten 73
   Reihenfolge 73
   Rote-Augen- Werkzeug 69
   Vorschaubilder bewegen 86
   Werkzeuge 67
   Zoom 68
   zurück in den Editor 66
Schnittmenge
   bilden 140
   mit Auswahl bilden 121
Schönheitsfehler
   korrigieren 289
Schwarz
   hinzufügen 213
Schwarzweiß 237
Schwarzweiß-Modus 35
Schwarzweiß-Vorlage 35
Schwarzweißbild
   erstellen 236
Schwellenwert 269
Seitendauer 43
Seitenformate 109
Seitenverhältnis 83
Shortcut 19
Smart-Alben 50
   benennen 51
   erzeugen 51
Snapping
   deaktivieren 171
Sonnenlicht 228
Speichern 107
Speichern unter 107
Standardfarben für Vorder- und Hintergrund 120
Stapel
   aufheben 40
   erzeugen 40
   Foto aussuchen 40
Startbildschirm 96
Sterne 58

Steuerelement 19
Steuerelementleiste 98
  deaktivieren 168
Steuerleiste 44
Stileinstellungen 113
Subtraktives Farbsystem 204
Suchen 61
  Dateiname 61
  mit dem Fotobrowser 61
Suffix 19

T

Tabulator-Taste
  Paletten ausblenden 103
Tag 54
  auf Bilder übertragen 56
  zuweisen 55
Tatsächliche Pixel 72
Temperatur 77
  verändern 231
Text
  einfügen 170
Thema 166
  zuweisen 166
Tiefen 75, 86, 207, 211, 262
  anpassen 249
  aufhellen 75, 87
Tiefen/Lichter 243
  aufhellen 243
Tiefenschärfe
  erzeugen 271
Toleranz 140
Tonwerte
  korrigieren 262
  mit Pipetten korrigieren 265
  verändern 263
Tonwertkorrektur 75, 262
Tonwertkurve
  interpretieren 262
Tonwertspreizung
  kontrollieren 264
Toolbox 98
Transformieren 180
  Perspektivisch verzerren 182
Transparente Pixel fixieren 134

U

Überlagerung
  anzeigen 280
Überzeichnung 87

Umschalten
  Organizer zu Editor 62
Unscharf maskieren 267
Unschärfe 78

V

Variationen
  widerrufen 208
Verbindungen
  zeichnen 206
Verfremdung 220
  Farbe 206
Vergolden 89
Vergrößern 68
Vergrößerung 35
Verkleinern 68
Verschieben 123
Verschieben-Werkzeug 167
Versionssatz
  erzeugen 40
Vertikale Perspektive 183
Verwischen 277
Verzerren 111, 178, 180
Verzerrung
  entfernen 185
  Perspektive 115
Verzerrungsfilter 183
Video
  laden 31
Vignette
  entfernen 185
Visitenkarten
  drucken 323
Vollbildansicht 43
  Optionen 43
  steuern 44
Volltonebene
  erzeugen 254
Von Auswahl abziehen 92, 140
Vordergrundfarbe 119
  erstellen 203
Vorgabe 105
Vorher und nachher (Hochformat) 70
Vorher und nachher (Querformat) 71
Vorlagen 35
Vorschauqualität 336

W

Warnung zur Lichterbeschneidung 314
Web
  Auflösung 327
  Format 327
Webgalerie
  erstellen 331
Websichere Farben 203
Weiche Auswahlkante 121, 171, 217
Weiche Kante 158, 171
  nachträglich erzeugen 171
Weiche Spitzen 206
Weichzeichnen 271
  einfügen 294
Weichzeichner 277
Weichzeichnungsfilter 271, 294
Weiß
  hinzufügen 213
Weißpunkt
  setzen 265
Werkzeug
  Alternativen 99
  Hilfe 99
  Tastenkürzel 99
  Verschieben 123
  zurücksetzen 72
Werkzeugleiste 98
Werkzeugmenüleiste 98
Werkzeugspitze
  vergrößern/verkleinern 288
Wimpern
  kräftigen 299
Windows-Farbsatz 203

Z

Zähne
  weißen 301
Zauberstab 140, 148
Zauberstab-Auswahl
  erstellen 148
Zentimeter
  auf Zoll umschalten 105
Zoom 19, 68
  Tastenkürzel 67
  über Navigator 103
Zoom mit der Tastatur 111
Zuletzt bearbeitete Datei öffnen 105
Zurück 74, 85

Setzen Sie alltäglichen Aufgaben gekonnt um

Holen Sie aus Elements alles heraus, was sonst nur Photoshop kann

Mit DVD mit Video-Lektionen

ca. 416 S., komplett in Farbe, mit DVD, 39,90 Euro
ISBN 978-3-8362-1164-2, Februar 2008

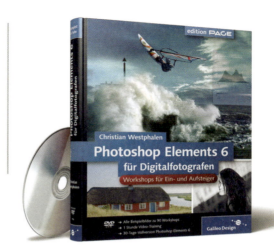

Photoshop Elements 6

www.galileodesign.de

Christian Westphalen

Photoshop Elements 6 für Digitalfotografen

Sie möchten sofort mit Photoshop Elements 6 starten und Ihre Fotos optimieren? Dann bietet Ihnen dieses Workshop-Buch die richtigen Rezepte für Anfänger bis Fortgeschrittene, Bild für Bild erklärt zum direkten Nacharbeiten. Alle Beispielbilder finden Sie auf der Buch-DVD.

>> www.galileodesign.de/1722

Naturfotografie von der
Aufnahme bis zur Bearbeitung

Mit Profirezepten für
Photoshop CS3

Inklusive: 1 Stunde Video-
Training

268 S., 2. Auflage 2008, komplett in Farbe, mit DVD
39,90 Euro, ISBN 978-3-8362-1125-3

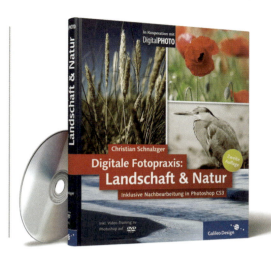

Natur-Fotografie

www.galileodesign.de

Christian Schnalzger

Digitale Fotopraxis: Landschaft & Natur

Inklusive Nachbearbeitung mit Photoshop –
2. Auflage

Schauen Sie dem Naturfotografen Christian Schnalzger über die Schulter. Lernen Sie, wie Sie Landschaften, Pflanzen und Tiere kreativ in Szene setzen. Schärfen Sie Ihren fotografischen Blick und holen Sie alles aus Licht und Wetter heraus. Ein neues Standardwerk in der digitalen Naturfotografie!

>> www.galileodesign.de/1649

Bildgestaltung, Aufnahme- & Studiotechnik

Profi-Rezepte für die Fotoveredelung

Inklusive: 1 Stunde Video-Training

ca. 348 S., 2. Auflage, komplett in Farbe, mit DVD
39,90 Euro, ISBN 978-3-8362-1126-0

Porträt-Fotografie

www.galileodesign.de

Cora Banek, Georg Banek

Digitale Fotopraxis: Menschen & Porträt

Inklusive Nachbearbeitung mit Photoshop –
2. Auflage

Ob für den Schnappschuss, das hochwertige Portrait, Charakterstudien oder Aktfotografie: In diesem Buch zeigen Ihnen die erfahrenen People-Fotografen Cora Banek und Georg Banek, wie Sie mit Ihrer Digitalkamera und etwas Bildbearbeitung alles richtig machen. Das erste Lehrbuch zur Portraitfotografie mit digitaler Technik.

>> www.galileodesign.de/1650

Mit Zusatzkapitel zu Adobe Premiere Elements

Live-Modus für direktes Mitmachen

Intelligente Suche in Index und Glossar

DVD, Windows und Mac, ca. 10 Stunden Spielzeit, 29,90 Euro, ISBN 978-3-8362-1163-5

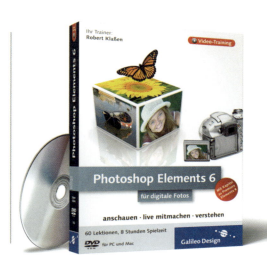

Lernen per Video-Training

www.galileodesign.de

Robert Klaßen

Photoshop Elements 6 für digitale Fotos

Mit einem Kapitel zu Premiere Elements 4

Mit diesem Video-Training erlernen Sie Photoshop Elements 6 mühelos, denn Sie sehen Ihrem Trainer zu und bauen mithilfe des Galileo Livemodus die Workshops gleichzeitig nach: Schritt für Schritt werden Farbstiche entfernt, Perspektiven korrigiert, fehlende Blitzlichter eingesetzt und attraktive Schwarzweißfotos erzeugt ...

>> www.galileodesign.de/1721

Der Name Galileo Press geht auf den italienischen Mathematiker und Philosophen Galileo Galilei (1564–1642) zurück. Er gilt als Gründungsfigur der neuzeitlichen Wissenschaft und wurde berühmt als Verfechter des modernen, heliozentrischen Weltbilds. Legendär ist sein Ausspruch **Eppur se muove** (Und sie bewegt sich doch). Das Emblem von Galileo Press ist der Jupiter, umkreist von den vier Galileischen Monden. Galilei entdeckte die nach ihm benannten Monde 1610.

Lektorat Ruth Lahres
Herstellung Vera Brauner
Korrektorat Roswitha Leferink, Düsseldorf
Einbandgestaltung atelier n&h | visuelle kommunikation
Satz SatzPro, Krefeld
Gesetzt aus der Linotype Syntax mit Adobe InDesign CS3
Fotos © 2008 Robert Klaßen und Lizenzgeber. Alle Rechte vorbehalten.
Alle in diesem Buch und auf dem beiliegenden Datenträger zur Verfügung gestellten Bilddateien sind ausschließlich zu Übungszwecken in Verbindung mit diesem Buch bestimmt. Jegliche sonstige Verwendung bedarf der vorherigen, ausschließlich schriftlichen Genehmigung des Urhebers.
Druck Himmer AG, Augsburg

Gerne stehen wir Ihnen mit Rat und Tat zur Seite:
ruth.lahres@galileo-press.de
bei Fragen und Anmerkungen zum Inhalt des Buches
service@galileo-press.de
für versandkostenfreie Bestellungen und Reklamationen
ralf.kaulisch@galileo-press.de
für Renzensions- und Schulungsexemplare

Bibliografische Information der Deutschen Bibliothek
Die Deutsche Bibliothek verzeichnet diese Publikation in der Deutschen Nationalbibliografie; detaillierte bibliografische Daten sind im Internet über http://dnb.ddb.de abrufbar.

ISBN 978-3-8362-1161-1

© Galileo Press GmbH, Bonn 2008
1. Auflage 2008

Das vorliegende Werk ist in all seinen Teilen urheberrechtlich geschützt.
Alle Rechte vorbehalten, insbesondere das Recht der Übersetzung, des Vortrags, der Reproduktion, der Vervielfältigung auf foto-mechanischem oder anderen Wegen und der Speicherung in elektronischen Medien.
Ungeachtet der Sorgfalt, die auf die Erstellung von Text, Abbildungen und Programmen verwendet wurde, können weder Verlag noch Autor, Herausgeber oder Übersetzer für mögliche Fehler und deren Folgen eine juristische Verantwortung oder irgendeine Haftung übernehmen.
Die in diesem Werk wiedergegebenen Gebrauchsnamen, Handelsnamen, Warenbezeichnungen usw. können auch ohne besondere Kennzeichnung Marken sein und als solche den gesetzlichen Bestimmungen unterliegen.

**Hat Ihnen dieses Buch gefallen?
Hat das Buch einen hohen Nutzwert?**

Wir informieren Sie gern über alle Neuerscheinungen von Galileo Design. Abonnieren Sie einfach unseren monatlichen Newsletter:

www.galileodesign.de

Die Marke für Kreative